「凡人崇拝」の非凡人

評伝 戸川秋骨物語

SHUKOTSU TOGAWA

松井浩章

若い頃の戸川秋骨〈明治30年頃〉
（日本近代文学館提供）

晩年の戸川秋骨

（くまもと文学・歴史館提供）

はじめに

今年（二〇二一年）二月七日、生誕百五十年を迎えた戸川秋骨《とがわしゅうこつ》だが、その名が広く知られているとはとうてい言えない。忘却の淵へと追いやられつつある。生誕百五十年を機に多くの人に秋骨のことを知ってもらいたい、その思いで秋骨をめぐる評伝をまとめた。

戸川秋骨は、誕生のときから明治維新の激流に翻弄され、明治、大正、昭和の激変の時代を幾度となく躓《つまづ》きながらも淡々と生き抜き、一九三九（昭和十四）年七月九日に六十八歳で亡くなるまで、愚直に己のあり方を追求し続けた。翻訳家、英文学者、教育者、随筆家、能楽評論家という実に多様な顔を持ち、一見器用で移り気に見えても、いつのときも真面目で一生懸命だった。

一八六七（慶応三）年十月三日大政奉還、年が明けて三日から鳥羽・伏見の戦いがあり、幕府軍は大敗を喫した。三月四日、官軍が江戸へ進撃するなか、江戸に常駐する肥後細川藩の支藩肥後新田藩の藩主、藩士とその家族七百人は肥後（熊本）に引き揚げ、高瀬（玉名）の岩崎原に高瀬藩を創設した。

戸川秋骨は高瀬藩士戸川等照《ともてる》の長男として一八七一年二月七日（明治三年十二月十八日）に岩崎原の高瀬藩屋敷で生まれた。明治三年生まれなので明三《めいぞう》と名付けられ、一八七七（明治十）年、西南戦争が始まる前に一家で上京するまで玉名で育った。

上京後、父等照が商売に失敗し家出したため、秋骨は親戚に引き取られ、叔母の横井玉子が親代わりだった。幼いころから親戚に世話になっていたこともあり、自我を出さず目立たず地味であることを心がけていたようだ。

青年時代に地味であるとか、真摯であるとかいうほど損なことはない。秋骨は、明治学院時代に稀有な個性を持つ島崎藤村《とうそん》や馬場孤蝶《こちょう》と出会い、浪漫主義文学の旗手『文学界』において異彩を放つ北村透谷《とうこく》、平田禿木《とくぼく》、上田敏《びん》らと付き合うようになると、身に染みついてしまった自分の地味さに失望し、「俺は凡人だ、凡人だ」と言い出した。ただ、秋骨はどこまでも地味で実直な性格なゆえに、誰からにでも愛されたともいえる。

樋口一葉、斎藤緑雨、夏目漱石、小泉八雲、ケーベル、国木田独歩、与謝野鉄幹・晶子、西田幾多郎《きたろう》、坪内逍遥《しょうよう》、和田英作、西村伊作、喜多六平太…、数え上げたら切りがないほど多くの作家や芸術家、文化人らと親しく交流し、人気者でもあった。真面目なだけでなくウィットに富み、肥後もっこすの頑固さと皮肉屋の面を持つ複雑で味のある人だ。

四十歳を過ぎたころから随筆を書き始め、その随筆集へも『凡人崇拝』などと題するようになってから、そろそろその本領を発揮するようになった。軍人ぎらい、英雄ぎらいも相まって『凡人崇拝』を標榜していた秋骨だが、文壇や学界においての業績はもちろん、その存在自体が、非凡人であることが隠しようもなく表出してきた。

最後に、玉名出身の世界的デザイナー植田いつ子を取り上げた。植田いつ子は、二〇一五年に玉名市名誉市民となり、玉名市民の誇りとして顕彰されている。本書では、秋骨との不思議な縁をたどり、女子美術学校を創設した横井玉子の美術による女性自立の志を引き継ぎ、日本女性を美しくする服づくりに懸けた生涯を追った。

「凡人崇拝」の非凡人

評伝 戸川秋骨物語

目次

【凡例】

一、年号は原則として西暦を用いたが、必要と思われる場合は元号を併記した。

一、資料を引用する場合は、読みやすさを考慮して、原則として漢字を新字体に改め、旧仮名遣いを現代仮名遣いに改めた。明らかな誤字、誤植は訂正し、適宜、読み方の難しい漢字にはルビを振った。

一、引用文、資料等に、今日からみれば不適切な表現がみられるが、発表当時の社会背景を鑑み、そのままとした。

一、人物の年齢は、原則として満年齢で表記した。

一、引用文中の省略についてのみ（中略）、…などと表記し、前略、後略は省いた。

一、引用文の典拠は本文中に簡略化して記載し、本書で引用・言及した文献の著者、発行年等は巻末の「参考文献」にまとめて掲載した。

一、戸川秋骨著作の随筆集からの引用文は教科書体ミディアムで表記した。

「凡人崇拝」の非凡人

評伝 戸川秋骨物語

戸川秋骨関連系図

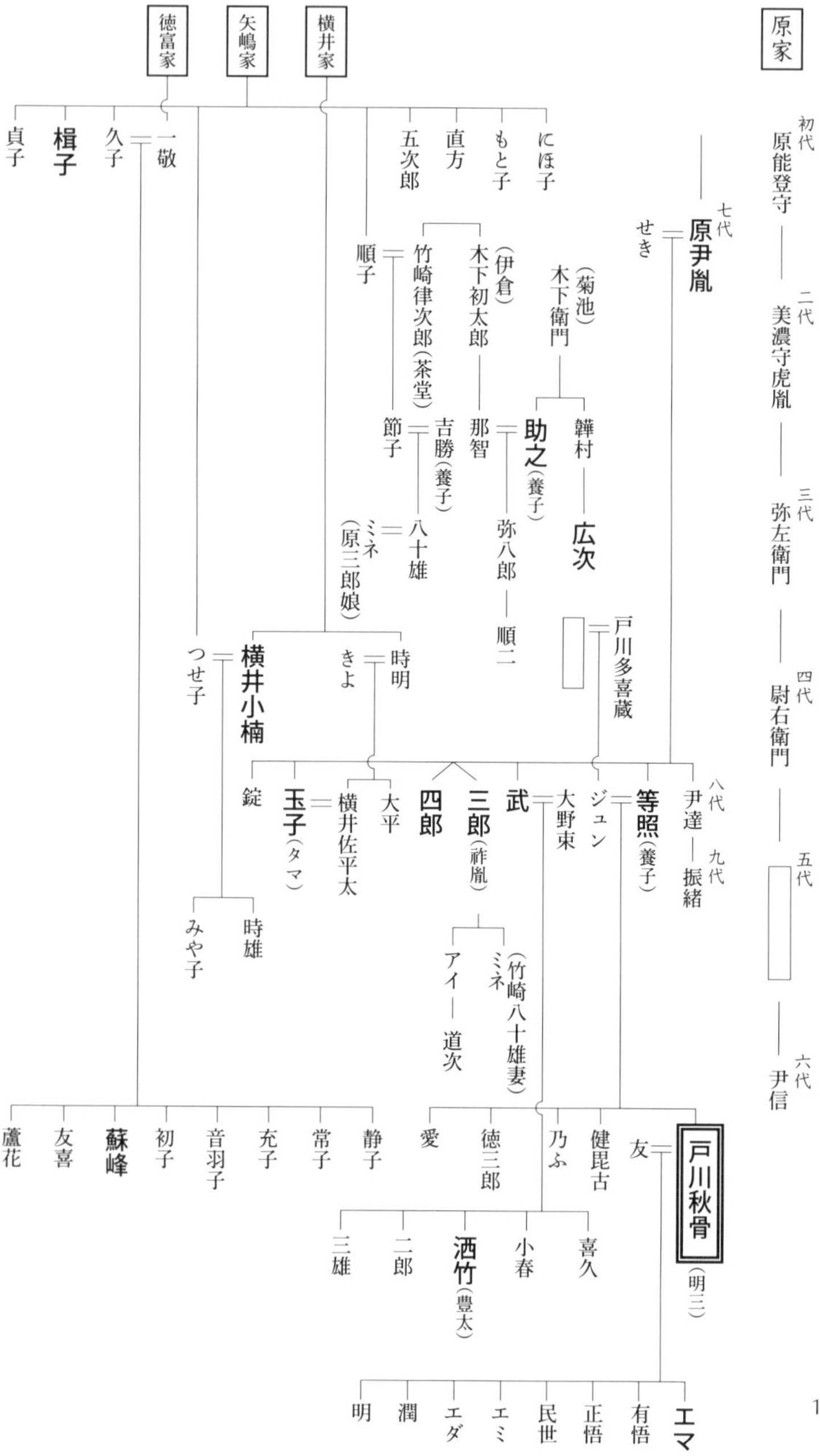
原家
初代 原能登守
二代 美濃守虎胤
三代 弥左衛門
四代 尉右衛門
五代
六代 尹信
七代 原尹胤
せき
八代 尹達
九代 振緒
等照（養子）
ジュン
戸川多喜蔵
大野東
武
三郎（祚胤）
四郎
大平
横井佐平太
玉子（タマ）
錠
戸川秋骨
（明三）
友
健毘古
乃ふ
徳三郎
愛
エマ
有悟
正悟
民世
エミ
エダ
潤
明
喜久
小春
酒竹（豊太）
二郎
三雄
ミネ（竹崎八十雄妻）
アイ
道次
（菊池）木下衛門
韡村
広次
助之（養子）
弥八郎
順二
（伊倉）木下初太郎
那智
竹崎律次郎（茶堂）
吉勝（養子）
八十雄
ミネ（原三郎娘）
節子
順子
横井家
矢嶋家
徳富家
にほ子
もと子
直方
五次郎
時明
きよ
横井小楠
つせ子
時雄
みや子
一敬
久子
楫子
貞子
静子
常子
充子
音羽子
初子
蘇峰
友喜
蘆花

序章　空々寂々からの出発

白金台に洋館出現

周囲の密林には狐狸《こり》が棲《す》み、その奥にはかなり広い沼池があった。この沼地へ散策に出掛ける人影など見られなかった。もちろん家らしき家はなく、北側の台地続きは海軍墓地である。西南には樫《かし》や欅《けやき》の大木が立ち並び、奥の広い池に鴨が群れていた。高台には大きなイチョウ一本と桜の古木七、八本が茂っていた。この東京府荏原郡白金村字玉縄（現東京都港区白金台）の旧三田《さんだ》藩主九鬼《くき》家下屋敷があった台地九千二百余坪の土地に、明治学院の校舎と寄宿舎が完成したのは一八八七（明治二十）年九月初めだった。

この年の一月十二日に学院設置の認可が下りると、冬の過ぎるのを待ちかねて二月の末から台地の雑木を切り倒し、梅林を移し、そのあとに工事を請け負った大阪屈指の藤田組の技術者や大工が大勢入り込んで建築に取り掛かった。肌理《きめ》の細かな白い石材で基礎工事を終えると、そこに欅の材木を柱とし、檜《ひのき》を用いて壁や床を張り、またたく間に木造三階建ての校舎をつくりあげた。二階の北側には四百人を収容できる講堂があった。建築費総額は七千円、その全額を米国の富豪サンダム夫人が亡夫の記念のた

明治20年代の明治学院キャンパス（明治学院歴史資料館提供）

めに寄付した。この洋風三階建ての建物は、サンダムの名前を末永く記憶するためにサンダム館と命名された。

それと同時に海軍墓地に面した側に、当時東京随一といわれた木造大建築ヘボン館が日本土木会社の手によって建てられた。ヘボン館はその名が示すように、ヘボン博士が『和英語林集』の版権を丸善商社に譲って得た代金が惜しげもなく注ぎ込まれていた。この建築に掛かった資金は一万円だったと伝えられている。地下一階、地上三階、屋上に物見櫓《やぐら》があった。一階から三階まで、すべて寄宿舎だった。室数二十八、寝台数百十二、各室は自習室と寝室に区切られていた。全面コンクリートの地下室は雨天体育館として、剣道や柔道の武道場に用いられた。屋上からは広々とした眺めが楽しめ、品川の海に昇らんとする朝日、西には武蔵野から秩父の山々の彼方に富士山を見渡し、夜は満天の星が頭上を照らした。朝な朝な有志による早天《そうてん》祈禱《きとう》会が行われた。

この年、一八八七年九月十三、十四日に行われた入学試験に合格した三十人ほどの若者が普通学部本科に入学した。明治学院の学生は半ズボンをはき、緑がかったラシャの霜降りのような生地の制服を着ていた。そして、胸のあたりに金ボタンを光らせ、頭にフランスの兵隊が被っているような帽子を頂いて白金の台地を徘徊《はいかい》した。ずいぶんハイカラな学校で、一年生はフレッシュマン、二年生はソフォモア、三年生はジュニア、四年生はシニア、呼び方からすべて米国風だった。

教師は外国人が多く、米国人八人、日本人四人だった。その筆頭教授がヘボン教頭である。ヘボン自らが、「生理学、健全学」を担当し、バラが「数学、星学、簿記学」、バラ夫人が「唱歌、音楽」、ワイコフが「化学、物理、地質学」、マコーレーが「史学、倫理学」、ハリスが「英語、英文学」といった具合で、すべて英語によって授業が行われた。ほかに

サンダム館（上）と寄宿舎ヘボン館

（明治学院歴史資料館提供）

も、ランディス、マクネヤ、ミス・バラが教えていた。日本人教師は、「英語、動物学」の石本三十郎、「植物学、英語」の杉森此馬《このま》、服部綾雄らがいた。体操担当の内田秋蔵は寄宿舎へボン館の舎監《しゃかん》を兼ねていた。

翌一八八八（明治二十一）年九月、戸川秋骨《とがわしゅうこつ》は明治学院普通部本科の二年生に編入した。普通学部は予科二年、本科四年の修業年限だった。戸川秋骨はいきなり本科二年に入った。

戸川秋骨は本名明三《めいぞう》、肥後高瀬藩士の父戸川等照《ともてる》、母ジュンの長男として、一八七一年二月七日（明治三年十二月十八日）に熊本県玉名郡岩崎村（現熊本県玉名市岩崎）に生まれた。明治維新後の版籍奉還により高瀬藩解体後、家族と共に上京するも、父等照が家庭を顧《かえり》みず家を出て帰って来なくなり、祖母や叔母らの世話を受けて成長する。第一高等中学校受験に失敗し、行き場がなくなり途方に暮れていた秋骨に、救いの手を差し伸べたのは叔母の横井玉子だった。

私は全く空々寂々《くうくうじゃくじゃく》で、明治学院へ入れと言われたから入ったまでなのである。その明治学院へ入れと言ったのは私の叔母であるが、その叔母は今の女子学院の前身、当時築地居留地の四十二番館にあった女学校で幹事のような事をしていた。所謂《いわゆる》賢明なる当時の女流教育者であったのである。キリスト教の信者で、何でも外国人のする事を立派な事だ、教範とすべきだと考えていた当時の進歩的夫人なのであった。

——秋骨随筆集『自画像』「明治学院の想出」

代々家老職の家柄

秋骨の父等照は、よほど名の知れた愛鳥家だったのだろう。一九〇七（明治四十）年六月に発行された『日本愛鳥家談話録第一集』に登場している。第一集には東京在住の十六人の愛鳥家の談話が集録されている。第二集も同じ年に出ており、当時はカナリアや文鳥などの小鳥を飼うのがブームになっていた。

等照は本題の小鳥の話に入る前に、自分の家筋について述べている。

「私は東京市京橋区築地二丁目十七番地に居住し、東京府士族となりて居ますけど、元は細川家の別かれの、肥後の高瀬藩士で、実家も同藩の代々家老にて、三百石を取りて居まして、父を原三右衛門と云い、私は其の二男で、之が為めに出でゝ同藩の戸川家を相続しましたのです、が同家も奥家老にて二百五十石でした」

父原三右衛門とあるのは、一八七二（明治五）年に尹胤《まさたね》に改名した秋骨の祖父で、もとは相模国小田原藩（神奈川県小田原市）の出身である。高瀬藩の原家に養子に入り、妻せきとの間に四男三女をもうけた。等照のきょうだいは、長兄尹達《まさたつ》、妹の長女武《タケ》、三男祚胤《とみたね》（通称三郎）、四男四郎（三郎と双子）、二女タマ（通称玉子）、三女錠の四男三女だった。二女のタマは、秋骨が明治学院進学のとき世話になった叔母横井玉子である。

等照は二男だったため、戸川多喜蔵の長女ジュンと結婚し、戸川家の婿養子となった。原家は高瀬藩の代々家老職を務め、等照が養子に入った戸川家も家老の家柄だった。『肥後高瀬藩史』には、「原生実（尹胤）は、参政東京詰、禄高二百八十石（『高瀬藩士代録帳』）」とあり、原尹胤は生実の名を使っていた時期もあった。同書の「特色ある藩士」の中に名前が挙げられ、「原生実の砲術等いずれも抜群の名士であった。原氏はまた蘭学にも通じていた俊才で本家の横井、分家の原と称せられることもあった」とある。ここに出て来る本家の横井とあるのは、原尹胤の二女タマが嫁いだ横井小楠《しょうなん》家のことだろう。等照は談話の中で、横井家との関係についても触れている。

「私の実父原三右衛門は始終定府《じょうふ》にて、江戸鉄砲洲の御上屋敷に居ましたので、政治家横井平四郎などが出府せる時は、実父を頼りて参り、私の妹たまは、平四郎の兄の子、横井時治に嫁し、旁《かたがた》親類でもありました」

妹たまとあるのは本名タマ、通称玉子のことである。玉子は、一八五四（嘉永七）年九月十二日に江戸築地鉄砲洲の高瀬藩邸で生まれた。政治家横井平四郎とは横井小楠の通称である。玉子が嫁いだ横井時治とは、小楠の兄時明（通称佐平太）の子横井佐平太のことである。横井家の長男は代々佐平太を通称としていた。

一八五四年七月に横井時明が病死したとき、長男佐平太がまだ幼かったため、小楠が兄の養子となり横井家の家督を継いだ。そして、兄の妻きよ（清子）、長女いつ子、長男佐平太、二男大平を引き取って面倒をみることになる。翌一八五五（安政二）年、小楠は生後三カ月の長男と妻ひさ子を続けて病気でなくした。その後、門下生矢嶋直方（源助）妹つせ子を後妻に迎え、長男時雄と長女みや子の二人の子どもに恵まれた。

一八五八年三月、小楠は福井藩主松平春嶽の懇請により藩校明道館の教授に招聘《しょうへい》された。一八六一（文久元）年に松平春嶽が政事総裁職に就くと、小楠の活動の場は江戸となる。等照の談話にあるように、そのころ小楠は原尹胤の鉄砲洲の屋敷を訪ねていたと思われる。

一八六二年十二月十九日、小楠は江戸檜物《ひもの》町の肥後藩江戸留守居役、吉田平之助の別宅で宴会中に刺客に襲われた。小楠はそのとき刀を持っていなかったため走って取りに帰った。それが仲間を見捨てて逃げたということで士道忘却の罪に問われた。その後、肥後に送還され厳しい処罰を受けるところを福井藩が身柄を預かることになる。翌年八月に肥後に帰り、四カ月ほどたった十二月に知行召上げと士籍剥奪《はくだつ》という極めて厳しい命が下されて沼山津の自宅に蟄居《ちっきょ》する。小楠が平民から士籍に戻り、新政府に請われて上京したのは一八六八（慶応四）年のことである。原尹胤はこの年、江戸を離れたので、小楠が江戸鉄砲洲の原尹胤を訪ねていたのは士道忘却事件以前であろう。玉子は、士道忘却事件のときは七歳とまだ幼かったので、横井佐平太との結婚の話はずっと先のことである。

　等照の談話は、原家のルーツにまで及んでいる。

「実家の方には一ツ履歴があるのです。維新前までは細川家が外様《とざま》大名でしたので徳川家に縁故のあることが知れては、首尾が宜《よろ》しからぬのと、徳川家の方でも身分の卑《ひく》い者と縁故があると云うことは嫌はれたと云う様な訳から、秘してあったのです、が実は徳川二代将軍秀忠公の産みの母たる人は、実家から出て、家康公の召使となって、西郷の局《つぼね》と称し、実は尾州犬山の城主犬山哲斎（原文ママ）の娘幼名お園《えん》、実家の祖先原彌左衛門《よざえもん》の姉です」

　西郷の局は徳川家康の側室、お愛の方として知られている。西郷の局の菩提寺宝台院（静岡市）の由緒には、「西郷の局は、二十七歳より家康公に仕え浜松城にあり、三方ヶ原の戦い、設楽原の戦い、小牧長久手の戦い等、家康公が最も苦難にあった時の浜松城の台所を仕切った人で、三河武士団に最も人望のあった糟糠《そうこう》の妻だった。また、二代将軍徳川秀忠公、尾張の松平忠吉公の生母」とある。

　等照が語る原家の家筋については、一九六七（昭和四十二）年に等照の弟三郎の孫、原道次の遺品整理中に出て来た一枚のメモを基に、その後の消息を集めて、作成された「原家系図」（熊本県立図書館所蔵）にも書かれている。それによると、原家の初代原能登守は、千葉の一族で千葉郡上野の城主とある。二代原美濃守虎胤《みののかみとらたね》は、天文年間に甲州に赴き、武田信虎、晴信から感状を三十八度受ける。その後、相模国の後北條氏二代北條氏綱に従い、三代氏康から証文九通を取り、武田信玄より知行三千石を受けたと記されている。そして、原家三代弥左衛門のところに、等照の談話と同様に西郷の局のことが書き添えられている。

原家が細川家に仕えるようになったのは四代原尉右衛門のとき、一六六四（寛文四）年のことだった。「四代原尉右衛門尹清、美濃守の孫、元和二年生まれ、元禄十三年四月十八日病死（八十才）、寛文四年、細川家に召され高八百石」と家系図に記載されている。

第一章　おいたち

江戸住まいの細川家分家

高瀬藩は、一六六六（寛文六）年七月に細川家五代綱利《つなとし》の弟利重《とししげ》が三万五千石の内分を受けて江戸に創設した支藩である。領地を持たなかったため、本藩から石高に相当する蔵米が支給され、それで藩士らを擁していた。代々江戸住まいの定府《じょうふ》だったので、参勤交代がなく、藩創設から十代藩主利永に到るまでほぼ二百年間、一度も江戸を離れたことがなかった。高瀬藩のような支藩は新田《しんでん》藩と呼ばれ、主に本藩に世継ぎがいないとき、お家断絶にならないために設けられた。実際、細川綱利には二人の男子がいたのだが、二人とも早死にしたため、高瀬藩主利重の二男利武が細川家の養子になった。利武は改名して細川家六代宣紀《のぶのり》となり、それより宗孝《むねたか》、重賢《しげかた》、治年《はるとし》の高瀬藩系統の肥後藩主が続いた。

新田藩は全国諸藩にも例が多く、江戸時代に二十以上の支藩が創設され、そのうち明治初期まで存続したのは高瀬藩のほか秋田新田藩や広島新田藩など十三藩ほどだった。残りの半分は宗家相続や世継ぎがいなく廃藩になったり、本藩に編入されたりした。肥後新田藩が高瀬藩と称されるようになったのは、江戸を離れ、玉名の中心地高瀬に着いてからのことである。

高瀬藩一代藩主若狭守利重は、戸越（現東京都品川区豊町）に下屋敷を幕府から拝領したのだが、江戸城府から遠く離れていたのでそこには住まず、肥後藩主綱利の白金屋敷（現港区高輪）の中に替地をもらって、戸越屋敷と交換した。この地が明治に入ると皇室の御料地高輪御殿になった。二代藩主利昌《としまさ》のとき中之郷屋敷（現墨田区吾妻橋）へ移り、その後鉄砲洲屋敷（現中央区湊三丁目・明石町）に落ち着いたのは一七二一（享保六）年、三代藩主利恭《としやす》のころである。鉄砲洲は明暦の大火（一六五七）の後、埋め立てて洲にしたところで、大名の屋敷や上級旗本の屋敷が建ち並ぶ高級武家町だった。しかし肥後新田藩は、家臣や奉公人が増え手狭になり、家臣らは屋敷ではなく長屋住まいだった。

一八六七（慶応三）年十一月二十一日、日米修好通商条約など欧米五カ国との条約により、幕府は築地鉄砲洲を外国人居留地に定めた。そのため、高瀬藩は屋敷替えが命じられた。それに先立つ同年十月十四日には、第十五代将軍徳川慶喜が朝廷に政権の返上大政奉還を申し出たことで、倒幕派は、それに対抗して王政復古の大号令により幕府廃止と新政府樹立を宣言した。徳川慶喜は征夷大将軍ではなくなり、京都守護職、京都所司代も廃止された。そのため京都守護職だった松平容保や、京都所司代だった松平定敬らと共に、二条城から大坂城に引き移った。

大坂に退いた幕府軍と京都に集結した倒幕派の薩長軍との間に、鳥羽・伏見の戦いが起こったのは、一八六八年一月三日のことだった。戦前の予想に反して幕府軍はこの戦いに大敗し、慶喜は江戸に逃亡する。これを追った東征軍代総督参謀の西郷隆盛は、江戸城総攻撃を三月十五日に決行することを計画する。もし、江戸城総攻撃ということにでもなれば、江戸中が火の海となるところだったが、幕府側の最高責任者である勝海舟と、西郷隆盛の会談が行われ、その結果、江戸城総攻撃はなくなった。これにより江戸城無血明け渡しが行われた。

高瀬藩では、安政の頃から騒然とする世情に不安を持つ藩士らから肥後に下向《げこう》するべきという意見も出ていたが、九代藩主利用、十代藩主利永とも肥後に帰っても領地はなく、しかも長年の江戸生活に慣れて田舎住まいを好まぬ藩士も多いということでこれを抑えてきた。嘉永となり、ますます世情が不安定になっても、藩主利永は江戸定府の立場から佐幕の側に固執し、江戸を離れることに難色を示した。しかし、朝廷に再三上京を促され、すでに官軍となっていた本藩の勧めもあって、江戸を離れることを決意した。

私には世間の人のいう所謂《いわゆる》国というものはない。よく私は自分を無国籍者だと言うが、私達の殿様は細川家の小さな分家で定府であった為、私共は一族みな長い間江戸に居たのである。が、それが維新の瓦解《がかい》にあい、どうしても国元へ戻らなければならなくなったので、肥後の熊本の城下を去る事やや遠い、片田舎へ引っ込んだのであった。

――秋骨随筆集『楽天地獄』「電車道に沿うて」

肥後下向

一八六八（慶応四）年二月二十一日、藩主利永は江戸城に最後の登城をなし、同年三月四日に家臣とその家族の家中一同を率いて江戸を発った。中の郷から河舟を連ねて隅田川を下り品川沖に出ると、そこで二陣に分かれて肥後に下向することになる。利永と長男利義ら一行は肥後藩の御用船春風丸に乗船し、肥後下向の許可を得るために京都に向けて出帆した。一方、利永の家族および過半の家臣とその家族は貸し切ったオランダ汽船に乗り込み、神戸経由で肥後を目指した。

京に入った利永は、御所に参内して肥後下向の許可を得て、四月十四日に大坂を出発し肥後へ向かった。瀬戸内海を抜けて豊後の佐賀関に着き、そこからは陸路で大分の鶴崎、野津、久重を経て肥後に入った。阿蘇内の牧から二重峠を越え、大津に下りて、四月二十三日に熊本城近くの塩屋の出府所に荷を下ろした。

利永一行より先に蒸気汽船で肥後に着いた、家臣とその家族の高瀬入りについては諸説ある。『利永年譜』によると、「高瀬藩の定住先が決まるまで、塩屋周辺の寺院や民家に分宿した」とされる。『肥後高瀬藩史』には、「(その他の家族一統は)飽田郡小島町(現熊本市小島町)に上陸して数十日間寺院および民家に宿泊し、それより和船十艘に乗りて玉名郡晒浦に入りて高瀬町永徳寺に上陸す」とある。『熊本県史総説編』は、「藩士家族等は翌日(三月五日)に江戸を出発し、和蘭船を貸切って、三月十五日高瀬に到着、藩主の家族は本藩の高瀬御茶屋に、藩士は民家に分宿した」としている。「機密録」によると、利永の家族は四月十一日に高瀬町に仮寓、御茶屋に引っ越したとされる。

高瀬藩主細川利永の肖像写真

(玉名市立歴史博物館こころピア提供)

高瀬藩が肥後に帰って来たことを伝え聞くや、肥後各地で支藩が置かれるのは地域の誇りであり、文化、経済の発展にもつながるという声が上がり、地元への高瀬藩誘致運動が行われた。中でも熱心だったのが、川尻町(現熊本市川尻)、菊池郡隈府(現菊池市)と山鹿郡山鹿（現山鹿市）、そして玉名郡高瀬（現玉名市）である。本藩は、高瀬藩を城北に置いて、軍事上の重要拠点にしたいと考えていたので、結果的にはそれが通るかたちとなり、高瀬に設置が決まった。

高瀬は菊池川河口の港町として栄えていた。菊池川流域で収穫された年貢米を大坂堂島の藩の蔵へ運搬するために集積する高瀬御蔵があり、当時、全国四百五十万俵のうち四十万俵を肥後米が占めていたが、その半分近くの二十万俵が高瀬の港から積み出された。

『肥後高瀬藩史』によると、高瀬藩陣屋地が高瀬に確定するや、一八六八（慶応四）年七月、家臣とその家族は飽田郡小島の百貫沖から晒浦（現玉名市滑石）を経て菊池川を遡《さかのぼ》り永徳寺港（現玉名市永徳寺）から上陸した。家臣らは取りあえず高瀬の寺院や商家に分宿することになった。

同年七月二十九日、高瀬御蔵の北側にある御茶屋に仮住まいしていた利永と家族は、屋敷が建設されるまでの仮寓先として高瀬町保田木にあった旧高瀬町奉行邸に移った。そして、この日をもって高瀬藩と称するようになった。

「お江戸さん」が高瀬に

高瀬町民五百余戸の家々の奥座敷や二階に少しの空きがあれば、すべて高瀬藩の家臣と家族の住居として貸与するように命じられた。江戸から来た見ず知らずの高瀬藩士とその家族二百九十七世帯約七百人がいきなり押し寄せ、町民らと一つ屋根の下で暮らすことになり、高瀬の町がにわかに騒々しくなった。

部屋を明け渡した高瀬の住民ははなはだ迷惑を感じ、家臣とその家族は窮屈な寄留に不満が募ったことだろう。出産があり、死亡もあり、火災もあり、高瀬の町は江戸人と肥後人、そして武士と町民のまったく異なる言葉、まったく違う生活習慣による行き違いやごたごたが絶えなかった。そのため、光蓮寺には苦情相談所が設けられた。

多少の行き違いやごたごたがあっても、江戸風の習慣、言葉、教養、娯楽、道具などを身に付け、大都会の江戸から来た高瀬藩の家臣と家族は、町民からするとハイカラな文化人であった。そのため高瀬の人々は、家臣とその家族を畏敬《いけい》と親愛に、少しの軽侮《けいぶ》が交じった「お江戸さん」のあだ名で呼んだ。

高瀬の町では、高瀬藩の家臣らが江戸から持ちこんだ錦絵（江戸絵）、羽子板、絵凧《えだこ》、独楽《こま》などの遊びが流行し、浅草海苔や塩サケなど珍しいおかずが食膳に並ぶようになった。高瀬藩出入りの商人、丸屋の片山喜三郎、慶三郎親子は、藩士らから注文を取り、江戸から日用品、食料、道具類、子どもの玩具などを取り寄せた。片山親子は、江戸で流行している品物を仕入れて、高瀬町の喜多屋旅館で販売会を開くこともあり、それを聞きつけた藩士らが押しかけた。江戸から講釈師や落語家らが高瀬に来て上演することもあった。

横綱不知火が多数の力士を連れて高瀬で興行したときは、久しぶりに江戸相撲を観覧するために家中すべてが入場して喜んだという。横綱不知火は一八六三（文久三）年十月、吉田司家追風から横綱を授与され、十一人目の横綱となった。熊本からは二人目の横綱だった。一九六九（明治二）年四月場所、六勝二敗二休の成績を最後に、次の場所は全休し同場所限りで引退した。四月場所後、郷里熊本に帰り、熊本の下河原で十日間興行したときも非常な盛況であったという。『肥後高瀬藩史』には、高瀬での興行は一八七二年と記録されている。

正月には、高瀬藩の家々では近所の老若男女が集まって絵骨牌《かるた》会を開いた。正月中、晩遅くまで男女が一緒に絵骨牌に興じていたが、それで風紀が乱れることはなかったので、「さすがは、江戸さんたちの会だ」と高瀬の町ではもっぱら評判だった。この会は夜食に狐飯《きつねめし》と称する油揚げ豆腐の煮込み飯に沢《たく》庵《あん》漬けを主催する家が振る舞うことに決まっていた。この質素で簡単な決まりが、この会を長続きさせ、明治の末ごろまで年中行事として受け継がれていた。

高瀬藩藩士と家族が高瀬で暮らし始めてちょうど一年たったころ、一八六九年四月十八日、原家の二男等照《ともてる》は戸川家の長女ジュンと結婚し、戸川家に養子に入った。

白壁で埋まる岩崎原

高瀬藩士とその家族らが、高瀬の町で仮住まいをしているとき、秋骨の祖父原尹胤《まさたね》ら重臣は藩主邸や家臣の屋敷を建てる陣屋地を選定していた。高瀬町は人家が密集しており、藩士らの屋敷を建てる土地の余裕はなかった。尹胤ら重臣は、高瀬町に隣接する岩崎原の台地を第一候補に選んだ。岩崎原は桑やイモが栽培されている畑地だったため、藩主邸や家臣の屋敷を建てるとなると農業ができなくなり地元の人たちが困ることになる。そのため、伊倉の名家で坂下手永惣庄屋の木下初太郎と助之親子は代案として別の二カ所の候補地を提案した。

木下親子が挙げた候補地は、一カ所は菊池川左岸大倉台地の亀頭迫《きとさこ》だった。ここは中世期初めには玉名郡の屯倉《みやけ》があったところで大倉の地名が付いている。ただし、当時は菊池川に橋がなかったので渡し船で渡らなければならず不便だった。旧高瀬大橋が、現在の大橋の五十メートルほど上流に架けられたのは一八七四（明治七）年のことである。高瀬の商人浦田彦市が私財を投じて架橋した。

もう一カ所は高瀬町の北西にある小岱山麓の蛇ケ谷だった。玉名平野が一望でき、城塞としては申し分ないところである。現在は公園化され玉名市民の憩いの場となり、桜の名所として知られているが、当時は鬱蒼《うっそう》とした辺鄙《へんぴ》な土地だった。江戸育ちの米野覚と三友市郎の高瀬藩両家老が不便な候補地に気が向かず、岩崎原を主張して譲らなかった。高瀬藩家老と木下親子らの意見がまとまらず、それぞれ一理あるということで、最終判断は藩主利永に委ねられた。利永は馬に乗って候補地を検分して回り、高瀬の町に近い岩崎原を気に入った。利永は本藩の了承を得て、岩崎原を陣屋地に決めた。

原尹胤と木下親子は陣屋地選定で話し合ううちに気が合い、原家と木下家はその後も縁が続いた。木下助之は木下初太郎が菊池の木下家から迎えた養子だった。助之は藩校時習館の訓導だった儒学者木下韡村《いそん》の弟である。第一高等中学校校長、京大初代総長などを歴任した木下広次は韡村の二男になる。助之の孫に『風浪』、『夕鶴』などで知られる劇作家の木下順二がいる。木下初太郎の弟律次郎は、竹崎家に養子に入り竹崎律次郎（茶堂）を名乗った。秋骨が大好きだった叔父三郎の娘ミネ（峯）は女子学院卒業後、茶堂と順子の孫竹崎八十雄と結婚した。一九二三（大正十二）年、八十雄は祖母順子が創立した熊本女学校が前身の大江高等女学校の校長に就任、ミネは着物から洋服への改造実物展を開くなど学校改革を助けた。

竹崎順子の実家である矢嶋家は、「四賢婦人」と称される、女子教育や女性人権運動に尽力した四姉妹を世に出している。順子は熊本女学校の創立者であり、妹久子は横井小楠の高弟徳富一敬に嫁ぎ、徳富（湯浅）初子、蘇峰《そほう》、蘆花《ろか》の母となり、同女学校の発案者である。その下の妹つせ子は横井小楠の妻で、その下が日本基督《キリスト》教矯風《きょうふう》会の初代会頭の矢嶋楫子《やじまかじこ》である。矢嶋家は横井小楠との関係が深く、兄直

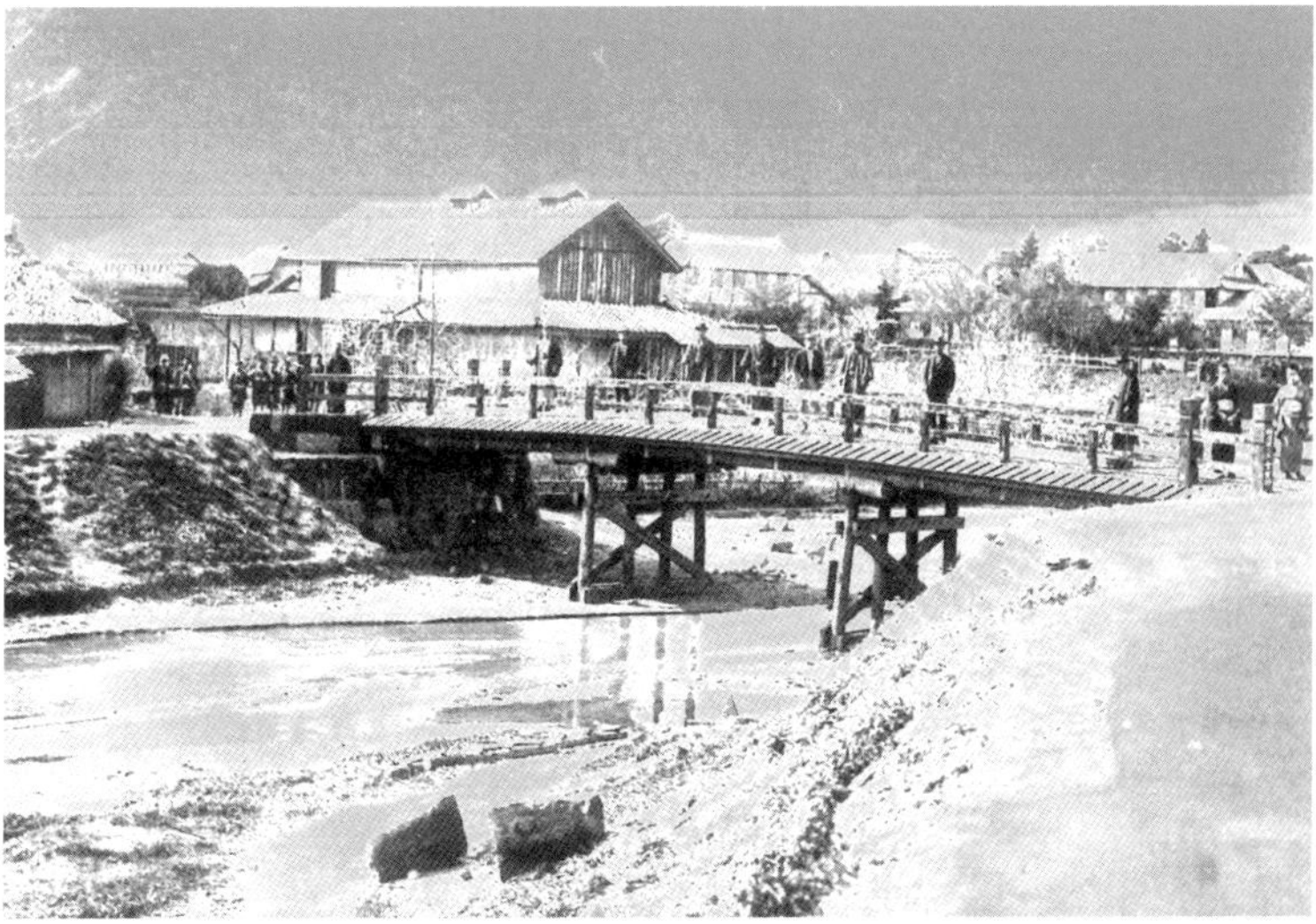

藩主利永が渡り初めをした岩崎原橋（玉名市立歴史博物館こころピア提供）

方（源助）をはじめ矢嶋姉妹の夫らも小楠の門人だった。（「戸川秋骨関連系図」Ｐ10参照）

陣屋地に決まった岩崎原と高瀬町の間を、ふだんは川幅十数メートルほどの繁根木《はねぎ》川が流れている。その昔、上流に織物の職人集団である錦部《にしごり》が住み、錦（絹織物）を織っていたので錦川《にしきがわ》とも呼ばれる。江戸時代には、川幅は今より広く水量も豊かだった。上流の石貫村船島まで舟運の便があったという。繁根木川に架かる岩崎原橋（現岩崎橋）は、家中一同が高瀬町から移住する際、藩主若狭守利永が渡り初めをしたので五位橋とも呼ばれた。藩主若狭守の大名としての格式が従五位《じゅごい》の下《げ》だった。御殿地（藩邸）は、現在、玉名町小学校と玉名女子高校がある辺りに定められた。

岩崎原橋を渡り、真直ぐ西に三百メートルほど入った岩崎原台地十町歩（十ヘクタール）に陣屋地建設工事が始まったのは、一八六八（慶応四）年七月二十九日のことだった。岩崎原台地に広がる耕地に数千の人数が駆り出され、桑畑がまたたく間に平坦地に変わった。建設工事事務所として使用するために、山鹿にあった本藩の紙漉《す》き工場官舎が移築され、木下初太郎の指揮のもと建設工事が急ピッチで進んだ。家臣屋敷の広さは米野家老の三百十五坪を筆頭に家格に応じて最大敷地三百坪、建坪三十坪に定められた。屋敷割りは禄高や身分に応じて決められ、藩邸の周囲を碁盤状に取り巻くように家臣の屋敷が配置された。この年九月八日に明治と改元された。

年が明けた一八六九（明治二）年一月、藩邸の堅固な礎石が敷かれ、柱梁の組み立て工事が完了し、いよいよ屋根瓦を葺《ふ》く作業が始まった。このころ、新政府による幕藩体制解体の動きが活発になっていた。一月二十日、薩摩、長州、土佐、肥前の四藩主は連署して版籍奉還を新政府に上奏した。徳川幕府から与えられていた領地と領民を、天皇に返上することを申し出たものだった。これにならって本藩の肥後藩も版籍奉還を願い出たので、支藩の高瀬藩も本藩に追随しないわけにはいかなかった。その際、高瀬藩は高瀬県に立県できるよう本藩や太政官に交渉したが、高瀬藩には領地がないということで立県はかなわなかった。

家臣屋敷の建築はそのまま進められ、一八七〇年五月に二百九十七戸の武家屋敷が完成した。岩崎原台地が白壁で埋《うず》まり、壮観な眺めを呈した。敷地の周囲には杉苗の生垣をめぐらし、茶樹も植えて日用に備えられるようにし、家庭菜園の用地も設けて土地、屋敷とも藩士らに与えられた。江戸の長屋住まいに比べて、はるかに恵まれていた。同年五月二十六日、家臣とその家族は高瀬町の仮住まいを出て、木の香の漂う岩崎原の新居に移った。

明治政府に召喚された藩主若狭守利永は、一八六九年四月に上京、八月から十二月まで本藩の代表として京都桂御所の警備の責任者を務めた。同年六月十七日、版籍奉還の願い出が許され、肥後藩は正式に熊本藩と呼ばれるようになった。熊本藩主細川韶邦《よしくに》が初代の熊本藩知事に任命され、高瀬藩主利永は熊本藩知事の治下に置かれた。翌一八七〇年九月、利永は東京居住を命ぜられ、家臣は熊本藩貫属となり、高瀬藩は解体した。

自明堂に入学

一八七一年二月七日（明治三年十二月十八日）、秋骨は岩崎原のまだ新しい屋敷で生まれた。幼いころの遊び場は藩邸の周辺だった。

秋骨は、毎日のように母を引き連れて、岩崎原の屋敷から歩いて繁根木川に魚とりに行く、活発で少しきかん坊の子どもだった。当時、繁根木川は蛍《ホタル》の名所として知られ、初夏の夜は蛍狩りを楽しむ人々でにぎわった。

近所にある小流―羽木川（原文ママ）といったが―其処《そこ》に毎日小魚を掬《すく》いに行かなくては承知しないので、ある小雨の日にも、母を強要して、その浅い清流の中に立ち、小魚を掬ったことを覚えている。

―秋骨随筆集『食後の散歩』「幼年時代」

秋骨は数え年五歳ぐらいのとき小学校に入学したというが、実際は駄々をこねて従姉と一緒に小学校に連れて行ってもらっていたようだ。秋骨が通っていた学校は、江戸鉄砲洲時代の高瀬藩藩校成章館、そして同館焼失後に藩校の再建がかなわず、その後に設立された私塾敏《びん》行《こう》堂の教育を受け継ぐ自明堂だと思われる。

私にはそれが幼稚園同様なものであったのである。私より三歳ばかり年長の従姉がいたので、その傍《かたわ》らに座らなければ私は承知しないので、いつもそこに席をとる事になっていたのであるが、それも満足に座っていたのではないらしく、じきに眠ってしまったのである。

――秋骨随筆集『朝食のレセプション』「幼年時代」

一八七一（明治四）年七月、高瀬藩は高瀬県として立県できなかったが、自明堂については継続することが許された。翌一八七二年五月、私塾を開くには官の許可が必要となり、次いで八月に学制が発布された。男女六歳以上は全員が学校教育を受けられるようにしようとしたのだが、校舎建設はすべて町村の自前、学費は父母の負担だったため、多くの学校は従来の寺子屋や寺院の建物が使用された。岩崎村では高瀬藩校の自明堂がそのまま使われ、高瀬区自明堂（一八七六年に岩崎小学校、その後弥富小学校）として存続した。高瀬区は独立村となることを県に願い出たが認められず、一八七六（明治九）年に岩崎原と合併した。

私は聞くところによると数え年五歳位で学校へ入ったそうである。小学校令といったようなものが、すでにあったかどうか知らないが、九州辺鄙《へんぴ》の地のことであるから、その有無など問題ではない。いわんや学校そのものが今日いう所の小学校ではないのであるから、石盤を背負わされて、毎朝出て行くのであるが、その学校というのは、所謂《いわゆる》寺子屋で、式台を上がると左右に開く障子がある。其処を入ると、すぐそれが教場で、畳が敷いてあり、机が並べてあって、生徒はその前に座るのである。

――秋骨随筆集『食後の散歩』「幼年時代」

自明堂は、藩邸の建築事務所がそのまま校舎に使われ、成章館、敏行堂で使用していた図書類が教室に備え付けられた。秋骨が背負わされた石盤は、ハンディタイプの黒板のようなもので、スレートという板状の粘板岩で、ろう石を鉛筆のように加工した石筆で文字や数字を書いては布切れなどで消し何度でも使用できた。石盤が日本の学校に広がったのは、一八七二年に師範学校教師のスコットが、アメリカから石盤を取り寄せて使い方を伝授したのが始まりとされる。

秋骨が通った自明堂（『肥後高瀬藩史』より）

秋骨を学校に連れて行っていた従姉は大野喜久と小春の姉妹と思われる。二人の母、大野武は、『肥後高瀬藩史』の「賢婦人の名あるもの」で紹介されるほど質実で優美な女性だった。武は高瀬藩士大野束《たばね》に嫁いで、長女喜久、二女小春、長男豊太、二男二郎、三男三雄の三男二女をもうけた。夫大野束が早く亡くなったため、和歌に秀でていた武は、御歌所所長の高崎正風に認められて北白河家に出仕した。長女喜久は東京女子高等師範学校に進み、卒業後は久留米師範学校、宇都宮女子師範学校の舎監を務め、一家の家計を支えた。秋骨より二歳年下の長男豊太は、後に医師となり、俳人、俳書蒐集《しゅうしゅう》家としても知られる大野洒竹《しゃちく》である。

『肥後高瀬藩史』には自明堂について、「郡内第一の藩校で江戸出身の新人が子弟を教育したので郡中第一の教育地として評判が高くなり数年の後には郡内の各村より風を望み徳を慕うて笈《おい》を負うて来り学ぶ者も数十人の多きに及んだ。盛んなりと言うべきである」と記されている。秋骨は寺子屋のような小さな建物のように記憶しているのだが、自明堂は木造二階建ての立派な建物だった。

熊本洋学校と熊本バンド

一八六六（慶応二）年四月、横井佐平太は弟の大平と共にアメリカに向けて出航した。渡航費用は徳富一敬がその父に頼み込み、徳富家貯蔵の古金（金貨）や山を売って捻出して渡した。当時、海外留学は国禁だったので、二人は伊勢佐太郎、沼川三郎とそれぞれ名前を変えての密航だった。佐平太二十二歳、大平十七歳のときである。二人を乗せた船はインド洋から喜望峰、大西洋を経て、半年後にニューヨークに着いた。そして、アメリカ北東部のニュージャージー州にあるラトガース大学付属のグラマースクールに入学した。

一八六九（明治二）年の暮れ、横井大平は肺結核に罹って帰国し長崎で療養する。そのとき小楠門下の一人、野々口為志が長崎に来ており、大平は熊本に洋学校を設立するように熱心に説いた。野々口も共鳴し協力を約束する。大平は洋学校創立に全身全霊を傾け、外国人教師の選定、校舎敷地の確保などに忙しい日々が続いた。その無理がたたり病気が進み、不幸にも洋学校建設を待たずして一八七一年四月二日、二十二歳の若さで亡くなった。

アメリカから熊本洋学校教師として招聘《しょうへい》したレロイ・ランシング・ジェーンズは、妻子を連れての来日だった。オハイオ州ニューフィラデルフィア生まれで、ウエスト・ポイント陸軍士官学校出身、三十四歳の壮年教師は軍人らしく筋骨たくましく、長身で眼光は鋭かった。

校舎と教師館の建設工事が、現在は熊本県立第一高校がある城内古城において、あわただしく始まっていた。ジェーンズのために建てられた教師館は、熊本には洋館建築ができる大工がいなかったので長崎から招いて造らせた。コロニア風木造二階建て、ベランダの天井は菱《ひし》組みを用い、柱頭にはブドウの図柄が刻まれた。ジェーンズの希望を取り入れ、細部まで西洋風にこだわったこともあり工期が遅れた。生徒が入学したときは教師館ばかりでなく、校舎、寄宿舎も完成していなかった。

一八七一年九月一日、熊本洋学校が開校した。生徒募集に応じて士農工商の子弟四、五百人の志願者があり、その中から四十六人の秀才が難関の試験に合格した。授業初日、生徒たちが着席して待っていると、ジェーンズが、「グッドモーニング」と声を掛けて教室に入って来た。生徒たちは突然、ウェブスターの青表紙の教科書を渡されて、アルファベットを教えられた。ドリルと練習で十日間過ぎると、毎日試験が始まった。まず数人の生徒が落第し退校させられた。生徒たちは毎日成績順に座らせられた。成績が悪ければ一番うしろまで下がり、その次だめなら退学になりかねなかった。

読本、数学、物理学、化学、地理学、歴史、天文学、地質学などすべての教科をジェーンズ一人で受け持ち、授業はすべて英語だった。通訳はおらず、日本語が話せないジェーンズと英語を知らない生徒たちとの間に珍妙な問答が交わされた。

ジェーンズは士官学校式のスパルタ教育を実践し、寄宿舎生活を原則として、生徒に厳しい校則を課した。朝ベッドから飛び起きるところから、夜疲れて眠り込む一瞬まで、無数の規則が生徒たちをしばっていた。煙草と酒は厳禁だった。時間厳守は厳密に実行され、規則や統制を乱す者は、ジェーンズから容赦なく退学を要求された。

ジェーンズは最初の三年間、学校の中でも外でも、キリスト教を論ずることは一切なかった。一八七四（明治七）年になると、土曜夜に聖書の勉強会を自宅で始めた。この年の終わりごろには、参加者が六十人まで増えたので、土曜と日曜夜の二部に分けられた。その後、勉強会のほか、定期的な日曜礼拝が行われるようになった。一八七五年の夏から秋にかけて、ジェーンズは聖書勉強会と新たに始まった日曜礼拝に、どんどん熱中していき、生徒の海老名がキリスト教に改宗した。横井（伊勢）時雄、山崎為徳もキリスト教を受け入れ、信者が次第に増えていった。ついには反対派のリーダー小崎弘道までも聖書勉強会に引きずり込まれた。生徒の何人かは、深夜の冷水浴や断食を始め、信仰と誓いを強めようとした。そして生徒の多くが、いよいよ信仰を公《おおやけ》にしようとしていた。

一八七六年一月三十日早朝、熊本洋学校の生徒三十五人が熊本市の花岡山に集まった。日曜午後には祈ったり瞑想したりしにいつも行く、生徒たちのお気に入りの場所だった。この日はいつもの集会ではなかった。あらかじめ、注意深く計画が立てられていた。一八七三年二月にキリスト教禁制の高札は撤廃されたが、熊本の反キリスト教感情は根深かった。キリスト教を敵視する人たちの疑念をそらすために、三、四人のグループに分かれて登った。

決めてあった集会地点に彼らは集まった。加藤清正が下方で築城中の人々に時を告げる鐘を吊った松の古木だった。海老名は横井の家に寄って時雄を誘い、阪井禎甫と古庄三郎がこの集会のために用意した趣意書を受け取って鐘懸松へ向かった。金森通倫《みちとも》の指揮でアンナ・ワーナーの讃美歌「主、我を愛す」が歌われた。横井が英語の聖書から、ヨハネによる福音書第十章の「わたしはよい羊飼いである…」を朗読した。続いて、キリスト教に身を捧げる誓いをたてる奉教趣旨書に署名誓約した。このとき誓約したメンバーを、後に熊本バンドと称した。高瀬藩士の子弟両角《もろずみ》政之、鈴木萬（万）、阪井禎甫（阪井禎保と同一人物）の三人が熊本バンドに加わった。

先頃また五十年前、肥後の国は花岡山で立て籠《こも》ったという当年の熊本に於ける青年のキリスト教についての信仰の記事が新聞に出た。これは私も疾《と》うから聞き及んでいた事であるが、これは迷いでなくてなんであろう。若いもの、恋とどれだけ異なっているだろう。殊《こと》にあの連中の末路―と言って世間の上からは出世かも知れないが―を知っているものはそう思わざるを得まい。しかし恋が神聖であるという意味において、宗教の信仰も神聖であるという事に、私は同意するに躊躇《ちゅうちょ》しない。

―秋骨随筆集『楽天地獄』「劇薬宗教」

横井佐平太と玉子の結婚

熊本洋学校が開校して半年ほど過ぎたころ、一八七二年五月二十八日、玉子は横井佐平太と結婚した。アナポリスの海軍学校で学んでいた佐平太が、横井小楠《しょうなん》死後の家督相続のために帰国していたときだった。ところが、佐平太は帰国して一年もしないうちに政府の命令で再び渡米する。

短い結婚生活を送ったのち、玉子は横井家に残った。そこには姑のきよ、亡くなった小楠の妻つせ子、そして小楠の長男時雄と娘みや子の二人の子がいた。玉子はつせ子から裁縫、料理、茶道などを習った。玉子は横井家にいるとき、横井小楠の娘みや子と徳富一敬の娘初子と一緒に熊本洋学校で学んでいたようだ。玉子が入学したのは熊本洋学校が四年目に入った一八七四（明治七）年だった。これは日本の学校における、最初の男女共学の実践だったとされる。

ジェーンズは男女共学に熱心だった。四年目が始まるとき、みや子と初子に入学を許可した。学校当局はしぶしぶ同意し、女子生徒は勉強に励んでいたが、男子生徒らは、「女子を入学させるとは実にけしからん」と陰では気焔《きえん》を吐いた。海老名喜三郎（後の弾正《だんじょう》）は、日本古来の地方風習を論じ、「男女七歳にして席を同じうせず」と言って共学に抗議した。ジェーンズは、「お母さんも昔は女の子だった。考えてごらん」と諭《さと》し、それからはそのことを口にする生徒はいなかった。

『歴史玉名第20号』「横井玉子」（堤克彦著）には、「ジェーンズの『熊本回想』では、男女共学の方針のもとで入学した横井みや子（小楠の娘・海老名弾正夫人）と徳富初子（蘇峰の姉・湯浅治郎夫人）の二人のことしか記されていないが、この二人にいく人かの女学生を交えた授業の開始は『第四年目』、即《すなわ》ち七年九月からということになる。この他女子たちは何名かのグループを作って、ジェーンズ夫人ハリエットに頼み込んで、家庭で洋裁・西洋料理を教わったこともあったという」とする。

『肥後高瀬藩史』には、「此の頃熊本洋学校が起こり米人ゼーンスが大平の世話で来熊し其の校長となっていましたので横井家の婦人みや子（海老名氏に嫁す）や玉子は外人校長に就いて英語を学びました。其の後老母の懇願と焦慮と信切によって二度山口県人の在京官織田某に嫁しましたが幾許ならずして離別して横井家に復籍しました。玉子は是より一生を捧げて女子教育に従事せんと志を建てました」と玉子が熊本洋学校で英語を学んだと書かれている。

同書には、「岩崎原の家中より就学せしものは阪井禎保、両角政之、三友雄《みともたけし》、鈴木万、米野《こめの》信実、伊勢某（玉子?）の六人が入学している。また女子としては横井玉子（旧姓は原氏、一時伊勢姓を称した）がゼーンスに就いて英語を学んでいる」という記述もあり、ここでも熊本洋学校で学んだ高瀬藩士子弟六人の中に玉子の名前が出てくる。

一八七四年、アメリカから帰国した佐平太は元老院権少書記官となるが、玉子は病弱だった姑きよの看護のため熊本に残っていた。そのころ佐平太は肺の病魔に侵されていた。翌一八七五年九月、佐平太の病状が悪化したという知らせを受け、玉子は看病のため東京に駆け付けるが、十月三日に佐平太は肺結核で死去した。玉子が佐平太の看護のために一緒に暮らしたのはわずか二十日ほどだった。

秋骨は、玉子が横井家にいたころ、伯父尹達《まさたつ》に連れられて訪ねている。

熊本へ行って横井家に泊まったこともある。その途中有名な田原坂を通るに、道路が悪くかつ嶮《けん》岨《そ》であるため、伴って行ってくれた伯父は下車して、私一人車中にいたが、その道のデコボコのため、車が動揺するたびに、私は頭をぶつけた事なども記憶している。

——秋骨随筆集『食後の散歩』「幼年時代」

文明開化を率先

一八六九（明治二）年の版籍奉還により、高瀬藩士は熊本藩貫《かん》属となり、本藩から内山易堂が派遣されて高瀬区管轄所を置くに及んで、高瀬藩は一八七〇年九月に解体した。藩士らはどこに住もうが自由に任せられ、職業も自由に就くことが許された。東京に帰る家族が多く、数年のうちに半数は岩崎原を去っていった。軍隊に入る者、警視庁に勤める者もいた。一八七一年一月末、秋骨の二人の叔父、原三郎と西四郎（西家に養子）は本藩の新兵募集に応じ、同年二月に官兵として長崎詰に入隊した。同年九月、三郎は辞して兵部省大阪教導隊に入る。一八七二年、東京に移り軍曹となり、東京鎮台に勤務。一八七七年には征討別動第二旅団に編入し西南の役に従い熊本に戻り少尉となる。

明治政府の強力な欧化政策で、東京のような大都会では西洋の文明、文化はすべていいものとして取り入れられ、レンガ造りの洋館、ガス灯、鉄道馬車、そして洋服、帽子、靴、洋傘、パン、コーヒー、牛鍋などが流行った。地方では急激な変化はなかったが、徐々に文明開化の波は押し寄せていた。欧化政策に不満を持つ旧士族らで結成された神風連（敬神党）に代表されるように、西洋化に対抗する勢力が強かった熊本にあって、高瀬藩の藩士、家族は進取の気風に富む「お江戸さん」らしく新文化の率先者であった。肥後入りしたとき、蝙蝠傘《こうもりがさ》を持っていて切支丹《キリシタン》と間違えられたという。藩主自ら写真機を購入し家臣を撮影し、写真師富重利平を抱えた。

石油ランプが初めて熊本に入ってきたときも、直ちに購入した家が数十戸あった。一八七二（明治五）年十一月九日、太陽暦に改められたときも、旧暦十二月三日をもって翌一八七三年一月一日となすと令が出たときも、岩崎原家中は直ちに新暦に改めた。西洋柱時計や懐中時計もいち早く購入したものも多かった。同年三月、明治天皇が髪を切られ、洋服を着用されると、すぐに高瀬藩士松田佐太郎が断髪を断行、秋骨の叔父原三郎が続いた。一八七六年三月、廃刀令が出たときも、高瀬藩士は何の異議を唱えることなく直ちに実行した。同年六月、熊本県令安岡良亮《りょうすけ》が断髪令を下すや、このときも高瀬藩士の多くが断髪して県下に範を示した。

西南戦争高瀬の戦い

一八七七（明治十）年二月十九日白昼、熊本城が炎に包まれた。城内鎮台応接所から出火し、強風にあおられ天守閣まで達した。西郷隆盛を総指揮者とした薩軍が川尻に到着。政府軍の偵察隊が薩軍に発砲し西南戦争実戦の火蓋が切って落とされた。二十二日、薩軍は熊本城内政府軍を総攻撃したが崩落せず、包囲しての持久戦に入った。

二月二十五日から二十七日にかけて、高瀬で繰り広げられた政府軍と薩軍の攻防は、その後の戦況を大きく左右した天下分け目の戦いだった。高瀬は交通の要衝《ようしょう》であり、兵站《へいたん》地としても重要だった。薩軍は山鹿を占拠し、北上を目指し高瀬に攻勢をかけていた。それに対する政府軍は繁根木八幡宮一帯に集結し、菊池川右岸を中心に守りを固めていた。

当時、旧高瀬藩三百世帯のうち、岩崎原に残っていたのは五十世帯ほどだった。年寄りや女性、子どもが多く、武器を持って戦える男たちは三、四十人にすぎなかった。しかも戦おうにも銃や弾薬の貯えはまったくなかった。家族を近くの知人の家に避難させ、家財も持ち出し、高瀬藩士たちは帯刀して各戸を巡回し薩軍の襲来に備えた。

二十五日、薩軍が高瀬の町に攻め寄せて政府軍と激突。薩軍は高瀬を占領し、南関、久留米、博多に進出する勢いだった。政府軍は岩崎原に後退し、高瀬町に入った薩軍を背後から襲撃するよう目論んでいた。その日の朝、薩軍の偵察隊が高瀬藩陣地に姿を見せ、薩軍に加わらなければ攻撃すると脅かしたが、高瀬藩士はこれに応じず、一同決死の覚悟をする。同日の午後、政府軍の先鋒が来たので、一同は安堵するが、薩軍に加担しているのではと疑われる。家屋を焼き払うとまで言われたため、ときの岩崎原戸長石川修平に、高瀬藩士は官軍の味方ということを証明してもらい疑義を晴らした。高瀬の戦いは二十六日、二十七日と続き、高瀬藩士は食糧や弾薬の補給運搬などで政府軍を助けた。

二十七日の高瀬の戦いは、これに勝てば薩軍は上方に進軍し、負ければ撤退という天王山だった。前日午後六時、薩軍の兵二千八百人は熊本城下の出町を出て高瀬に向かった。薩将桐野利秋《きりのとしあき》が率いる右翼隊六百人は菊池川江田の内田渡を渡り玉名大神宮にたてこもった。一方、村田新八率いる左翼隊は高瀬大橋を渡って高瀬町に入ろうとするが、政府軍が菊池川に架かる高瀬大橋の橋桁を破壊していたため、対岸の高瀬町に渡れなかった。村田の命を受けた西郷隆盛の末弟西郷小兵衛《こへえ》の小隊が、菊池川下流に回り大浜から対岸に渡った。繁根木八幡宮付近を進んでいるとき政府軍と衝突、政府軍は耐え切れず民家に火を放ち退いた。このとき繁根木川堤防で陣頭指揮を執っていた小兵衛は銃弾を左胸に受けて倒れた。薩兵が近くの民家（橋本鶴松家）から雨戸を借りて、重傷を負った小兵衛を乗せて本営に運ぼうとしたが、その途中、小兵衛は「兄に先立つことが心苦しい」との言葉を残して息を引き取った。戸板を貸した橋本家には、後に小兵衛の妻松子から丁寧《ていねい》に礼状が送られてきた。その後も松子から便りが続いた。一九三五（昭和十）年二月に「西郷小兵衛戦歿《せんぼつ》之地」石塔が繁根木川左岸堤防に建てられたときも、松子から橋本家あてに感謝の書状が寄せられた。

米を奪われることを恐れた政府軍が、高瀬御蔵《おくら》に火を放ったため、高瀬の町は火の海に包まれた。この時、高瀬町百八十八戸、繁根木町六十戸、永徳寺五十二戸の民家が延焼した。焼けた蔵から出た焼米は岩崎原の岩崎小学校（旧自明堂）に運ばれ、焼け出された住民らの救援物資に使われた。高瀬の戦いは官軍の優勢で終わり、薩軍は田原坂に退いた。

熊本城内の県庁は薩軍に包囲されて動きがとれないため南関にあった仮県庁は、三月二十四日に岩崎原の旧自明堂に移転された。高瀬警察署や裁判所も移されたので、四月十六日に熊本の本庁と合体するまで岩崎原が司法行政の中心となった。高瀬の各寺院には負傷兵が収容され、将校の療養所として旧高瀬藩士屋敷の座敷が用いられ、藩士家族は心を尽くして看病したとされる。県内の戦争は六月十一日に終わったが、西南の役はなお続き、九月二十四日の城山の戦による西郷隆盛の自刃によって終わった。

元老院議員の佐野常民《つねたみ》が田原坂の戦地視察の帰りに、岩崎原の仮県庁に立ち寄り、富岡敬明県令（県知事）と悲惨な状況にある両軍の戦傷者を救済する博愛社（現日本赤十字社）設立構想を話し合ったという。（『塚本平八回顧録』より）

仮県庁跡には現在、玉名女子高校がある。その敷地内中庭に日赤発祥の地の石碑が建っている。それには次のように刻まれている。

玉名市岩崎に現存する唯一の高瀬藩時代の屋敷

日本赤十字社　発祥之碑

明治十年西南の役の戦火を避けた白川県は、その庁舎をこの地にあった旧高瀬藩邸の跡に移していた。勅命を奉じて戦況を見に来た佐野常民は、県令富岡敬明と会い悲惨な戦傷者の救護をする為博愛社（後の赤十字社）設立について徹當謀議《ぼうぎ》したと謂《い》われている。故老相語り相傳えて今日に至るも今や星移り人去って標識失せ遺跡又消滅しようとしている。ここに碑を建てて後世に残す所以《ゆえん》である。

昭和五十一年十二月一日

佐野常民は一八七七年四月六日、新政府に博愛社設立の嘆願書を提出したが許可されなかった。そのため五月一日、征討総督有栖川宮熾仁親王《ありすがわのみやたるひとしんのう》に直訴して認められた。その場所は熊本城内の熊本洋学校教師館ジェーンズ邸だった。ジェーンズ邸も日赤発祥の舞台となった。ジェーンズ邸は水前寺公園そばに移築されていたが、二〇一六（平成二十八）年四月十四日および十六日に発生した熊本地震で全壊した。二〇二〇（令和二）年現在、ジェーンズ邸は現在地の南西約三百メートルのところにある熊本市立体育館跡の公園へ移築する工事が行われている。

現在（二〇二〇年）、岩崎原に住む旧高瀬藩士の子孫は安東家、両角家、米野家、高橋家の四軒のみである。次席家老の三友家は藩の解体後も玉名に残り、玉名の政治、教育の発展に寄与した。岩崎原に旧高瀬藩士の屋敷とみられる家が一軒残っているのだが、ずいぶん前から住む人がおらず老朽化が進んでいる。

父等照の実家原家と従弟洒竹の大野家は一八七六（明治九）年五月に上京した。そして最後まで残っていた秋骨の戸川家も西南戦争（一八七七年二月十五日）が始まる前に岩崎原を離れ、東京へ向かった。

私は高瀬という小さな町のそのまた付近の小さな村で生まれたのであるが、一家はこの片田舎に居て、そうそう座食しているわけにも行かないので間もなくまたそろそろ親族あい率いて、今は東京となったもとの住地に前後して出て来たのである。私の上京したのは西南戦争のすぐ前の事で、さすがに年齢《とし》もいかなかった為、その頃についての私の記憶は明らかでない。

――秋骨随筆集『楽天地獄』「電車道に沿うて」

第二章　少年時代

〝士族の商法〟で没落

秋骨一家は東京にたどり着くと、一足先に上京していた祖父のところに落ち着いた。祖父は芝の西久保巴町（現東京都港区虎ノ門）で小さな煙草店を営んでいた。明治維新で無職となった多くの士族は、受け取った秩禄公債《ちつろくこうさい》を転売して、それを元手に商売を始めた。士族の商売といえば、古道具屋、団子屋、米屋、酒屋、金貸しなどが多く、変わったところでは兎の飼育、石油採掘への投資、ジャガイモの栽培などがあった。そのだいたいが失敗した。危ない儲《もう》け話に乗って財産を全て失った者もいれば、事業を興《おこ》したものの破たんして、その責任を取って切腹した者もいた。

理由ははっきりしないが、祖父はやがて煙草店をたたみ、次は父等照《ともてる》が飯倉四丁目（現東京都港区麻布）で米屋を始めた。これもお決まりのように、すぐにうまくいかなくなった。等照はとても商売のできる人ではなかった。お金に困っている人がいると、借りてでも与えてやるような人間だった。まもなく米屋は閉店した。それとともに父は家に帰って来ないようになった。

六歳になった秋骨は、師範学校付属小学校（現筑波大付属小学校）に入学した。付属小学校は日本初の国立師範学校の練習小学校として一八七三（明治六）年に設置された。翌一八七四年五月には明治天皇が行幸《ぎょうこう》されたという由緒ある名門校だった。

付属小学校はそのころ内幸町にあり、秋骨が住んでいた飯倉からは子どもの足では遠かった。近所に面倒見がいい上級生がいたので、一緒に連れて行ってもらっていた。程なくして、その上級生が学校をやめてしまったので、秋骨も付属小学校をやめて近くの公立鞆絵《ともえ》小学校（現御成門小学校）に転校した。そのころまでは秋骨のおいたちも順当に進み、むしろ幸福な状況であったが、それから形勢が一変してしまった。

父等照が家を出て帰って来ないため、残された秋骨の家族は毎月の家賃さえ滞るようになり、数寄屋橋近くの和菓子店壺屋の裏に引っ越した。引っ越した家はずいぶん惨めな家で、周りは湿地で近くに寺があり竹やぶに墓が並んでいた。秋骨の家は急に貧乏のどん底になり、生活は困窮《こんきゅう》を極めた。

私の父は一つも取り得のない人間であって、ために私どもその子どもたちは非常な苦境にいたのであった。しかしただ一つ侠《きょう》という気分だけはかなり沢山に有っていた。極度の窮乏の状態にいながら、自分と同様の苦境にいる者がそれを訴えてくると、すぐさま着ているものでも脱いでしまうという侠気であった。それがいわゆる傷に玉とでもいう父の唯一の美徳であった。しかしこの唯一の美徳は、私ども子どもたちには困る事であった。他人のためなら子どものものでも没収してしまうというのであるから。ために子どもたちは極度の窮地に陥られてしまっていたのである。

——秋骨随筆集『自画像』「強きを助け弱きをくじく」

一族がキリスト教徒に

祖母や曽祖母は別に我善坊（現港区麻布台）に、静かな落ち着いた暮らしをしていた。秋骨は大勢いた孫の中で最も年上の男子だったので、祖母のもとに引き取られた。秋骨の下には健毘古と徳三郎の二人の弟と、一八七八（明治十一）年七月八日に東京に来て生まれた妹の乃ふがいた。後に二男健毘古は木村家に、三男徳三郎は山木家にそれぞれ養子に出された。

秋骨の一族はこのころキリスト教徒になっていた。一族にキリスト教を伝えたのは一人の指圧師だった。この指圧師が宣教師のワデルを信じていたので、それが縁となって、秋骨の一族がキリスト教の教えを聞くようになったという。横井玉子は一八七九年にワデルにより、桜田備前町芝教会で洗礼を受けた。

我善坊には軍人の叔父四郎も住んでいた。一族の中でも一番キリスト教に熱狂的だったのが四郎だった。四郎は実に単純で朴訥《ぼくとつ》な人だった。この一徹なキリスト教徒の叔父が、十歳ぐらいの秋骨をつかまえて、毎日曜日に漢訳聖書のマタイ伝第一章から読ませた。秋骨はこれにはほとほと困っていた。何のことだかまったく理解できずに苦しくて、日曜日が嫌でたまらなかった。それだけでなく、これからは外国のことに通じていなくてはいけないということで、叔父が尊敬していたキリスト教宣教師のところへ英語を習いに行かされた。

そのうち、秋骨は母のもとに帰ることになった。父は遊び歩き、依然として帰ってこなかった。生活は以前にまして苦しく、巴町《ともえちょう》のキリスト教会堂に移った。そこでは母までが短い期間だったがいなくなり、まだ七歳ぐらいだった弟と二人だけで数日過ごしたこともあった。秋骨の環境はますます悲惨なものになっていた。そういうときも、秋骨はのんきだった。小犬を二匹もらってきて、それを遊び相手に無邪気に楽しんでいた。そのような窮状《きゅうじょう》にあったが、学校の成績はよかった。試験に合格し、一級飛び越して上級に進み、その副賞として筆墨《ひつぼく》と半紙をもらったこともあった。

一族へそれを伝えた者は一人の按摩《あんま》である事は、ちょっと珍しい事実である。この按摩は大変な按摩さんで、人に意見を加えたり訓かいを与えたりする。英語も少し使えば、もちろん小理屈も言う、ずいぶん厄介な男で、私はもとより小僧扱いされたものであった。この男がワデルというちょっと傑出した宣教師を信じていたので、それが縁となって、私の一族が教えを聞くようになったのである。

――秋骨随筆集『楽天地獄』「電車道に沿うて」

末は博士か大将か

一八八三（明治十六）年、秋骨は、陸軍の将校だった叔父三郎の転任に伴って大阪に行き、二年近く過ごした。住まいは大阪城に近かったため、城の周りや淀川が遊び場だった。秋骨少年の一番の楽しみは淀川だった。友達と一緒に、僅かばかりの小遣銭で小舟を借り、上流の桜の宮から、下流の難波橋まで漕ぎまわった。疲れたら天満橋の下にある砂洲で釣りをした。

中学校は、その後京都に移った第三高等学校の前身である大阪中学校だった。同級生に三井鉱山会長、昭和飛行機工業社長など歴任した牧田環《まきたたまき》がいた。中学時代の牧田少年は人が良すぎるぐらいにおひとよしで、成績があまりよくなかったので、同級生たちに軽く見られていた。そのため同級生たちは牧田少年をよくからかっていた。秋骨もその中の一人だった。

翌一八八四年、秋骨は叔父三郎と共に東京に帰った。秋骨は東京に帰ると、その牧田少年のことをすっかり忘れてしまった。その後、秋骨が落第などでまごまごしている間に、牧田少年は帝国大学工科に入学した。

その少年の名がタマキというので、姓と名とは真直ぐに言っても逆に呼んでも、調子が取れて語呂が面白く、ために同級のいたずら者は調子をつけて、この姓名を呼んでは、その頭を平手で打つのであった。私は今でも同様であるが、おとなしい臆病者であったに拘《かか》わらず、人のすることは何でも真似て見るという悪い癖があって、同級生のいたずら者の尻尾について、その少年の頭をたたいた事も一度くらいあった。

――秋骨随筆集『朝食のレセプション』「取っておきの話」

東京に帰り、しばらく叔父の家に住んだのち、築地の祖母（父等照の実家原家）に引き取られた。祖母の家は劇場新富座の通りにあった。江戸時代は、芝居小屋は芝居町の一角という規制があったため、皇居近くの新富座の周辺は商店が何軒かあるぐらいで屋敷町の風情だった。隣は植木屋で、表にはたくさんの庭石が積み重ねて置いてあり、向かいには西洋風な一軒家が建っていた。

新富座は、元は歌舞伎興行が許されていた猿若町にあったが、一八七二年に新富町に移り、火災で類焼した。その後、一八七八年六月に守田勘弥《もりたかんや》が新築開場した新富座は、照明にガス灯を使ったり、外国人用に椅子席を設けたり、最新設備を誇っていた。しかも、九代目市川団十郎、五代目尾上菊五郎、初代市川左団次らを独占していたので大盛況だった。

祖母の家は二階屋で部屋がたくさんあったので、賄《まかな》い付きの間貸しをしていた。下宿人には後にいろんな分野で出世した人がたくさんいた。海軍大将となる有馬良橘《ありまりょうきつ》、海軍大臣八代六郎《やしろろくろう》のような軍人もいたし、福沢諭吉が一八八二(明治十五)年に創刊した新聞『時事新報』の新進記者だった高橋義雄や石《いし》河幹明《かわかんめい》のような人もいた。

秋骨は武士の家に生まれ、叔父が二人までも陸軍の将校であったため、周りの親戚らは秋骨が軍人にならなければ承知しないという空気だった。特に祖母は下宿人だった有馬良橘を非常に信用していたので、秋骨を有馬のような軍人にしたいと考えていた。有馬も祖母を自分の母のように慕っていた。秋骨が少し大きくなってからの話だが、海軍大将となった有馬から、秋骨を養子にほしいと申し入れがあったという。このときは秋骨の耳に入る前に、母親代わりの叔母横井玉子が断った。

夫佐平太に先立たれ東京に留まった横井玉子も、実家の下宿屋に身を寄せていた。玉子は向上心が強く、種々の免許や資格を取得することに熱心に励んだ。一八八一年には小笠原家の高等女礼式を習得、一八八四年には吉島滝音から琴の免許を習得した。一八八六年には東京府師範学校で高等裁縫、高等女礼式の教授資格試験に合格した。さらには、一八八九年、古流好静庵について茶道、華道を修得するなど、女性としての教養を身につけていた。一八八五年から公立鞆絵《ともえ》小学校の助教として礼式や裁縫を教える傍ら、築地明石町の海岸女学校教員でもあった。義叔母《ぎしゅくぼ》つせ子の妹矢嶋《やじま》楫子《かじこ》に紹介された築地の新栄女学校で事務監督、礼式、裁縫の教師と舎監も兼務するなど、一人何役もこなした。

このとき矢嶋楫子は、桜井女学校の校長代理を務めていた。矢嶋楫子が夫林七郎の酒乱から逃れて、熊本県上益城郡津森村(現益城町)の実家に戻り、黒髪を根元からばっさり切り離縁を宣言し、新政府の左院議員を務める兄直方(源助)の看病のため上京したのは一八七二年だった。そして、できたばかりの小学校教員伝習所に通い小学校教員免許を取得し桜川小学校の教員になった。一八七八年、米国の宣教師で教育者のミセス・ツルーに請われて新栄女学校の教師を引き受け、同女学校寄宿舎の舎監を兼任した。一八八一年には桜井女学校の創立者桜井ちかに懇願されて、同校の校主代理となり、一八九〇年にこの二校が合併し、女子学院となったとき初代の院長に就任した。玉子は女子学院でも教師として礼式、裁縫、図画、割烹の四科目を生徒らに教えると同時に、幹事兼舎監の仕事をこなし実質的な学校運営を担い、多忙な矢嶋楫子を支えた。

叔母玉子は横井小楠先生の甥に嫁して後早く寡婦《かふ》になったものであるが、所謂《いわゆる》男まさりというのか、賢婦人という称号の与えられる人であって、私どもその姪甥の教訓には少なからず努力していたのであった。そして私共の立身出世をのみ熱望していたのであった。ところが私は愚図《ぐず》の引っ込み屋で、表面おとなしやかでありながら、内心傲慢であったのだから、甚《はなは》だお気に召さない方で、終始文句を言われ通しであった。

——秋骨随筆集『朝食のレセプション』「養子」

翻訳本で文学少年に

下宿人の中で秋骨を一番かわいがったのは高橋義雄だった。高橋は水戸出身で、茨木中学校の恩師松木直己に勧められて慶應義塾に入学した。卒業後の一八八二（明治十五）年七月、文章のうまさを福沢諭吉に見込まれて時事新報社に記者として入社した。高橋は秋骨が本を読んでいると、「お前はそんなものが好きなのか、それなら持って来てやる」と、新聞社から新刊書を持って帰っては秋骨に渡した。

当時は翻訳小説が全盛だった。『鏡花水月』（原作はラムの『シェークスピア物語』渡辺治訳）、ヴェルヌの『海底旅行』（大平三次訳）、ユーゴーの『探偵ユーベル』（森田思軒訳）など翻訳小説を手当たり次第に読破した。

中でも秋骨が一番熱心に読んだのは、英首相デズレーリが著した『春鶯囀《しゅんおうてん》』（原題コニングスビィ・一八八四年）という大英帝国の首相が書いた政治小説の翻訳本だった。当時の日本では一国の首相が小説を書くなど想像もできないことだったため、大変な話題になった。政治小説では、リットン卿《きょう》の『花柳春話』（一八七八年、丹羽純一郎訳）や東海散士《とうかいさんし》の小説『佳人之奇遇』も読んだ。海外の政治小説に熱中し、政治の面白さを知った秋骨は政界に出てみたいという夢を抱いた。このころ、秋骨のように政治家を志す若者が多かった。しかし、現実は、薩長土肥（薩摩、長州、土佐、肥前）出身者以外は政治家や官僚、軍人としての出世のルートは閉ざされていた。

そのうち坪内逍遥《つぼうちしょうよう》の『書生気質《しょせいかたぎ》』を高橋が新聞社から持って来てくれるようになった。『書生気質』は半紙十二、三枚ほどの小冊子として晩青堂という書店から隔週一冊ずつ出された。第一号の発行は一八八五（明治十八）年六月二十四日だった。秋骨は続きを待ち切れずに晩青堂まで行き、建物の前でしばらく様子を眺めたりした。

高橋は福沢を助けて社説を執筆したが、売文に生きることを嫌って一八八七年七月に退社した。その後も福沢から復帰を熱望されたが、実業家を志して三井銀行に入社した。一八九五年に三井呉服店（三越）に移り、江戸時代の座売りから陳列販売に改めるなど経営改革を行った。その後、三井鉱山などの経営にも関わった。実業界引退後は茶道に打ち込み、茶人高橋箒庵《そうあん》として知られる。もう一人の下宿人石河幹明は時事新報社に残り、福沢没後の主筆を務めた。

秋骨が俳人の岡野知十《ちじゅう》を知ったのも祖母の下宿だった。岡野に連れられて丸善書店によく行った。まだ店に畳が敷いてあったころだったので、畳の上に上がり込んで棚の本を座って読んだ。一八九〇年ごろ、岡野と丸善書店に行き購入した本にアメリカのロヴェルという出版社から刊行されているLovell叢書の一冊『Vanity Fair』がある。この本は、秋骨が心酔していた詩人シェレーを訳した饗宴編（バンクェット）だった。読書の面白さにとりつかれた秋骨はページにかじりついた。

そもそも自分が文学を知ったのは、翻訳書であった。たいていの人はその家庭にあった徳川期の、家庭の読物である（曲亭）馬琴とか（十返舎）一九とかの作から、文学の道に入っているらしいに、私にはほとんどそんなものはなかった。しかして私に文学的のものを読ましてくれた人は、実に箒庵高橋義雄氏である。

―秋骨随筆集『楽天地獄』「翻訳者の愚痴」

軍人ぎらい

一八八五（明治十八）年、秋骨は叔父三郎の命令で東京麹町《こうじまち》の独逸《ドイツ》学協会学校に入学した。この学校はドイツ帝国の学問と法制を研究する目的で、一八八三年に開校したばかりだった。設立メンバーには井上毅《こわし》、青木周蔵、桂太郎らが名を連ね、啓蒙思想家の西周《あまね》が初代学長である。秋骨が入学した年の七月にはドイツの法律や政治学を学ぶための専修科が普通科の上の課程として設けられ、政府から多額の財政支援を受けるようになった。そのころから軍事上のこともすべてフランス式からドイツ式に変わっていた。軍人もドイツ語を勉強しなければいけないというのが叔父の考えだった。秋骨は言われるままに入ったものの、軍人になるのは一向に気が進まないので学校の授業に身が入らなかった。

学校では仲間と回覧雑誌を作っていた。同人の作文を集めて、それを筆で半紙に書いたものを綴《と》じて小冊子にし、それを各自二部ずつ書き写した。毎号七、八部の発行数だった。これは当時大変人気があった週刊の戯画入り諷刺雑誌『團々珍聞《まるまるちんぶん》』を真似たものだった。同人には司法大臣、貴族院勅選議員、法政大学総長を歴任した小山松吉《こやままつきち》もいた。秋骨は、『お茶菓子』という、同級生の年長者が作っていた狂歌と都々逸《どどいつ》を集めた小さな雑誌の仲間にも入っていた。家に帰ると、従弟の大野洒竹と一緒に『お茶菓子』を模して『目覚めのお茶菓子』という冊子も作っていた。

雑誌づくりに夢中になり、学校の成績はひどく悪かった。叔父や祖母があまりの成績のひどさを心配して、「陸軍が嫌なのだろう、海軍ならいいだろう」、そういうことで少し習った英語が生きる学校に行くことになった。祖母が海軍と言い出したのは下宿人だった有馬良橘も八代六郎も海軍だったので、二人に頼ったら必ず便宜《べんぎ》があると考えたからである。

そこで海軍に入るには攻玉社《こうぎょくしゃ》がいいというのでそこに入れられた。攻玉社は海軍兵学校の予備校的な存在だった。秋骨は海軍兵学校の試験は受けたものの、落第するように望んで受けたのであるから、望みどおりに不合格だった。

秋骨が軍人になることを嫌ったのは、陸軍軍人だった叔父四郎が軍隊で不審な死に方をしたことが原因だった。秋骨が尊敬し、頼りにしていた叔父三郎も一八八七年に任地先の名古屋でマラリアに罹り病死した。軍人の叔父二人ともが軍隊で無残な最期を遂げた出来事が、秋骨を徹底した軍人ぎらい、英雄ぎらいにした。

叔父四郎の行為はユーモラスであるが、自分の心持は正にその反対で、むしろ非常に真面目なのである。あまりに大真面目なのが往々ユーモラスになるのである。その真面目であるというのは、その最後が自殺だか他殺だか、甚だしい悲劇に終わっているのでも了解できる。何かの理由で営倉に入れられる身となったが、その内にある朝惨死していたというのである。上官と意見の合わなかったのが営倉入りの一理由であったとか。

——秋骨随筆集『食後の散歩』「薄のろ」

予備校通い

秋骨の従弟大野洒竹《しゃちく》が第一高等中学校を受験するというので、秋骨も第一高等中学校から大学に入りたいという希望を持つようになった。第一高等中学校は一八八六（明治十九）年まで大学予備門と呼ばれ、当時日本にたった一つしかなかった東京大学へ進むための学校だった。同年、東京大学は帝国大学に改称。一八九四年には第一高等中学校が第一高等学校に、一八九七年には、帝国大学が東京帝国大学となる。

祖母や叔父は秋骨が軍人になることを願っていたので、秋骨は第一高等中学校に行きたいとは言い出せずに密かに試験準備をしていた。ところが、祖母や叔父に知られることになり、秋骨は学問をやめなくてはいけなくなってしまった。このとき窮地から救ってくれたのが、もう一人の叔母、洒竹の母大野武だった。この叔母のおかげで、とにかく第一高等中学校の受験ができるようになった。

当時、第一高等中学校を受験するための予備校はいろいろあった。有名なところで東京英語学校（後の日本中学）、共立学校（後の開成中学）、三田英学校（後の錦城学校尋常中学校）、成立学舎などである。秋骨はどういうわけか、土佐自由党の自由民権運動家林包明《かねあき》が、神田猿楽町に設立した日本英学館に入った。校長が自由民権運動家だけにオルガンを弾いて唱歌を教えたり、女学生の入学を許したり、当時としては新式の珍しい学校だった。先生は豪傑が揃っていた。中でも、熊本県知事、島根県知事、内務大臣などを歴任した大浦兼武《かねたけ》の弟大浦佐助は乱暴だったが面白い先生だった。この先生から秋骨はマコーレーのミルトン論を教わった。大浦は帝国大学法科大学の学生だったが、三、四人の友人と共に放蕩《ほうとう》のため退学処分を受けた。その退学処分の学生たちも全員日本英学館の教師だった。

秋骨はしばらく日本英学館に通ったが、高等中学校受験に都合のいい駿河台の成立学舎に移った。校主は文学者の中原貞七だった。校舎はバラック建て、窓には戸がなく、教室に下駄を履いたまま上がった。冬は冷たい風がヒューヒューと吹きさらし、寒いときは天井の板をはがして焚火をした。教室で先生と生徒が取っ組み合いをしたり、焼芋を一緒に食べたり、まったく度を超す先生と生徒の和気《わき》藹藹《あいあい》であった。

外国人教師にはコックスやイーストレーキなど名の知れた人もいたが、この学校でも日本人教師は学資を稼ぐためのアルバイト学生が多かった。風変わりな先生が多く、その代表栗野健次郎はそのとき第一高等中学校の先生をしていた。大変な博覧強記《はくらんきょうき》ぶりに、上野の図書館の本をことごとく読み尽くしたという噂が立つぐらいだった。独身で通し、下宿暮らしだった。酒が大好きで、風呂が大嫌いだったというから、むさ苦しい男かと思いきや、非常に綺麗《きれい》な人だった。まるでゆで卵のようにツルツルした顔をしていたから、秋骨ら生徒は栗野に「たまご」のあだ名を付けていた。栗野は一八九二年から第二高等学校（現東北大学）の教壇に立ち四十一年間英語を教えた。二高でも多くの学生から慕われた名物先生だった。

秋骨の同級生には憲法学者となる美濃部達吉、漢学の小柳司気太《おやなぎしげた》らがいた。劇作家の土肥春曙《どひしゅんしょ》も同級生だった。土肥は一八六九（明治二）年十月六日、書家の土肥樵石《しょうせき》の長男として生まれた。土肥家は熊本藩士で、家禄は三百石だった。成立学舎から東京専門学校（現早稲田大学）文科の一期生として入学し、卒業後は読売新聞社に入った。その後、坪内逍遥が設立した新劇団体の文芸協会に加わり、看板俳優としてハムレットなどを演じた。

そのころ秋骨は、叔母玉子の知り合いの高津柏樹《たかつはくじゅ》という仏教の老大家が開いていた高津学舎という夜学にも通っていた。数寄屋橋付近の山城町にあった高津学舎では漢学のほかに英語、数学を教えていた。高津は漢学を受け持ち、英語は日本で最初の心理学者の元良勇次郎《もとらゆうじろう》の弟杉田八十八《やそはち》が教え、数学は別の先生が担当していた。秋骨は幼いころから英語を教わっていたので、英語教師の杉田がしばらく学校を休むことになったとき、高津から頼まれて秋骨が代理教師を務め、下級生にナショナルの第三読本を教えた。これが、秋骨が英語の先生をした最初だった。

まさかの落第

一八八八（明治二十一）年、秋骨は、理解者の叔母武だけに知らせて、第一高等中学校の試験を受けに行った。従弟の大野洒竹も一緒だった。この年から試験方法が変わり、一次試験として数学や語学があり、多数の受験者を篩《ふる》い落とし、二次試験に物理や和漢文があり、それを通過するとほぼ決定である。新しく始まった三次試験は体操の実技試験と金石学《きんせき》だが、よっぽどの失敗がないなら合格となる。秋骨は二次試験まで無事に通過した。それに安心した秋骨はそこで初めて高等中学校の試験を受けていることを家族に発表した。祖母、叔父らは二次試験に合格したことを喜び、高等中学校を受験したことを許してくれた。

体操の試験の日が来た。金石学はあらかじめ予想していた出題だったので問題なかった。体操の試験会場に行って列に並ぶと、前に木下広次教頭以下大勢の先生が監視のために立っている。見るからに厳しそうな木下教頭は、高瀬藩の陣屋地選定で、祖父の原尹胤《まさたね》と意見を交わした木下助之の甥である。

体操実技が始まり、秋骨は前の人がやる通りに体を動かしたが、緊張で手と足がぎくしゃくし完全に遅れてしまった。体操の実技試験がうまくいかなかったのは自分でも分かった。落胆して帰ったが、「三次試験は名目ばかりで、あれで落第させるはずはないから安心しろ」と言う人が二人や三人ではなかったので、秋骨は大いに希望をつないでいた。しかし、結果は不合格であった。

他の学科のことなら書物を読んでおけば、大体は宜《よろ》しいのであるが、体操ばかりはそうはいかない。私達は当日今の一ツ橋外の神田の街路に近いところにあった運動場に引き出され、当時評判の校長で（原文ママ）あった、青白い顔をした木下広次氏の監視の下にその試験を受けたのである。教師の朗々たる号令は発せられたが私は手足をどう動かして宜しいのか、さっぱり分からない。その結果、あはれ人の期待は裏切られ、私は見事落第に及んでしまった。

──秋骨随筆集『都会情景』「古い写真を見て」

秋骨と一緒に受験した従弟の大野洒竹も不合格だった。秋骨の落胆は一通りではなかった。秋骨は親戚に世話になっている身でもあり、再度試験を受けることは許されなかった。早く何とか身の落ち着き先を決めなければならなかった。このとき秋骨を助けてくれたのが叔母横井玉子だった。軍人にならないのならば、外国語が上達する学校に入ったほうがいいということで、叔母が知っていた明治学院に秋骨を連れてゆき、入学できるようにしてくれた。

そのころ玉子は、築地の四十二番地にあった新栄女学校に勤めていた。この女学校と明治学院は同じ宗派であり、明治学院の助教授で幹事でもあった杉森此馬《このま》は、玉子がよく知っている人だった。杉森は一八五九（安政六）年三月二十五日、筑後国柳河藩士の家に生まれ、同藩校伝習館に学んだ。一八七四（明治七）年、熊本洋学校に入学し、玉子と同じころにジェーンズに学んだ。

祖母の下宿は四十二番地の近くだったので、秋骨はほとんど毎日のように玉子がいる新栄女学校に使いにやられていた。そのため秋骨は女学生たちの顔はみんな知っていた。その中に梅子という美人がいた。その美人の女学生が卒業して、杉森夫人になっていた。玉子は梅子を通じて、秋骨の入学を杉森此馬に頼み、それが受け入れられ、秋骨の明治学院入学が許された。

その当時の事を思うと涙の滂沱《ぼうだ》たる事禁じ得ぬ。今さえ涙の落ちて来て、その当時の事は書かれぬから、それはやめる。ただ酒竹君のお母さんが如何《いか》ほど世話してくれたか…否この事は話せない。それにもかかわらず、その時の試験（第一高等中学校）は余も酒竹君も失敗に終わった。

——秋骨随筆集『そのまゝの記』「二た昔前」

第三章　明治学院時代

貴公子に交じり貧乏学生

明治学院の学生はたいてい貴公子然たる青年だったが、中には髪はボウボウ、着ている服はヨレヨレのはなはだしいバンカラも交じっていた。秋骨はバンカラ学生の一員だった。秋骨の場合はバンカラといっても、ハイカラに対する一種のレジスタンスではなく、それはただの貧乏学生だった。

クラスの中で一番目立っていたのは島崎藤村《しまざきとうそん》だった。成績はいつもトップ、すべての教科について何でもよく知っていた。しゃれた洋服を仕立てて、青と白の派手な靴下をはいた良家の子弟の仲間だった。何事にもよく出しゃばり、生意気で目立ったので、「鋳掛屋《いかけや》の天秤棒《てんびんぼう》」というあだ名が付いていた。鍋や釜など鋳物《いもの》製品の修理をする鋳掛屋の天秤棒は、仕事道具が多いため普通の天秤棒より四十センチ以上も余計に長かったことからである。

島崎藤村は、本名春樹《はるき》といい、一八七二年三月二十五日（明治五年二月十七日）、筑摩県馬篭村（現岐阜県中津川市馬籠）に生まれた。明治維新とともに島崎家は家運が傾き、藤村は一八八一年、九歳のとき、次兄広助の知人、東京日本橋の針問屋勝新の顧問をしていた吉村忠道宅に引き取られた。上京した藤村は、銀座にあった赤レンガ二階建てのモダンな校舎の泰明小学校に転入した。そのころ小学校は初等科三年、中等科三年、高等科二年の通算八年だった。藤村は二級飛び越したという伝説が残っているほどの秀才だった。

小学校卒業後、英語を学ばせたいという吉村の意向があり、福沢諭吉の高弟矢野龍渓が設立した慶応義塾関連校の三田英学校に通い、ついで一八八六年九月に神田淡路町の共立学校に入学した。共立学校は高等中学校受験のための英語を中心に教えていた。外国人教師が何人かおり、英国史や米国史などを担当していた。藤村は日本人教師の木村熊二にアーヴィングの『スケッチ・ブック』で英語を学んだ。藤村にとって木村との出会いが、その後の人生に大きな影響を与えた。まずキリスト教との出会いである。一八八八年六月、高輪台教会の牧師でもあった木村熊二によってキリスト教の洗礼を受け、教会に通うようになった。

吉村は西洋風の針の製造を試みたいということから、藤村にさらに深く英語を学ばせたいと考えていた。「場合によっては、アメリカにやる」と口にしていた。英語に磨きをかけるために明治学院への進学を、藤村に勧めたのは、後に満鉄副総裁、貴族院議員となる、三田英学校の教師江口定條《さだえ》だった。藤村は、中村正直の『拿破崙《ナポレオン》童時事童子亀鑑』（一八八四年刊）を読んでナポレオンのように政治家になりたいという野心を持っていた。そのため、吉村の目論みとは違って、政治家として立身するため英語を学ぼうと考え明治学院に入ることにした。

藤村は、明治学院時代を中心に自らの青春を描いた小説『桜の実の熟する時』を書いている。ここに出てくる彼とは藤村自身のことである。

「学窓には、東京ばかりでなく地方からの良家の子弟も多勢集まって来ていて、互いに学生らしい流行を競い合った。柔らかい黒羅紗《らしゃ》の外套の色つや、聞き惚れるようなしなやかな編上げの靴の音なぞはいかに彼の好奇心をそそったろう。何時の間にか彼も良家の子弟の風俗を学んだ。彼は自分の好みによって造った軽い帽子を冠り、半ズボンをはき、長い毛糸の靴下を見せ、輝いた顔付きの青年らと連れ立って多勢娘達の集まる文学会に招かれて行き、プログラムを開ける音がそこにもここにも耳に快く聞こえるところに腰掛けて、若い女学生達の口唇《くちびる》から英語の暗誦や唱歌を聞いた時には、ほとんど何もかも忘れていた」

東京にはミッション・スクールが四校あった。第一はメソヂスト教派の青山の東京英和学校（現在の青山学院）、同じくカナダ・メソヂスト教派の麻布の東洋英和学校、次いではアメリカのエビスコバル教派の立教学校（現在の立教大学）と、プレスビテリアン派の東京一致英和学校（現在の明治学院）である。

これらは男子の学校であったが、立教学校を除いてその教派が別にそれぞれ女学校を持っていた。麻布の東洋英和学校は同じ麻布に東洋英和女学校（現在の東洋英和女学院）があり、青山は築地の居留地第十三番地に、東京一致英和学校は同じく築地の四十二番地に、それぞれ女学校があった。その中の東洋英和学校（男子校）は、一八九九（明治三十二）年に廃校となり、キリスト教教育から離れ麻布中学（現在の麻布学園）となった。

それぞれの教会付属の男女の学校は互いに交流し、親密にしていた。男子校で文学会があれば女学生を呼び、女子校で音楽会があれば男子を招待するというように、アメリカ流の男女交際が学生間に早くから行われていた。

藤村は良家の仲間に入り、女学校の音楽会に行き、青春を謳歌《おうか》していた。秋骨はというと、男女交際を楽しんでいる藤村とは真逆の性格、だいたいが極めて内気ではにかみ屋で、そのうえ第一高等中学校に落ちて、やる気と自信をなくし立ち直れないでいた。年齢は藤村より一つ上であったが、入学当初は同級生の中にあっても、目立たずいつもしょんぼりしていた。クラス一番の秀才で、勢いのある藤村に、秋骨のほうから口をきけるはずもなく、まして藤村から話し掛けてくるなど考えられなかった。

馬場孤蝶の登場

一八八九（明治二十二）年一月、秋骨より少し後れて馬場《ばば》孤蝶《こちょう》が同じ二年クラスに転入してきた。教室に入ってきた孤蝶は、肩肘の張った軍服のようなコートを着て、グイと胸を張り、教室中から射られてくる露骨な視線を見事にはね返していた。そのとき孤蝶が着ていたのは親類からもらった着古しのモーニングだったのだが、秋骨はそれがフロックコートと思い込んだ。秋骨は、面白そうな人がクラスに舞いこんできたと好奇の目を輝かせた。

馬場孤蝶、本名勝弥《かつや》は一八六九年十二月十日（明治二年十一月八日）に土佐藩士馬場来八と寅子の第五子として高知城下で生まれた。孤蝶の父来八は武術にすぐれ、土佐藩では藩主お付きの馬役をしていた。生来の大酒飲みのうえ女好きで、それが元で事件を続けて起こしてしまう。そのうえ長男源八郎も不始末を起こし、一家は城下追放を命じられる。城下に帰ることが許されるのは二年後の一八六六（慶応二）年だった。やがて新しい明治時代を迎え、一八七八（明治十一）年の初夏、一家は土佐を出た。頼ったのは、東京にいる二男馬場辰猪《たつい》だった。

孤蝶は自由民権運動の闘士、馬場辰猪を兄に持っていた。辰猪は政治について多くの著述を残し、当時における最も優れた雄弁家として知られた。藩命で江戸に留学し、福沢諭吉の塾（後の慶応義塾）に通った。一八七〇（明治三）年、イギリスに留学しテンプル法学院で法律を学び、一八七三年には英語で日本語の文法辞典を出している。一八七四年に帰国し、その翌年には岩倉使節団の一員として再び渡英する。

一八七八年に帰国した辰猪は自由民権運動の闘士となり、民選議員の設立を求める運動の支持者として政府を弾劾《だんがい》する政治活動を行う。一八八五年十一月、爆発物を購入したという嫌疑で逮捕され、六カ月の拘留のすえ証拠不十分で釈放された。その数日後、あわただしく日本を離れてアメリカに脱出した。

東京に出て来た父の来八は本郷本妙寺の空地を借りて弓場と乗馬の営業を始めた。孤蝶が兄辰猪の勧めで三菱商業学校に入学したのは一八八三年、十四歳のときだった。この学校は岩崎弥太郎と豊川良平が一八七五年に建てたものだった。学校に通い始めると、周りは年長者ばかり、授業にも付いていけず登校拒否となり、学校はそっちのけで弓場の店番を手伝った。最初は母寅子と一緒だったが店はしだいにさびれていき、しまいには孤蝶ひとりになった。客はほとんどなく暇に飽かせて、『里見八犬伝』や『水滸伝』などを夢中で読みふけった。母や姉の影響で本郷近くの荒木亭や神田の白梅、九段坂の伊豆本などの寄席に通うようになり、好きな娘義太夫《むすめぎだゆう》が出る寄席へは少しぐらい遠くても追いかけた。中でも竹本小清の『岡崎』、『鰻谷』にぞっこんで、竹町の若竹に入り浸っていた。

一八八五年秋、孤蝶は大学進学を志し共立学校に入学した。同じころ藤村も共立学校に通っていたが、孤蝶は覚えていないという。そのころ兄辰猪が逮捕される。無罪放免となった辰猪は、「勝弥（孤蝶）も大きくなったら牢へ入るくらい勢いがなければ駄目だ」と言い残してアメリカへ発った。このような家庭の波乱もあり、孤蝶は二年続けて第一高等中学校の入試に失敗した。一八八八年夏、アメリカにいる兄辰猪の持病の結核が悪化し、伝わって来る病状はもはや絶望的だった。二十歳になった孤蝶は、早く進学してほしいという一家の望みもあり、お茶の水の高等師範の入学試験を受けたがこれもまた不合格に泣いた。同年十一月、辰猪がフィラデルフィアの病院で亡くなったという知らせが届いた。その知らせに孤蝶は高等中学校の進学をあきらめ、共立学校を退学し明治学院に転入したのだった。

私より少し遅れて馬場孤蝶君が入学して来られた。フロックコートを着用して来られたと私は思っていたが、それはモーニングであったそうで、私ごとき粗末な和服のものからモーニング姿の君を見たのであるから、私は好奇心をもったのはもちろんであったが、何でも偉い人に相違ないと思った。

——秋骨随筆集『自画像』「明治学院時代の想出」

回覧雑誌と異色の同級生

秋骨の同級生は二十人ほどだった。その中で一番の変わりものは木村鷹太郎だった。舌鋒鋭く、自分の主張と合わないものは容赦なく論破し、教師さえ見下す態度に学校側も手を焼き退校処分になった。成績はよかったので、その後帝国大学史学科に入った。卒業後、『プラトーン全集』を完訳する偉業をなしたが、相手を徹底的にやっつける性分は治らず、論壇から〝狂犬キムタカ〟と恐れられた。一九一一（明治四十四）年に発表した大著『世界的研究に基づける日本太古史』で、世界文明は日本が起源であると「新史学」を主張し、「とうとうキムタカも狂った」と論壇をあきれさせた。

中島久万吉は『菫草《すみれぐさ》』という回覧雑誌を出していた。その雑誌を一緒にやっていた河田謙雄は徳富蘇峰の姉充子の子で、大江義塾を出ていた。雑誌といっても原稿を二部清書して、その二冊を図書館に置いて、ほかの学生らが閲覧するようなものだった。藤村は創刊号に『東洋の形勢を論じて満天下の青年に告ぐ』と題した論文を寄せ、「嗟《あ》矣《あ》、ガンジスの河畔に涙を墜す人、サマルカンドの孤月泣く客よ」などという美文を連ねた。(『政界財界五十年』)

秋骨は毎号ワシントン・アーヴィングの『スケッチ・ブック』の翻訳文を寄稿した。秋骨の翻訳について、「外国人教師が『これは到底、学生などによって出来る芸ではない』と感心するほどうまかった」と中島は証言している。

絵が得意だった下級生の和田英作が『董草』の表紙を描いていた。裸体の美女が菫花の中から上半身を露わにしたものを描いた表紙を見た教師の杉森此馬が、「こんな卑猥極まるものを図書館に入れることは許さない」と言って没収した。和田が大いに憤慨して、「いやしくもアメリカ人経営の学校が、洋画の美の真髄を解し得ないようなことで、どうして泰西の文化を導入することができるのか」と息巻いて、無事に取り返して来たということもあった。和田は東京美術学校教授、同校長、帝国芸術院会員となり、一九四三年には文化勲章を受章した。藤村も絵が得意で、同級生の似顔絵などをよく書いていた。絵を通して藤村と和田はとても親しくしていて、藤村がときには和田に絵を手ほどきしていた。和田はいつもにこにこして、上級生とも親しく接していたので秋骨とも仲が良かった。

中島久万吉は雑誌づくりの熱が冷めると、次は政治論議にうつつを抜かして退学を命じられた。その後、高等商業高校(現一橋大学)に入学。東京株式取引所、三井物産、京釜鉄道線路調査委員などを経て、内閣総理大臣秘書官を長く務めた後、貴族院議員になった、斉藤実内閣で商工大臣を務めていたとき、十三年前に俳句の雑誌に投稿した、足利尊氏自作の木像を拝観したときの感想文を軍部出身議員や右派議員が執拗に攻撃したため、大臣辞任に追い込まれた。このことが政治に対する軍部の介入と右翼の台頭に勢いを与え、翌一九三五（昭和十）年の天皇機関説事件につながった。継母は女性社会運動家、作家の中島湘煙《しょうえん》である。

この雑誌とは別に、秋骨は藤村らと一緒になって回覧雑誌『甲乙雑誌』も出していた。ただ藤村によると、秋骨はそれほど熱心ではなかったようだ。藤村は「戸川君も回覧雑誌寄稿者の一人には相違なかったが、しかし学院時代の戸川君はどちらかと言えばおもむろな準備の日を送っていた」（随筆「学院時代の戸川秋骨君」）とおとなしく、のんびりしていた印象を秋骨に持っていた。

孤蝶は秋骨の明治学院のころについて、はなはだ覚束ない記憶をたどっている。

「いわゆる花形ではなかった。けれども、居るか居ないか、分からぬというようなみすぼらしい存在の学生では決してなかった」（『英語青年』「戸川君の明治学院時代」）。

「戸川君とはどうして近しくなったか覚えていない。落ち着いた真面目な人で、大抵の場合は黙っていたが、実際はなかなかの理屈屋さんで、文学の方へ来られるとは思っていなかった。多分哲学をやられるであろうと想像していたので、明治学院時代の君の性行については記憶していることはない」（馬場孤蝶『闘牛』）

藤村を先頭に、当時の明治学院には文学方面に進んだ者が多かった。後輩に岩野泡鳴《ほうめい》、押川春浪《しゅんろう》、生《うぶ》方《かた》敏郎、佐々木邦、社会運動家の賀川豊彦《かがわとよひこ》らがいる。

賀川豊彦は神学部予科二年に在学したのみで、一九〇七年に神戸神学校に転校した中途退学者にもかかわらず、明治学院の最も代表的な卒業生と讃えられる。賀川を一躍有名にした大ベストセラー『死線を越えて』は、明治学院の寄宿舎ハリス館で書き始めた『再生』が最初の題名だった。

一九〇八（明治四十一）年五月、賀川はその原稿の前半部分『鳩の真似』を持って、当時作家として名をなしていた先輩、島崎藤村を訪ねたが、藤村はあまり関心を示さなかった。後日、藤村は、「これはあなたの出世なさるまで筺底《きょうてい》に秘めておきなさい」という手紙を添えて原稿を賀川のもとに送り返している。

賀川と共にキリスト教新聞を創刊し、後に第七代明治学院院長に就任した武藤富男の解説によれば、『死線を越えて』の前半部だけでは、文学的価値も市場価値もなく、藤村の評価は誤っていなかったという。賀川が箱の中に大事に仕舞っていた原稿が日の目をみたのは、十年以上もたった一九二〇（大正九）年十月のことだった。山本実彦《さねひこ》が創業した改造社の初の単行本として出版され、初版五千部は即刻売り切れ、百五十版を重ねた。

明治学院時代の賀川は、物乞いを見ると自分の服を与え、盛装して高輪教会に来る信者たちを偽善者と糾弾《きゅうだん》した。品川駅を汽車に乗って通過する〝軍神〟東郷平八郎の出迎えをボイコットしたりしたので、国家主義に傾倒していた上級生や同級生に睨まれた。何かにつけて目立つ存在だったので、同級生らから鉄拳制裁を受けたことがある。その中にユーモア小説の先駆者佐々木邦がいた。反戦思想から第二次大戦中は筆を折っていたという佐々木が、賀川に暴力をふるったというのは意外である。

佐々木は後に明治学院で講演したとき、「なぐるということはよくないが、昔の学院生徒は去勢されていなかった事はたしかである」（「明学の教え子に語る」）と学生らの前で強がっているが、晩年には、「賀川君、勘弁してくれ」と若気の至りの蛮行を反省する随筆を書いている。

賀川は、「毎日、哲学書を読んでいた私は、随分生意気だったものだから、人に殴られたことは度々であった。（略）二年目からは非常に愉快であった。ヘボン館からハリス館に引っ越した。私は部屋を変わったが、佐々木邦君の隣に居た。其処《そこ》では一晩、島崎藤村先生や馬場孤蝶先生が来られて、我々少数の者と座談会を開いてくれたこともあった」（『明治学院五十年史』）と明治学院時代の思い出をしみじみと述べている。

秋骨は文学に進んだのは、「明治学院図書館の蔵書が充実していたことがある」と話している。秋骨が三年生のとき建てられた赤煉瓦《れんが》の図書館は、神学部の校舎を兼ねていた。まだペンキの匂いがする階段を上がっていくと書架がたくさん並んでいた。羊皮で装丁した三百年も昔にローマ字で書かれたラテン語の日本の文法書もあった。モンゼンのローマ史、グローツのギリシャ史、そのような大きな古典ものはみんな揃っていた。それよりも秋骨の胸を躍らせたのはホーメロスのイリアッドやオデッセイ、ツキデイデスのヘロポネソス戦役史などがギリシャ原文に行き届いた註釈が付けられて、ずらっとならんでいたことだった。書架で囲われた明るい窓のところに小さな机が置いてあり、秋骨は好きな本を借りて腰掛けて読んだ。後年、賀川豊彦もやはり図書館の机でカントやヘーゲルなどを読んだという。

一方、孤蝶は、「秋骨君は図書館が良かったと言うが、自分はそうではなかった」と言い、次の二つのことを挙げている。

「主として、時代の潮流に誘われたのが第一で、第二は明治学院の学風が自由放任であったと共に、文学に関する課目がかなり多かったことであろう」（馬場孤蝶『闘牛』）

明治学院は大変自由な校風で、学生は日本にようやく芽生えはじめた個人主義や自由主義を謳歌《おうか》していた。日曜、土曜の以外の曜日には、毎朝授業前にサンダム館二階の講堂に教師と学生が集合し、感謝祈祷の礼拝が行われた。しかし礼拝に出なくても罰を受けることはなく、礼拝に出たくないため、礼拝を勧める教師から逃げ回る学生もいた。馬場孤蝶もその一人だった。孤蝶は卒業まで未信者を押し通した。

当時の明治学院は時代の先頭に立っていた学校であったが、学生には二種類あった。それは中島久万吉さんのような品の良い坊っちゃんと、私のような苦学生とであった。が不思議に両方とも仲が良かった。決して階級的な考えなどは夢にも入って来ず、また先生と生徒の間も円満で、たまに争いをしても、それは子どもの喧嘩《けんか》のようなもので、大体から言えば、面白く快く、自由で、今日の言葉で言えば朗らかな春のような学生生活だった。

―秋骨随筆集『都会情景』「中島商工大臣を中心に」

藤村、孤蝶と仲間に

良家の子弟の仲間に入り、アメリカ流の男女交際に浮かれていた藤村の空《むな》しい願望は、同級生の小倉《おぐら》鋭喜《えいき》の忠告を契機に一変して破れ去った。「女性との交際が学校で悪い噂になっている」と小倉は藤村をとがめた。

小倉はまじめなキリスト教信者であり、信仰生活に導かれ、剛毅木訥《ごうきぼくとつ》な学生生活を主張していた。太い汚れたズボンに兵隊靴をはき、髪はぼうぼう、髭さえみせて、寄り合っては哲学を、神学を、政治を議論するバンカラ党のリーダーだった。小倉は良家の子弟グループらハイカラ党に代表される軟弱な明治学院の気風を憤慨《ふんがい》していた。

藤村は自分ではクリスチャンとして真面目に行動しているつもりだった。そのようなプラトニックな男女交際が周囲からいかがわしい男女関係と見られていたことにショックを受けた。それまで得意になって身に着けたキラキラの服やリボンの帽子はまるでサーカスのピエロが着けるようなものだと恥ずかしくなった。良家の子弟を模倣《もほう》していた自分は孔雀《くじゃく》の真似をする、虚飾で彩られたカラスのように思われてきた。それまで言ったこと、したこと、考えたことは、すべて後悔に変わった。

藤村は明治学院に姿を現さなくなった。学校を休んで、ふたたび共立学校に通い受験勉強をしていた。そして明治学院から逃げ出そうとして第一高等中学校の試験を受けたが、結果は不合格であった。やがて夏休みが来た。それが終わると秋骨たちは三年生だった。

新学期が始まり、藤村が青竹で作った少し長めの杖をついて教室に入ってきた。秋骨が心配していると、「少し脚気《かっけ》でね」と藤村は暗い表情で言った。孤蝶は、試験に落第して学院に舞い戻ってきた藤村が同級生に合わせる顔がないので、一種のてれ隠しで病気の振りをしているような気がしていた。脚気上がりといって杖をついてやってきて、意気消沈しているかと思ったら、一日中、誰とも話さず教室の隅で、同級生のポンチ絵（似顔絵）を書いていてニヤニヤしていたからだ。おかしな行動ばかりする藤村にしびれを切らした孤蝶が、「お前は陰険なやつだ」と責めると、取っ組み合いになった。その後、藤村はやっと重い口を開いた。

「自分は人と話すとき自分が思っていないことを口に出していることに気がついた。それはいけない事だと思い、人と話しをすることをやめ、魚籃坂《ぎょらんざか》の寺に行き、そこにあった西行の木像に話しかけることにした。そのうちに、西行の木像には本当のことが言えるようになった。努力すれば人間に対してもできるはずだと悟った」

藤村はこのころ、魚籃坂の中腹にある魚籃寺に行き、西行の木像と一人向き合い話し合う時期があった。藤村はひと夏で大きく変化していた。極めて内向的になったのである。無口になり、人を避けるようになった。先生から質問されても、まったく答えなくなった。そうなると先生の信用もなくなった。藤村は、隠遁《いんとん》的な仙人のように学校の図書館にこもって、シェークスピア全集、ディケンズ書簡集、ワーズワース全詩集、バイロン詩集、ダンテの『神曲』、ゲーテの『若きウェルテルの悩み』など西洋文学を耽読《たんどく》した。

　緑の西洋芝に囲まれたサンダム館の二階は講堂になっていた。ここでは毎朝始業前に学生を全員集めて礼拝式が行われた。それに毎週金曜日の夜は文学会が催された。文学会は築地時代から続いており、物理、化学を受け持つワイコフ先生と日本人教師が頭をひねって発案したものだった。ワイコフは黒々とした髭の中から眼を光らせて、ちょっと見は恐そうであったが、いつもニコニコしていた。ワイコフは学生の自主性を大切にしていたので、文学会も学生が主体で全員参加が決まりだった。クラス対抗で英語と日本語の弁士をそれぞれ出して演説の内容や態度、英語の発音などが評価され優劣が決められた。

　秋骨が英語の弁士に選ばれ演説したとき、やがて閉会となり例によって誰とも話をせず一人で講堂を出て、階段を一、二段下りかけると背後から声を掛けられた。誰かと思って振り向くと、藤村が立っていた。何か用があるのかと、階段の踊り場で待っていると、顔を赤くした藤村が興奮気味に秋骨の演説をほめたのだった。秋骨は突然のことで、あわててあいさつし短く言葉を交わして別れた。藤村がほめたのは演説の内容ではなくて、秋骨の声であったのだが、それでも秋骨は、藤村に声を掛けられたことがうれしかった。これが藤村との交友の皮切りだった。

　サンダム館で開かれていた文学会とは別に、青山学院と明治学院、東洋英和学校、立教大学の持ち回りで連合文学会が春秋二回開かれていた。一八八九（明治二十二）年春の連合文学会に明治学院代表として木村鷹太郎が演説者として出場し、「自尊の価値」の演目で一等になり、賞金十円を獲得した。この日は新栄女学校、桜井女学校、頌栄女学校、横浜共立女学校、フェリス女学校の教師と生徒も加わって三百五十人の盛況だった。このとき木村の後塵を拝したが、秋骨、藤村、孤蝶の三人も壇上で演説した。演目は、秋骨「二種の英雄」、藤村「新青年最初の集団」、孤蝶「自重せよ同胞」であった。

私の入学当時の藤村君の態度がそのまま続けられていたならば、私などは到底島崎君には口をきくことさえ出来なかったであろうと思う。それがひと夏の変化で極めて質素な人となられたので、しかも島崎君の方から口をきき始められたので、私は交際することができるようになったのである。それで自《おの》ずから馬場君と三人の仲間が成立したわけである。

――秋骨随筆集『自画像』「明治学院時代の想出」

原書と格闘

サンダム館の教室は、窓が大きく空の色が反射して明るかった。英文学を受け持つハリス教授はいつも静かに扉をあけて入ってきた。物静かなハリスは、アメリカの南北戦争に旗手として戦場に出たというが、軍人らしくなかった。非常に柔和でハンサムな老紳士だった。秋骨がアディスンやゴールドスミス、ディケンズ、サッカレェに親しみを得たのはハリスの授業のおかげだった。冗談が好きで、教室に金髪美人の写真を持って来て学生に見せて、「Don't fall in love」などと言って、純情な学生をからかって喜んでいた。だから学生たちはみんなのんきに授業を受けていた。うしろの方では、太鼓や三味線を鳴らして売りにくる木村屋のあんぱんをかじっている学生もいた。

反対に怖い先生はランディスだった。教室では、「できません」と言うことは、決して許されなかった。学生は何とかして問いに答えなければならなかった。あまりの厳しさに反抗する学生もいた。試験の時、藤村らは配られた答案用紙を持ってさっさと退場するという行動に出たこともある。ランディスは「義務の観念のない学生は仕方がない」と嘆いた。そんなに怖い先生だったが、どういうわけか秋骨は気に入られていた。先生の自宅によく遊びに行った。それは秋骨だけというわけではなくほかの級友も招かれ、いつもティーを出してくれた。ランディスだけでなく、ほかの先生も学生をよく自宅に呼んでごちそうした。学生は先生にときには反抗することもあったが、とても家庭的な雰囲気だった。

秋骨はランディスとその夫人からドイツ語を教わった。二年目にはシラーの『ウィルアム・テル』がテキストだった。この小説は一八八一（明治十四）年に『瑞西《スイス》独立自由の弦《ゆずる》』と題して一部分英訳されていた。しかし、秋骨はそんなものには頼ろうともしないで、ひたすら原書と格闘した。その次はゲーテの恋愛叙事詩『ヘルマン・ウント・ドロティア』が教科書だったが、こちらは『ウィルアム・テル』ほどの興味は持てなかった。ゲーテには『ファウスト』という当時の文学最高峰といわれる大作があることを知り、ゲーテの研究を専攻にしようかなどと考えた。

ランディス先生というのは恐ろしい顔をした、また顔ばかりでなく酷《ひど》く厳しい先生であった。心理学で相当名を成したアメリカ、プリンストンのボルドキンと同級で、互いに一、二の席次を争い、ドイツへ留学にやられた人だと聞いていた。どうした関係か、私はこの恐い先生が好きであり、先生も私を信用してくれられ、哲学には特別の指導を与えてくれられたので、その感化も少なからぬものであったと考える。

——秋骨随筆集『自画像』「明治学院時代の想出」

インブリー事件勃発

明治学院は、日本のベースボール草創期において伝統ある有名校として知られていた。米人宣教師のなかには、アメリカの大学でプレーしていたものもあり、そのコーチを受けた明治学院チームはなかなかの強者で、東京の野球界では第一高等中学校と双璧をなしていた。明治学院と一高（当時の略称は一中。一八九四年に一高に改称）の対戦は今の早慶戦のようなものだった。

秋骨が三年生のころ、事件が起こった。一八九〇（明治二十三）年五月十七日午後一時から、本郷向ケ岡の第一高等中学校の運動場で行われた一高対明治学院の野球試合の途中だった。その試合の観戦に来た明治学院の外国人教師インブリーは、野球場に遅れて到着したため入口が分からず、やむなく土手を乗り越えて入った。これを見た一高生は、インブリーを取り巻き、その無礼を詰問したが、言葉が通じないために混乱となり、インブリーは顔面を負傷した。瓦礫《がれき》のかけらを投げつけられたとも、それで投打されたともいわれる。野球観戦中の同僚のノックスが急遽《きゅうきょ》現場に駆け付け、インブリーを救出して、その場はいちおう収まった。もちろん当日の試合は中止になった。

そのときの試合は、事件が起こった六回、〇対六で一高の敗色濃厚だった。一高側の応援席に、その日に開かれた柔道大会に参加した柔道部の部員たちが観戦しており、一高が敗れんとするのを見て歯ぎしりしているところに、運悪くインブリーが闖《ちん》入してしまったことから、血気盛んな柔道部員たちが暴力事件を引き起こした。

しかし、これは単に野球場で起こった偶発的トラブルとはいいがたいものがあった。当時の一高は国粋的感情から外国人排斥の気風が強く、特にキリスト教外国人教師に対する反感は激しかった。それに加え、一高野球は勝利至上主義で、技術以上に精神の鍛錬が重視される精神主義だった。一高精神の発露の場、校風の振起《しんき》を担うものとする集団主義が一高野球の特徴だった。一高野球は、一高生の前で試合を行い、それに勝利することで校名をあげることが重視された。学業と野球の両方に全勝することが絶対であった。この暴力事件は、負けを認めない勝利至上主義とキリスト教外国人教師への反感が根底にあったとされる。

インブリーはすこぶる温厚な老先生で、人望が厚かったので、明治学院生たちは一高に対して大いに憤慨した。秋骨は試合の見物には行かなかったが、敬愛するインブリー教授が襲われたことを知り、仇討《あだうち》に一高に乗り込もうとした学生の一人だった。

外国の新聞は攘夷《じょうい》の再来と書き立て、国際問題にまで発展する状況になった。しかし、インブリーは被害者であったにもかかわらず、この事件が大きくならないように、自身の負傷が極めて軽微であると話した。インブリーの深い配慮で、一高生と和解し事件は落着した。

インブリー事件は一高の野球部員をはじめとした一高生のプライドを刺激し、明治学院打倒に燃えて猛練習に励んだ。校友会が結成され、野球部は正式に一高を代表することになった。そして十一月の再試合で二十六対二という大差で一高が明治学院を圧勝した。それ以降も一高はライバルチームを次々と破って球界の覇権を握り、それ以降一高時代が続き、明治学院野球部は雌伏《しふく》の時代に入った。

静かに考えてみれば大した事でもないが、それが当時の高等中学校の校風を反映したところにこの事件の要点がある。すなわちこの学校の校風というものは非常に排他的であったのである。木下広次という後に貴族院議員になった人が校長をしていて、センチメンタルなぐらいに悲憤慷慨《ひふんこうがい》の気風を重んじ何でも外国人は横着である、と言ったように教え込んでいたらしい。ちょうど其処《そこ》へインブリー氏が、垣を越えて飛び込んだのだから、たまらない。　—秋骨随筆集『食後の散歩』「今昔学生気質」

キリスト教夏期学校

一八九〇（明治二十三）年七月五日から十五日までの十日間、明治学院サンダム館を会場に第二回キリスト教夏期学校が開かれた。夏期学校は前の年、京都の同志社で開催されたのが最初だった。米国の基督《キリスト》教教育青年会の幹事をしていたウイッシャトルが来日して、日本でも青年運動を盛んにしたらどうかと熱心に勧めたため、その結果まず夏期学校の運びとなった。

秋骨は舎監の内田秋蔵から割り当てられた寄宿舎ヘボン館の部屋に入った。そこには、藤村がすでに到着していた。夏期学校の間しばらく同じ部屋で暮らせることになり、秋骨はうれしくて仕方がなかった。講演が始まるのは翌日からだった。

仙台から、京都から、大阪から、全国の各地から、学生ばかりでなくさまざまな職業の人が集まって来ていた。受講者は三百五十九人にも上り、明治学院からも四十四人が参加していた。講師には、押川《おしかわ》方義《まさよし》、海老名《えびな》弾正《だんじょう》、島田三郎、植村正久、ノックス、デヴィス、フルベッキ、徳富蘇峰、大西祝《はじめ》らがいた。講演内容はキリスト教の教義だけでなく、その背後にある哲学や心理学、西洋の最新事情にまで及んでいた。

サンダム館のポーチの方からベルの音が聞こえてきた。それを合図に受講者たちはどやどやと会場に入った。秋骨と藤村は列の後ろに並んでいた。秋骨が見ている前を、いかにも学者らしい紳士が通った。帝国大学文科大学で心理学を教えている元良勇次郎《もとらゆうじろう》である。元良は同志社英学校が開校したとき、中島力造、上野英三郎とともに最初に飛び込んだ学生の一人だった。同志社英学校では性理学（現在の心理学）の授業が行われており、ここでの心理学との出会いが元良の一生を決定付けた。帝国大学に心理学実験場を開設し、日本における心理学研究の創始者といわれた。中島力造も講師の一人だった。中島は「科学と有神論」をテーマに講義することになっていた。中島は秋骨の従姉小春（大野洒竹の姉）の夫になる人である。

続いて、『旧約聖書』の翻訳に携わった米国長老派の宣教師で、日本語が流暢《りゅうちょう》な白髪の神学博士タムソン、雑誌『日本評論』を主宰し一番町教会の牧師であり明治学院神学部で教鞭を執っている植村正久が、さっそうと秋骨と藤村の目の前を通りすぎた。『国民之友』を刊行し、この年二月に『国民新聞』を創刊した、平民主義の徳富蘇峰もいた。蘇峰は秋骨の縁続きである。

秋骨が最も期待していたのは大西祝の講演だった。大西は同志社英学校神学科を卒業、東京大学予備門に編入学し、一八八九年に帝国大学文科大学哲学科を首席で卒業した。その後大学院を辞し、東京専門学校（現早稲田大学）に奉職した。文明批評に先鞭をつけ、進歩的な立場から批評というものの意味を一段と高めた、この若い哲学者の講演こそ、秋骨が心から待ち望んでいたものだった。

受講者一人一人に配布された講師と講演題目が印刷されたパンフレットに、大西祝の講演題目「希《ギ》臘《リシャ》道徳より基督《キリスト》教道徳に入るの変遷」とあるのを見つけて、秋骨は、「いい題目じゃないか」と小声で言った。藤村もこっくりとうなずいた。大西は壇上からギリシャ道徳が衰えた理由、キリスト教道徳の栄えた理由を文明史の立場から説き始めた。

夏期学校の最終日には講師の慰労を兼ねて、参加者全員で懇親会が催された。会場は明治学院から歩いていける御殿山《ごてんやま》だった。夏の桜並木がつくる日陰に座った秋骨と藤村は、弁当のおにぎりを頬張りながら、二人は読んだばかりの二葉亭四迷の『あひびき』について夢中で語り合った。これはツルゲーネフの『猟人日記』の一節を訳したものだった。幹事の告別の言葉があり、全員で賛美歌を合唱し、宣教師の通る声で別れの祈りが捧げられた。

秋骨が英国の詩人バイロンやシェレーの詩と伝記に出合ったのもこのときだった。シェレーの名に初めて接したのは、大西祝の「悲哀の快感」という講演を聞いたときである。そのとき、大西が引用した「雲雀《ひばり》の詩」に心がつかまった。秋骨は、その中の一句〝Our sweetest songs are those that of saddest thought〟を口ずさむようになっていた。大西がそのとき紹介したサイモンズ著『シェレー傳』も幸運にも手に入れることができた。

シェレーの詩についていては、大西氏の挙げられたあの句に無闇《むやみ》に感心してしまい、馬鹿にそれに愛着し、雲雀の詩というのはまたとない結構なものだと思い込んでしまった。まだ英語の読書力もろくになかった時の事であるから、読んだといっても実は何を読んだのか分かったものではない。有体に言えばただ分かったつもりで、もしくは分かったふりをして、得意でいたのである。それでもシェレーの理想的の詩人であって、いかにも清い心の人であるという事だけは了解していたと思う。

—秋骨随筆集『英文学覚帳』「シェレー雑談」

明治二十四年卒業生

一八九一（明治二十四）年六月二十四日午後四時から、学院講堂で挙行された卒業式は、普通学部にとっては、本科四年間を修了した学生を送り出す最初の卒業式だった。明治二十年代の卒業期は神学部、普通学部ともに六月下旬であり、アメリカのカレッジにならって、さまざまな卒業行事が数日にわたって行われた。まず六月末の日曜日の夜、礼拝堂で卒業説教がなされ、翌日から英語演説のコンテストや文学会が連日続いた。演説のコンテストには五人が出場し、孤蝶が「自殺」を題名に演説を行った。普通学部では岡本敏行も「独逸文学の開拓者」と題して壇上に立った。演説が終了すると、ヘボン総理が花のような大きな学校の判を押した卒業証書を十八人の卒業生にそれぞれ授与した。

卒業式後、卒業生たちは校庭の一角に集まって、そこに新しい記念樹を植えた。前の年までは銀杏《いちょう》の木だったが、秋骨のときから長く持つ木がいいということで、目黒の植木屋まで行って、犬樟《イヌグス》（タブノキ）の苗木を買って皆で担いで来た。そして樹の根元に一つの石を記念に建てた。秋骨は藤村や孤蝶と一緒に、『明治二十四年　卒業生』と刻まれた長方形の石の前に立った。

秋骨は明治学院で生涯の友となる島崎藤村と馬場孤蝶に出会った。そしてランディス教授からゲーテの『ヘルマン・ウント・ドロテア』を教わり、同じゲーテの近代文学最高峰ともいわれる『ファウスト』に感心し、『若きウェルテルの悩み』に感動した。『ウェルテル』は青春の教科書だった

後に明治学院の総理になった井深梶之助が講じたエマーソンやカアライルにひどく感銘を受けた。バラ教授からは星学を、マコーレー教授からはフィッシャアの『萬国史』とグリーンの『英国史』を学んだ。これらが秋骨の前に大きく広がっている将来の基礎となった。初夏の風が心地よく桜の枝を揺るがせていた。秋骨は失意の中で入学したことなど忘れてしまったかのような顔で、「やっぱりこの学校に来てよかった」と口に出した。

私における馬場君と島崎君の感化というものは恐ろしいもので、かくして今日の私の基礎が作られたのであった。両君がなかったならば、私は当初学院に入った時が空々寂々《くうくうじゃくじゃく》であったように、終わりも空々寂々であったろう。

—秋骨随筆集『自画像』「明治学院時代の想出」

明治24年明治学院卒業記念写真

最後列右から４番目が戸川秋骨、左から２番目島崎藤村。第３列右から３番目馬場孤蝶、６番目ランディス。第２列右から杉森此馬、４番目ヘボン、その左がワイコフ、次がマコーレー。最前列左端が小倉鋭喜
（明治学院歴史資料館提供）

第四章　『文学界』のころ

徳富蘇峰と山歩き

秋骨は明治学院を卒業しても就職するでもなく、日本福音教会が築地四十九番に開校した福音神学校で、キリスト教宣教師の通訳や説教の翻訳などをやっていた。内田周平がドイツの詩を漢訳したものを雑誌で読み感動したため、従弟の大野洒竹《しゃちく》を誘って内田の塾に入門して漢学を学び始めたのもこのころだった。内田は井上円了《えんりょう》らが設立した哲学館（現東洋大学）で、儒学やドイツの哲学者ハミルトンの美学を教えていた。

洒竹は、再度挑戦した第一高等中学校に優秀な成績で入学したのだが、学校の勉学より俳句のほうに熱中していた。学生の身でありながら、東京の日暮里花見町に俳諧のために庵室を持ち、洒竹庵と名付けて悦に入り、学友の正岡子規らと俳句三昧の日々を送っていた。

一八九一（明治二十四）年の夏、秋骨と洒竹の親族、叔母横井玉子ら原家一族が神奈川県大磯に集まった。このとき、縁続きの徳富蘇峰も夫人の静子を連れて顔を見せた。蘇峰は横井玉子を親しそうに「お玉さん」と呼んだ。玉子が嫁いだ横井家を支えていたつせ子は、蘇峰の母久子の妹で、蘇峰の叔母にあたる。秋骨が蘇峰に会ったのは、このときが初めてだった。

一八八六年夏、蘇峰は「将来之日本」の原稿を持って熊本から上京し、田口卯吉の経済雑誌社より出版した。明快で情熱あふれる蘇峰の論調が好評で直ちに何度か版を重ねた。それに自信を持った蘇峰は同年末、熊本で経営していた私塾大江義塾を閉鎖し父母や静子を伴って再び上京した。翌一八八七年に民友社を設立し、月刊誌『国民之友』を創刊、平民主義を唱え進歩的な社会評論を載せていた。同一八九〇年二月には、民友社とは別に国民新聞社を設立して『国民新聞』を創刊した。秋骨と洒竹の親族が大磯に集まったときは、すでに蘇峰は言論界において大きな存在になっていた。

親族の話し合いが終わり、蘇峰の案内で高麗山《こまやま》に登った。このときのメンバーは蘇峰と静子夫婦、横井玉子、大野洒竹、そして秋骨の五人だった。高さ一六八メートルの低い山にしてはかなり険しい道をときどき休みながら上った。頂上には高麗寺の社殿があり、一同はそこに腰掛けてしばらく休憩した。

下山のときは中腹の茶亭でしばらく過ごした。そのとき秋骨は読み終えたばかりのテーヌの『英国文学史』の話題を持ち出し、蘇峰が面白い話を聞かせてくれた。蘇峰は、「あれを正直にイギリスの文学そのものの歴史と思うと馬鹿をみる」というようなことを言った。秋骨も漠然《ばくぜん》とそういうことを考えていたが、蘇峰の説明で納得がいった。当時のイギリス文学研究者が、「テーヌの『英文学史』はイギリス人の性格を説くために書こうとしたところから出来ているので、学問としては取るに足らないものだ」と指摘していた。ところが蘇峰はその書かれた理由や目的を丁寧に説明し、そのどこに問題があるのかを説明した。蘇峰が批判したのは、書かれた動機についてであり、決してその価値についてではなかった。秋骨は、蘇峰の説のほうが的《まと》を得ているように思った。秋骨にとって、テーヌの『英国文学史』は、言葉一つ一つにたまらない魅力があった。そして、この本は、藤村から読むように勧められたものだった。秋骨らは高麗山中腹の茶亭で暑い午後を文学談に費やして旅館に引き揚げた。秋骨は、山登りの間ずっと蘇峰の膨大な知識量と人をそらさぬ怜悧《れいり》な行動に感心させられた。

一族で登山を楽しんだころまでは、蘇峰は平民主義を掲げていた。ところが、日清戦争後の一八九五年四月の三国干渉に憤り、政府を批判し国家に失望し世界旅行に出て、帰国したときは考え方が国家主義に傾いていていた。一八九七年、第二次松方正義内閣の内務省勅任参事官に就任、それまで強固に政府を批判していた論調を緩めたので、世間から変節を非難された。『国民之友』の不買運動が起こり、売り上げは激減した。蘇峰はそれにも関わらず、平民主義を捨てて、その反対の国家主義、国家膨張主義へと転じていった。

私は『将来之日本』『新日本之青年』以来先生（蘇峰）に感心している。明治二十四年に初めて先生に接して、その平民的に且つ青年の友であるという主張に少しも背かない人であると、当時まだ二十歳ばかりの青年であったが感心させられてしまった。（中略）

私においてはこれほどに敬服し、公においてもまたその意見に賛意を表していながら、しかも私は先生の考えに全然同化することは出来ないでいる。むしろ同意一致しているのは末葉のことで、その根本的の精神に至っては全然相反しているかもしれない。日本史はもちろんのこと、先生の書き物はたいてい喜んで一読し、その意見にも同感しておりながら、結論になると何時も私の考えは先生とは正反対になってしまう。

—秋骨随筆集『文鳥』「知己先輩」

『女学雑誌』に翻訳

一八九一（明治二十四）年の暮れ、馬場孤蝶は英語の教員免許状を取り、明治学院時代の同級生小倉鋭喜の紹介で、故郷の高知市追手筋にあった私立共立学校に英語教師として赴任した

もう一人の学友島崎藤村は、世話になっていた吉村忠道が経営する、横浜伊勢佐木町の雑貨店マカラズヤの店を手伝っていた。吉村は自分の商売である針問屋の後継者として藤村に期待していたが、藤村はそのころ文学をやりたいという思いが強くなり、店番をしながらテーヌの『英国文学史』を帳場の下に隠して読むという日常が続いていた。そのようなとき、藤村は心を震わせるような衝撃的な文章にぶつかった。

「恋愛は人世《じんせい》の秘鑰《ひやく》なり、恋愛ありて後人世あり。恋愛を抽き去りたらむには人世何の色味かあらむ、然《しか》るに尤《もっと》も多く人世を観じ、尤も多く人世の秘奥を究むるといふ詩人なる怪物の尤も多く恋愛に罪業を作るは、仰《そ》も如何《いか》なる理《ことわり》ぞ。古往今来詩家の恋愛に失する者、挙げて数ふ可《べ》からず、遂に女性をして嫁して詩家の妻となるを戒しむるに至らしめたり、詩家豈《あ》に無情の動物ならむ、否、其《その》濃情なる事、常人に幾倍する事著し《いちじる》、然るに綢繆《ちゅうびゅう》終わりを全うする者尠《すく》なきは何故ぞ」

これは、北村透谷《きたむらとうこく》の「厭世詩家《えんせいしか》と女性」の冒頭の一節である。秘鑰《ひやく》とは秘密を解く鍵を意味している。人世《じんせい》の扉を開ける鍵が恋愛ならば、恋愛を通らなければ人世に入れない、恋愛があってこそ人世がある。恋愛至上主義を簡潔に表現していた。

一八九一年十一月、北村透谷は『女学雑誌』に「二宮尊徳翁」を投稿し掲載された。透谷が公《おおやけ》に発表した初めての論文だった。小田原に生まれた透谷としては同郷の偉人は誇りだっただろう。しかし、農

学と実利を説く尊徳と透谷は相反するところが多くいかにもなじまない。同年五月に『女学雑誌』の編集人巌本善治《いわもとよしはる》が「二宮尊徳先生」を出していたので、それに呼応したものだった。

一八九二年一月、「厭世詩家と女性」を書き上げた北村透谷は、原稿を持って巌本善治を訪ねた。その文章が同年二月の『女学雑誌』に掲載されると、若い女性ばかりでなく、多くの青年読者にも衝撃的な感動を与えた。この月から、透谷は『女学雑誌』の文芸評論欄に毎号執筆することになった。

藤村は、「厭世詩家と女性」が載った『女学雑誌』の編集人の巌本に手紙を書き送り、どうにかして現状を打破して文学の道に進みたいと救いを求めた。数日後、巌本から直接会って話したいという返事が送られてきた。

藤村は、巌本から来た手紙を握り、明治女学校を訪ねた。すぐに校長宿舎の応接間に通された。日本間に大きなテーブルが置かれ、椅子に腰掛けて和服姿の寛いだ巌本が待っていた。お茶を出してくれたのは巌本の妻若松賤子《しずこ》（筆名、本名嘉志子）だった。若松賤子は『女学雑誌』にバーネット原作を翻訳した「小公子」を連載し、若い女性を中心に大変な人気になっていた。一八九一年十一月には、まだ連載が終わっていないのに、前編として本にまとめられ発売された。そして、賤子の訳を褒《ほ》め称《たた》える書評が連日各新聞をにぎわしていた。

巌本は、その場で『女学雑誌』に載せる、アディソン原作の『母のまぼろし』の翻訳の仕事を藤村に依頼した。藤村は月九円の収入を得ることができるようになった。これが藤村の文学の仕事の第一歩だった。巌本は初めてもらった藤村の手紙の几帳面な文字と、どこか心に響く文句とによって、仕事を任せても安心していいような気がしていた。

『女学雑誌』で仕事をするようになった藤村は、翻訳欄の担当に生活に困窮していた秋骨を推薦した。

一八九二年九月から、秋骨はアメリカの雑誌などから短いものを翻訳するようになり、翌一八九三年一月発行の同誌に、「日本思想界に於ける情け」（三三六号―三三七号）、「女子選挙権に関する古近卓説集」（三三八号）を棲月子の筆名で発表した。

このころ明治女学校に通っていた羽仁もと子（松岡もと）は、学費が払えなかったため『女学雑誌』のふり仮名をする仕事をしていた。若松賤子の『小公子』の校正をしたのも羽仁もと子だった。藤村の原稿も校正した。「島崎藤村氏の原稿の端正《たんせい》な読みやすい文字には、いつでも朱書きできれいな仮名がつけてあった」（『羽仁もと子傑作集』第十二巻）

もと子は入学した翌年の一八九一年夏、帰省してそのまま上京しなかった。もと子はその理由を明かしていないけれども、恋愛のためだったようだ。その後、教師から報知新聞の新聞記者に転身し、新聞社の後輩羽仁吉一と恋愛、退社して結婚した。一九〇三（明治三十六）年に『家庭之友』を創刊、これが後に『婦人之友』と改題された。一九二一（大正十）年に自由学園を創立した。

私は今日言うところの苦学生であった。いや今日言うところでなくても、昔のでも正真正銘の苦学生であった。それで少しでも学問を続けていくには、何か仕事をしていかなければならなかったのである。幸い畏友《いゆう》島崎藤村君は素養から言っても文学の方に既《すで》に重きをなしていたので、当時相当に勢力のあった『女学雑誌』に筆を執られるようになっていたのであるが、それに引っぱられて、私もその雑誌に何か翻訳でもしたらよかろうという事になり、アメリカの雑誌などから短いものを翻訳して出してもらうことにしたのであった。これが抑々《そもそも》私の翻訳ということに食いついた始めなのである。

―秋骨随筆集『自画像』「島崎藤村君と女学雑誌」

明治女学校開校

『女学雑誌』はキリスト教精神に基づく、女性の教養と社会的地位の向上を図る目的で一八八五（明治十八）年七月二十日に創刊された婦人啓蒙雑誌だった。『女学雑誌』が創刊された二カ月後の九月三十日、木村熊二と妻鐙子《とうこ》が、九段下（現在千代田区飯田橋）の武家屋敷を借りて開校した明治女学校がその母体である。この女学校は日本人経営の学校としては女子教育の最先端にあった。明治維新後に初めて誕生した女学校は、一八七二年に文部省がつくった東京女学校だった。その後、一八七五年に東京女子師範学校が開校した。女子教育は、これら公立の女学校のほかに、外国人宣教師を中心としたミッション系女学校と日本人経営のミッション系から一般教育に向かった女学校があった。明治女学校はキリスト教主義に基づく私立女学校として、日本で最初の試みだった。

初代校長の木村熊二は但馬国出石藩《たじまのくにいずし》の藩儒桜井石門《せきもん》の二男として京都に生まれ、出石（現兵庫県豊岡市出石）に移る。昌平黌《しょうへいこう》で儒学者佐藤一斎に学び、一斎の孫である田口卯吉らと知り合った。一八七〇年、森有礼《もりありのり》が少弁務使としてアメリカに渡ったとき、外山正一《とやままさかず》、名和道一らと随行し、ホープ大学やニューブランズウィック神学校で学び、牧師の試験に合格し、一八八二年九月に日本に帰ってきた。

妻の鐙子は一八七九年に植村正久が創立した横浜バンド系の下谷教会で婦人部を組織していた。アメリカ帰りの木村と教会婦人部のリーダー鐙子が協力してつくったのが明治女学校だった。創立当初の教員としては、熊二、鐙子、巌本のほかに津田梅、人見銀、富井於菟《おと》がいた。津田梅は農学者津田仙の長女、一八七一年に最初の留学生として岩倉具視に同行しアメリカに渡った五人の少女の一人である。後に明治女学校と同じころに設立された華族女学校の教授となった。一九〇〇年に女子英学塾を創立、同塾は津田塾大学として現在に至っている。富井於菟は明治女学校に赴任する前は、絵入自由新聞の記者だった。日本で最初の女性新聞記者といわれる。明治女学校が開校して二カ月後にチブスに感染し、二十歳に満たない若さで亡くなった。人見銀は退職後、仙台に行き宮城女学校の創立に協力した。

明治女学校は生徒が増加し、校舎が狭くなったため、一八八六年夏、九段坂下の統計学校跡を借り受け、九月一日からここで授業をすることになった。ところがその日を目前にして、鐙子がコレラに罹って急逝した。鐙子を失った木村は、一八八七年四月、海老名弾正の司式で伊藤華子と再婚した。華子は、福井藩儒伊藤輔の二女、熊二との年齢差は二十四歳だった。華子は派手な洋服を着、大きな帽子を被り、外国婦人のようだった。同年八月、九段坂上の飯田町に校舎を新築したが、土地の所有者の都合で、わずか三年にして下六番町に移転した。

巌本は、木村熊二と同郷で、一八六四（文久四）年に生まれ、中村正直《まさなお》の同人社に学んだ。次に麻布に農園をつくって有名になった農学者の津田仙の学農社農業学校に入り『農業雑誌』に携わっていた。アメリカから帰国したばかりの木村熊二が下谷初音に開いた塾に三人の青年が入門した。そのうちの一人が巌本だった。一八八三（明治十六）年には、木村から受洗しキリスト教徒となる。巌本も明治女学校の発起人の一人で、教頭を務めながら、『女学雑誌』の編集を担当していた。

『女学雑誌』は、大きさは一号から十号までは菊判、それ以降は四六倍判に変わった。評判は非常によく、創刊号は三版、第二号から四号までは再版、第十号から毎号二千五百部ずつ印刷するようになった。当初の編集人は近藤賢三だったが病気になったため、翌年五月、二十四号から巌本善治が編集を引き継いだ。近藤の死とともに三十号からは巌本が主宰となった。

創刊当時は、束髪の普及や洋式作法の紹介、衣食住の改良をはじめ、日本旧来の家庭の習慣を批判し、男女の交際、結婚の理想、夫婦の愛情などが説かれた。その一方、廃娼運動や禁酒運動、慈善救済事業にも発展し、足尾鉱毒事件の記事などで三度の発禁処分を受けている。

巌本は発刊当初は広く若い女性層に食い込むことを目指していたので、女性の一般的教養に関連した記事が多く文学記事はほとんどなかった。だが、号を重ねるうちに男性の読者も相当増えてきていた。第十号のころには部数が増えたので事業を拡張し、発行所をそれまでの萬春堂から独立して女学雑誌社に移した。

一八八七年二月、月刊誌『国民之友』が民友社から出されると大変な人気となり、たちまち売り切れた。二号、三号も増し刷りし、各号一万部を超え、またたく間に民友社は大きな出版社になった。『国民之友』は蘇峰の評論に人気があったばかりでなく、デザインも斬新で、純文学にも力を入れていた。中でも呼び物は、春秋二回発行される文芸付録だった。

巌本はそれに対抗して『女学雑誌』の内容やデザインを一新した。白地に赤で題字をあしらった表紙は自由、そして清純に生きようとする若い女性をイメージしたものだった。文芸欄を設けて、男性の読者層をもっと広げようとしたが、当時の文壇は、『読売新聞』の文芸欄を担当していた尾崎紅葉の勢力下にあったので、活躍中の作家の寄稿は期待できないため新人に頼らざるを得ないという事情があった。

明治女学校は、『女学雑誌』の評判の良さと相まって人気が高まっていた。女学校の入学者は日に日に増し、再び建物の拡張に迫られた。そこで一八九一年、麹町区下六番町（現千代田区六番町）にあった東京横浜毎日新聞社の社長で衆議院議員の島田三郎の旧宅を買い受けて増改築して移転することになった。洋風の玄関はそのままに、二階を改築して教室に使い、裏庭にある洋風三階建ては寄宿舎と食堂になった。移転と同時に新入生が校舎に溢《あふ》れ返り、全生徒数は三百人を超えていた。しかし、校長の木村熊二が再婚した華子がスキャンダラスな女性だったため、いろいろな問題を起こしたらしく、それがもとで、木村は一八九二年一月に校長を辞任し、信州小諸へ赴いた。そのあとを受けて、巌本善治が校長となり学校の運営にあたった。

北村透谷との出会い

藤村は女学雑誌社に出入りするようになり、偶然に北村透谷と一緒にならないだろうかと期待していた。その日がやっと訪れ、応接間の大きなテーブルの前で、二人は対面した。透谷は、藤村が思い描いていたような鋭くて暗い神経の持ち主という感じではなかった。思ったより明るく軽い感じで、初対面の藤村をつかまえて、「今の時代をどう思う?」といきなり質問してきた。やせ型で、髪が多く、男らしい眉、眼は澄み深い青色をしており、相手の心を捉えて離さない不思議な魅力を持っていた。その澄んだ眼で藤村は射すくめられてしまった。

一八九二(明治二十五)年五月、透谷は芝公園から高輪東禅寺に引っ越した。秋骨、藤村が学んだ明治学院の近くだった。藤村は新しい知人を見つけた喜びを分けずにはいられなかった。心を躍らせて築地の木挽町《こびきちょう》に向かった。秋骨を誘って透谷の家を訪ねるつもりだった。

秋骨の家は二階建ての下宿屋で、玄関を開けると家庭の賑やかな空気を感じ、藤村は自分と秋骨との家庭の雰囲気の違いを目の当たりにした。秋骨の叔母横井玉子や従姉妹が、かわるがわる茶の間を出たり入ったりしている。秋骨は大勢の女性の親戚の中で、唯一人の男性であった。

秋骨が、「早いものだね。学校を出てからもうそろそろ一年になるね」と言いながら、明治学院の卒業アルバムを取り出してきた。一枚の集合写真を見ながら、『僕の家に下宿している朝鮮の名士が、この中で一番馬場君をほめたっけ。この人は出世しそうだ、そう言ってね。この写真には僕も随分面白く撮れているじゃないか。まるで僕の容姿は山賊だね』（『桜の実の熟する時』）と言って濃い眉を動かして笑った。

そこには秋骨と藤村のほかに、馬場孤蝶ともう一人の学友がいずれも単衣に兵児帯《へこおび》という姿でくっきりと写っていた。

卒業アルバムの写真を見て感想を述べた朝鮮の名士は金玉均だった。金は、一八八四（明治十七）年十二月四日に朝鮮の近代化を目指して、日本公使館の支援を受けて甲申政変を企てた。しかし、清朝と結ぶ閔妃《びんひ》一派に敗れ、日本に亡命していた。日本での生活は十年近くにも及び、しばらく秋骨の下宿屋に身を寄せていたこともあったようだ。

秋骨と藤村は卒業アルバムを見終えると、透谷を訪ねることにした。高輪近くの東禅寺の境内に幾つかある宿坊の一つが透谷の住まいだった。透谷は結婚しており、娘の英《ふさ》が生まれたばかりだった。話し好きな透谷が秋骨と藤村を前にして、気軽にいろんなことを話し始めた。秋骨は従姉たちの中で暮らしているせいか、人当たりがよく落ち着いていた。そのような秋骨を、透谷はしきりにほめた。

そのときのことを、藤村は小説『桜の実の熟する時』の中に書いている。

「菅（戸川）君は好い」と、青木（透谷）が言い出した。

「ほんとに、僕なぞは冷や汗の出るようなことばかりやってきた」と青木（透谷）は自分の激しやすく感じやすい性格をいたむかのように言った。

「まったく、菅（戸川）君は好いよ」と捨吉（藤村）も言ってみた。
「何だか僕ばかり好人物になるようだね」と菅（秋骨）が笑った。
「なにしろ君、僕なぞは十四の年に政治演説をやるような少年だったからね」と青木（透谷）は半分自分を嘲るように言い出した。

透谷が小学生のとき、「明治十四年の政変」が起こった。開拓使官払下げへの攻撃と国会開設要求が一緒になり、自由民権運動の波が高まり、当時透谷が通っていた数寄屋橋近くの泰明小学校にまで押し寄せ、早熟だった透谷はその波に飲み込まれた。小学生が自由民権運動の活動家になるのは早すぎるようだが、八年制の小学校の最上級生なので、今の中学生にあたる。一八八二（明治十五）年一月、泰明小学校卒業式に「空気及び水の組成」という題で講演し、透谷は新聞に「奇童」と評された。このときの奇童という言葉が、透谷の未来を暗示しているようだった。

北村透谷、本名門太郎は一八六八年十一月十六日、相模国小田原唐人町（現神奈川県小田原市）に生まれ、家は代々小田原藩士である。一八七二年に弟垣穂が生まれる。一八八一年、父母に連れられて上京し、藤村と同じ泰明小学校に転入した。垣穂と藤村は同学年だったが、藤村は覚えていないという。秋骨は祖父原尹胤が小田原出身なので小田原には親戚がおり、子どものとき遊びに行った際、近所に住んでいた垣穂とは遊んだことがあった。北村垣穂は、後の日本画家丸山古香《ここう》である。

透谷は東京専門学校（現早稲田大学）に入学するが精神的に病んで退学する。速記者となって神奈川県会に勤めたり、英語を勉強するためにホテルのボーイやガイドをやったり職業を転々とした。その後、行商人に姿をかえて自由民権運動に身を投じた。一八八五年十二月に起きた大阪事件のとき、透谷は資金調達のため強盗する計画に加わるよう誘われたが、思い悩んだ末、加わらなかった。大阪事件とは甲申政変でクーデターに失敗した金玉均を支援し、朝鮮に立憲体制を築いて、清国から独立させようとした事件だった。

一八八八年十一月、透谷は自由民権運動を通じて知り合った自由党神奈川支部長石坂昌孝の長男公歴《きみつぐ》の姉ミナ（美那）と結婚した。このときミナは横浜の共立女学校を卒業したばかりの二十三歳、透谷より三歳年上だった。熱心なキリスト教徒で、透谷はミナを通してキリスト教に入信する。透谷は一八八九年に、長篇物語詩『楚囚之詩《そしゅうのし》』を自費出版し、翌一八九〇年十一月、普連土《フレンド》女学校教師となる。一八九一年五月、長篇詩『蓬莱曲《ほうらいきょく》』自費出版。そして一八九二年六月、長女英《ふさ》が生まれた。

透谷の住まいを出た秋骨と藤村の二人は、高揚した気分がなかなか鎮まらず、そのまま別れてすぐに家に帰りたくなかった。二人は帰り道に蕎麦《そば》屋に立ち寄った。小説『桜の実の熟する時』に、そのとき二人が生まれて初めて酒を飲んだときのことが出てくる。

「菅（秋骨）君、お酒を一つ誂《あつら》えて見ようかと思うんだが、賛成しないか」

腰掛けても座っても飲み食いすることが出来る気楽な部屋の片隅に、捨吉（藤村）は友達と差し向かいに座を占めて言った。

「お銚子をつけますか」と、姉さんがそこへ来て聞いた。

「君、二人で一本なんて、そんなに飲めるかい」と言って菅（秋骨）は笑った。

そういう友達はもとより盃なぞ手にしたこともない人だ。一合の酒でも二人には多すぎると思われた。

捨吉（藤村）は手をもんで、「じゃ、まあ、五勺《しゃく》にしとこう」が、そこにいる姉さんばかりでなく、帳場の方にいるものまでも笑わせた。

誂《あつら》えたものが運ばれて来た。捨吉（藤村）は急にかしこまって、小さな猪口を友達の前に置いた。ぷんと香気《におい》のして来るような熱燗《あっかん》を注いで勧めた。

一口嘗《な》めて見たばかりの菅（秋骨）はもう顔を渋《しか》めてしまった。

酒ときては文字通り一滴も飲めない。飲めば即座に（on the stopだ）、病気になる。もっともそれはよくよく身体の具合の悪い時のことではあるが、普通の場合でも、一滴の酒は、頭を痛め腸を害《そこな》うこと二、三日にわたるのである。かつて酒しほの利いた茶碗蒸しで倒れ、干物に味淋をかけたのを喜んで食べたために二日も寝てしまった、という下戸ぶりであるから、これまた自分ながら呆れる次第で、これればかりは明快に右党である。

——秋骨随筆集『自画像』「鼠色」

秋骨はそれから透谷の家をちょくちょく訪ねるようになった。そして、二人はいつも政治、宗教、互いの思想にわたって語り合った。秋骨と透谷とはまるきり性格が違っていた。透谷は真剣で、神経質で、いつもイライラしているのに反して、秋骨はぼんやりで、気楽で、のんきだった。しかし、秋骨はまったく性質が正反対な透谷が好きだった。透谷に会うと、インスピレーションを与えられたような気がして、いつもそれを無性に文章にしたくなった。

透谷は、秋骨のことを親しみを込めてラスキンと呼んだ。ジョン・ラスキン（一八一九—一九〇〇）は、十九世紀イギリス・ヴィクトリア時代を代表する美術評論家である。イギリスの画家ターナーを批判する美術雑誌に反論するために書き始めた『近代画家論』で知られる。

藤村の小説『桜の実の熟する時』の中にも、捨吉（藤村）が吉本（巌本）の書棚でラスキンの本を見つけて感心する場面が出て来るし、夏目漱石の『三四郎』でも、三四郎が理科大学の野々宮から、「ラスキンを読みましたか」と聞かれ、「読まない」と憮然《ぶぜん》として答えるシーンがある。ラスキンは当時の知識人の必読書だったようだ。

透谷君は私を呼んでラスキンと言っていた。私が透谷君や藤村君のようにパッションをもたず、しかも少し理屈をこねる方であったからであろう。とにかく私のようなボンヤリが到って透谷君のような鋭い性質の人と、到って和合したのかもしれない。

——秋骨随筆集『文鳥』「至純狂熱の人北村透谷君」

『女学雑誌』から『文学界』へ

藤村が女学雑誌社に出入りするようになったころ、明治女学校の女生徒に武道を教えていた星野天知《てんち》が、明治女学校に隣接した女学雑誌社の部屋の一隅に寝泊まりしながら、『女学雑誌』のために献身的に働いていた。星野は日本橋本町（現中央区日本橋本町）にある砂糖問屋伊勢源の二男に生まれ、柔術と剣法の免状を持つ文武両道の人だった。駒場農学校で薬草学を専攻し、在学中に一歳下の巌本と知り合い、明治女学校と『女学雑誌』の経営を資金面でも援助していた。明治女学校では武道のほかに心理学や東洋哲学、漢文なども教えていた。

一八九〇（明治二十三）年五月二十二日、星野は巌本の勧めで、明治女学校ばかりでなく、ほかの女学校の生徒の作文を掲載する『女学生』を刊行した。明治女学校のほか、キリスト教系の立教、女子神学、青山英和、廣島英和、海岸、頌栄、フェリス、共立、金城、清流、女子学院、成立学舎女子部など十八女学校の生徒に作文や和歌を募集して掲載する文芸による女子教育を目指した雑誌だった。星野が主筆となり、第一高等中学校の学生だった平《ひら》田《た》禿《とく》木《ぼく》が星野の片腕として編集を手伝い、星野の弟夕影《せきえい》（本名は男三郎）が実務を担当していた。

ところが、肝心の女学生の作品が集まらず、そのため第六号からは早くも社員が書いたものや社外からの寄稿文の方が多くなった。その比重は増すばかりで、島崎藤村、北村透谷、平田禿木、星野天知らを中心とする文芸雑誌の色彩が強くなってきた。

一方、『女学雑誌』は中島湘煙（俊子）「評論」、若松賤子「文芸」、田辺花圃「文芸」、荻野吟子「医学・看護」、吉田伸子「理学」、安藤たね「訪問記事」、小島きよ「家政学」、清水豊子（紫琴）「編集」の八人の女性がそれぞれの専門分野の記事を掲載するようになった。

そのようなとき、一八九〇年十月三十日、教育勅語が発布される。キリスト教系の学校に対する批判が教育勅語を背景にして強まり、勅文の礼拝問題、キリスト教と愛国心など、『女学雑誌』として避けては通れない問題が起こってきた。反政府言論を打ち出すことはできず、国家権力の前に立ちすくみ、次第に精彩を失った。そのため、『女学雑誌』は文芸の占める割合が急速に高まっていた。

巌本は『女学雑誌』はあくまで教育機関誌であり、純文学誌に改編するという考えはなかった。そこで、『女学雑誌』を二種に分けて、一つは文芸雑誌にして星野に編集を任せ、もう一つは従来と同じく女子教育の機関誌にして、巌本自らが編集することにした。

一八九二年六月、『女学雑誌』は白表（甲の巻）と赤表（乙の巻）の二種類に分けて、隔週に同一号数のものを発行することになった。『白表女学雑誌』は星野が受け持ち、『赤表女学雑誌』は巖本が担当した。

その年の夏、『女学生夏季臨時増刊号』が刊行され、このとき、北村透谷、平田禿木、星野天知、それに隠居とか仙人とか呼ばれていた藤村も無聲の筆名で初めて「故人」の一文を寄せた。執筆者の顔ぶれもそろい活気に満ちていた。

夏季臨時増刊号は発売と同時に大変な話題となり、たちまち売り切れになった。これで自信を持った星野は巖本の了解を得て、『女学生』と『白表女学雑誌』の二雑誌を併せた『女学雑誌文学界』の出版を進めた。巖本は『文学界』の編集者に透谷を推していたが、最終的には星野天知に決まった。

「『女学雑誌』三十号を出す頃に嶽本社長から動議が出た。それは此の二誌（『女学生』と『白表女学雑誌』）を合流させて本誌の文学部とし、透谷を推立てて女流文学に盡力するようにとの事であった。其頃《そのころ》の透谷は三十一、二に見えて、早くから貧乏修行で世故《せこ》には長けていた。長けてはいたが、態度は詩人的で、とても定期の雑誌編集など思いもよらぬ事と考えたから、余儀なく私が引き受ける事にした」（星野天知『黙歩七十年』）

はじめ新しく出版する雑誌名は『葛衣《くずごろも》』に決まっていたが、執筆者の一人である田辺花圃が『文学界』を提案し、こちらが採用されたという。そのいきさつを樋口一葉が、『一葉日記』「よもぎふにっ記」（明治二十五年十二月二十六日）に書いている。

「雑誌は女学雑誌社の北村透谷、星野天知子両人の創立にて、はじめ葛衣と名付けしを文学会《（原文ママ）》と改ためぬ、夫《それ》にはいはれありとて龍子（田辺花圃の本名）君が異見の用ひられしを語らる」

一方、星野天知は、「よし自分一人でもやッ着けようと、直ちに出版届の筆を執ったが、まだ雑誌の名が無かった、そこで私は直ちに女学雑誌の文学界という名を書いて禿木に見せた。好かろうというので何の体裁も考える暇なく秀英舎へ印刷を依頼した」（『文学界』雑誌顚末）と話している。

『女学雑誌』から、どうして『文学界』が分出したかということは、そう簡単には片付けられない。星野氏は巌本氏と一緒に明治女学校の経営に携わっていた人である。同時に星野氏も文筆上の野心と言って悪ければ、その趣味を多分に持っていた人である。それが巌本氏と並立していたのであるが、すべての点において、巌本氏の勢力は大きかった。もちろん学校の第一の責任者であったから、それは当然のこととしなければなるまい。しかもその内幕を知っているものが見れば、そのところには多少快からざる事も伏在していたのも事実であろう。すなわち星野氏も巌本氏のすべての点において、苦々しく感じていられたのではあるまいか。これは私の忖度《そんたく》であるから、確言はできないが、どうもそういうところがあったと感じられてならない。いわゆる両雄並び立たず、とでも言うのでもあろうか。

——秋骨随筆集『自画像』「四十年前の『文学界』」

藤村漂白の旅に

藤村の文章は清新、軽やか、青年らしい力強さがあり、それが若い女性に人気があった。そのような藤村に、巌本が「明治女学校の教師にならないか」と突然に切り出した。高等科の教師となって、一週九時間、英語と英文学の初歩を受け持ってほしいという申し出だった。藤村は驚きと喜びで何と返事していいか分からなかった。しばらく考えて、「やってみます」とだけ小さな声で答えた。藤村は教師として教壇に立つ日が待ち遠しかった。

一八九二（明治二十五）年九月、藤村は明治女学校高等科英文科の教師となった。そのとき藤村は二十歳、高等科の女生徒もみな同じ年頃の娘であった。どうかすると年長の女生徒もいた。若い女生徒に囲まれて圧倒された藤村は、「教える相手の生徒が若い女性であるとはいえ、それが何だ」と自分自身に言い聞かせた。

　ところが一カ月もしないうちに、藤村の内部に変化が起こってきた。教え子の一人、佐藤輔子への思慕が抑えきれなくなっていた。輔子は背が高くすらりとしていて、眼がぱっちりしてチャーミングだった。旧南部藩士佐藤昌蔵と後妻の二女として、一八七一年六月十五日に岩手県花巻に生まれた。藤村より一歳年上だった。盛岡や一関の小学校で学び、父が茨城県那珂《なか》郡の郡長になったため水戸に移り、後に上京して明治女学校に入学、一八九二年に普通科を修了、一八九四年に高等科を卒業した。兄の佐藤昌介は北海道大学総長になった人物である。

　藤村が輔子を好きになったとき、輔子にはすでに親が決めた婚約者がいた。輔子も藤村の思いを知り、苦悩した。藤村は教え子を好きになったという教師としての自責から明治女学校を辞め、どこか遠くに旅に出ようと決めた。

　藤村は巌本のところに行き学校を辞めたいと申し出て、明治女学校の英語教師の後任は透谷にしてほしいと頼んだ。そのころ透谷は勤めていた普連土《フレンド》女学校を辞めて、生活はひどく困窮していた。藤村の苦悩に気付いていた巌本は何も聞かずに「分かりました」と頷いた。

　藤村はその足で透谷を訪ねた。透谷は悲しみの中で旅立とうとしている藤村に、はなむけの詩を贈った。その詩「古藤庵に遠寄す」が、『文学界』第三号に掲載された。古藤庵は藤村の別号である。

「古藤庵に遠寄す」　　透谷庵
一輪の花の咲けかしと　願ふ心は君の為め
薄雲月の蔽《おほ》ふなと　祈るこゝろは君の為め
吉野の山の奥深く　よろづの花に言伝《ことづ》て
君を待ちつゝ且《か》つ咲かせむ

透谷の家を出た藤村は築地に回り、秋骨に別れを告げに行った。旅に出ると告げる藤村に、秋骨は言いたいことがたくさんあった。孤蝶が去り、そして藤村までも、しかし何も言わずに置いてきぼりにされる寂しさを飲み込んだ。一八九二年一月三十日、藤村は刷り上がったばかりの発売前の『文学界』創刊号を手にして、秋骨に執筆者として仲間に加わってほしいと言い残して出ていった。

藤村は、旅に出ると同時に植村正久の教会へ退会届を出しキリスト教からも離れた。「せつない恋のために彼（藤村自身）は教会さえ捨てて行く気になった」と藤村は自分自身のことを書いている。教師として、教え子を愛するなど、特にクリスチャンとしてはもってのほか、というような白い眼で見られるのが辛かった。

『春』には、輔子との恋愛から逃避するために行くあてのない旅に出たように描かれている。しかし実際は無一文で無謀に旅に出たわけではなく、旅立つ際に星野天知から旅費として三十一円が渡された。旅先から『文学界』に載せる原稿を書いて送る特派員のかたちだった。

『文学界』創刊

平田禿木は、第一高等中学校が冬休みとなり大宮の家へ帰ると、静かな奥座敷にこもって原稿を書き上げた。それを急いで星野天知のもとに郵送した。一八九三（明治二十六）年一月二十五日、禿木から原稿が届くなり、徹夜で活字を組み上げ空けていたスペースを埋めた。それを急いで市ヶ谷にある印刷所の秀英舎に持ち込んだ。

同年一月三十一日、『文学界』創刊号が発刊された。体裁は四六判（雑誌サイズは、四六判倍規格、実寸は一七五×二四八ミリ、四十六ページ（通常三十二ページ前後）、部数千五百冊、定価六銭だった。三十四号（一八九五年十月三十日）以降は七銭五厘に値上げされた。創刊号は発売日に完売したため、直ちに千冊増刷したが、それも一週間で売り切れた。

第一号の巻頭を飾ったのは、藤村の『悲曲琵琶法師』だった。旅先の宿舎で書かれた詩劇は四、五回の連載が予定され、新味を出すために口語体が使われていた。このとき藤村は古藤庵の筆名を使っている。「藤村」の筆名は『文学界』第十四号に掲載された『野末ものがたり』に初めて見られる。「古藤庵」、「藤村」の筆名はあこがれの人佐藤輔子の「藤」に由来するとされる。

二番目に、どうにか印刷に間に合った禿木の「吉田兼好」が掲載された。そのほか、『文学界』第一号に載ったのは、星野天知の「阿佛尼」、巌本善治の「文章道」、北村透谷の「富嶽の詩神を想う」がある。藤村が同人に寄せた六編の詩も載っている。その六編の中に、「バイロンをあはれみて」という詩は秋骨に贈られたものだった。

秋風に人の堕落を嘲《あざけ》れど、名にしをふ風雅の迷ひ、ゆめうつゝ

という一連で始まる詩は、英国浪漫《ロマン》派の詩人たち、バイロン、シェレー、ワーズワースらに傾倒している秋骨のことを映《うつ》していた。藤村は、伝記や詩集の翻訳にとどまっている秋骨に対して、翻訳以外の作品を『文学界』に書くことをしきりに勧めた。

『文学界』は発売されるとたちまち売り切れるという最高のスタートを切ったのだが、巌本善治の「文章道」という一文に、平田禿木らから不満の声が起こった。『文学界』は女性啓蒙から浪漫《ロマン》主義文学運動へ広がりを目指していた。ところが巌本は教育者であり、女性の地位向上や啓蒙が第一で、文学へのこだわりはあまりなかった。巌本が文学を教育の手段にしようとしているのが、平田禿木らは気に入らなかった。純文学を目指す『文学界』にふさわしくないので、以後巌本の寄稿を謝絶しようという意見が上がった。

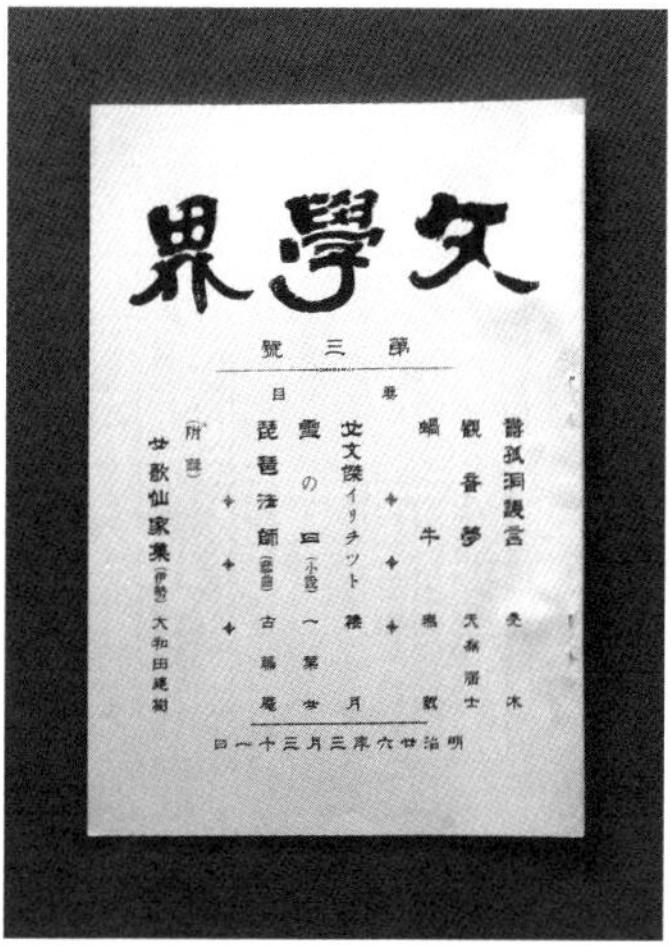

『文学界』第三号表紙

第二号は二月二十八日に出たのだが、星野天知の「茶道祖、利休居士」、藤村の「琵琶法師（続稿）」、北村透谷の「人生に相渉《あいわた》るとは何の謂《いい》ぞや」が掲載され、巌本善治の作品は見られなくなった。

経営者の巌本を怒らせてはまずいし、若い同人らの意見も無視できないし、板挟みになり困った星野は、『文学界』を女学雑誌の付属雑誌でなく、独立した文学雑誌にすることを巌本に掛け合い承諾を得た。それ

に伴い、第三号から表紙の題字も『女学雑誌・文学界』から女学雑誌の文字が外されて『文学界』に変わった。

第三号に、絵が得意な藤村が清見寺の五百羅漢の中から、同人らの風貌をなぞらえて描いた「同人の心影」と題して送って来た絵が載っている。それに応えて、秋骨（棲月）、北村透谷（透生）がそれぞれ歌を詠んでいる。

いざ語れ羅漢像よ、われ問はん　渋面の奥に隠せる衆妙の声　　棲月

この五羅漢の上に吉野山奥のよろづの花を擠ぎ来りて、
花埋めにして花羅漢と命じてはいかに　　透生

星野天知は、藤村が書き送ってきた五羅漢の絵について、「之は当時の誌上（『文学界』第三号）に載せたが、それは天知、透谷、夕軒、禿木と本人（藤村）と五同人の事である」（『黙歩七十年』）としている。これに対して、『「文学界」とその時代・上』（笹淵友一著）では、「（星野は）『アレハ右カラ順ニ禿、秋、透、天、夕ノ五人ノ心像デ、藤村ト同人六名ダ』とも書いている。前者では藤村の自画像と見た五羅漢の一人は、後者では秋骨としているが、藤村の『文学界のこと』に照らしてみても勿論《もちろん》後者が正しい」とする。平田禿木は、「今となっては誰がどれだか一向にわからないが右上が自分で中下が透谷子であったかも知れない」（『文学界前後』）と述べている。これらから推察すると、藤村が描いた五百羅漢の絵は、右から禿木、透谷、秋骨、天知、夕影と思われる。

第五号から発行元も女学雑誌社から文学界雑誌社に変わった。そして第七号には、「文学は文学なり宗教は宗教なり『文学界』は文学に志ある者の集まりより成りたるものなり、必ずしも宗教家にあらざるなり、ましてや基督教徒と限らざるをや、基督主義と限らざるをや。『文学界』は文学界雑誌社より発兌するものなり、女学雑誌社より発兌《だ》するものに非らざるなり、社名異なれば主義亦《また》異なる。文学界雑誌社と女学雑誌社とは異なり」の社告を掲載し、キリスト教および女学雑誌社との別離を表明している。

『文学界』は、ロマンチックな小説や随筆、ロマンチシズムを論じた評論、ヨーロッパの詩や絵画の評論、日本の古典や漢詩などを中心に作品を掲載した。浪漫派文学運動に代表されるのが北村透谷である。そのため外部からは、『文学界』の中心は北村透谷と見られていた。しかし、実際には星野天知が経営、編集のすべてを取り仕切っていた。

『文学界』の同人については諸説ある。『「文学界」とその時代・上』には、「島崎藤村の『文学界のこと』によれば最初の同人は星野兄弟、禿木、秋骨、透谷と藤村の六人であり、孤蝶、（上田）敏が後に彼らの仲間入りをし、更

島崎藤村が同人を模して描いた五百羅漢
右から平田禿木、北村透谷、秋骨（上）、星野天知、星野夕影　　　（『文学界』第三号より）

に『文学界』に寄稿した主な人としては戸川残花、樋口一葉、大野洒竹、田山花袋、柳田國男、太田玉茗《ぎょくめい》があげられている。だが禿木、秋骨は一葉を同人の一人に数えている（『文学界前後』、『自画像』）。以上のように立場の違い―同人間の親疎―によって認識がちがったり、また同一人でも時によって説明が変わるということは一には厳密な同人規定がなかったと考えられる」としている。

藤村は、北村透谷を同人と思っていたようだが、北村透谷は自ら客員のほうがいいということで同人に入っていない。馬場孤蝶が同人に加わるのは、一八九三年八月に郷里高知から東京に帰った後のことである。

天知は、「吾等同人の縁で客員に集まった人々、即ち大野洒竹、上田敏、中川尚綱、馬場孤蝶、樋口一葉、戸川残花等の副同人」（『黙移七十年』）と記している。天知は、孤蝶を同人ではなく客員と見なしていたようである。それは天知と孤蝶は気が合わず、何度も衝突したことがあったためだろう。しかし、孤蝶が同人ということは、ほかの同人、客員らはみんな認めていた。

私は同人のうちに、親藩と外様とがあったと考えるのである。率直に言うが、藤村君、禿木君の如きは譜代の親藩で、透谷君の如きは、別に立派な一城を構えていた外様であったと考えられる。一葉さんも勿論《もちろん》外様であるし、孤蝶君も同様である。では何に対してそういう区別を立てるのかと言うと、それは黨首であった星野天知氏に対してである。自分のことはなるべく言わない事にするが私はまア外様と言えるが、外様というより陪臣《ばいしん》と言った方が、もっと適切かも知れない。『文学界』当時の私の進退は、いつも藤村君に従属していたので、私は藤村君の臣下即《すなわ》ち大御所に対しては、陪臣の関係にあったのだと思う。

―秋骨随筆集『自画像』「四十年前の『文学界』」

『文学界』同人

前列左から上田敏、星野天知、戸川秋骨、星野夕影。後列左から島崎藤村、馬場孤蝶、平田禿木。〈明治27年頃〉　（日本近代文学館提供）

「秋骨」筆名の由来

秋骨の『文学界』デビュー作「英国騒壇の女傑ジョージイリオットト」が、棲月の筆名で掲載されたのは、一八九三（明治二十六）年三月三十一日発行の第三号だった。ジョージ・エリオット（一八一九年―一八八〇年）は、イギリスのヴィクトリア朝を代表する女性作家で、本名はメアリー・アン・エヴァンスである。メアリーは男性名の「ジョージ・エリオット」をペンネームに用いた。この女性作家の半生を、主観をあまり入れることなく簡潔にまとめた伝記だった。

続いて、第四号に「花幻」という千字に満たない随筆を棲月の筆名で書いている。青年らしい幻想的な夢の話を軽いタッチで描いてあり、秋骨のエッセイストとしての将来を予告していた。

秋骨は、『文学界』初期は、棲月（築地に住んでいたことにちなむ）、鷗水、早川漁郎、かげろうなどの筆名を使っていた。一八九三年九月三十日発行の『文学界』第九号の「山家漫言」から「秋骨」の筆名を使い始めている。「秋骨」という雅号は、杜子美詩集にある杜甫《とほ》の詩「畫鶻行《がこっこう》」の中の「高堂見生鶻、颯爽動秋骨」という句から、藤村が「秋骨がよかろう」と言うので決まった。

星野の右腕として『文学界』の編集を担当し、執筆者の一人でもあった平田禿木は、『文学界』における秋骨についてこう述懐している。

「秋骨君とも、いつ初めて会ったのか覚えはないが、いつの間にか親しくなったのである。初めから如何《いか》にも地味で、老成で、どこまでも信頼できる、親しみ易い人のように思えた」（『文学界前後』）

透谷、藤村、孤蝶、禿木、上田敏ら感性豊かな若者がひしめく『文学界』同人、客員の中で、詩人的要素が一番少ない秋骨は、ひっそり目立たない地味な存在だった。

私はのんきで文章を書けば、雅号を署名しなければならない筈なのに、箱根の芦ノ湖のほとりにいて、『文学界』に掲載すべき一文を草したのだが、その署名をしなければならないというので、折りから持ち合わせていた杜子美の詩集の中を何か適当なものはないかと、島崎藤村君としきりに探した。というよりは島崎君に探してもらった。

――秋骨随筆集『食後の散歩』「雅号の由来」

民友社との論争

『文学界』と民友社の論争の発端となったのが、北村透谷と民友社の論客山路愛山《やまじあいざん》との論戦だった。『文学界』第二号に発表された透谷の「人生に相渉《あいわた》るとは何の謂《いい》ぞや」は、山路愛山の「頼襄《らいのぼる》を論ず」への反論として書かれたものだった。

論争の始まりは、愛山が『国民之友』に発表した頼山陽《らいさんよう》論だった。愛山はこの論文で、「文学は事業であるがゆえに尊い、頼山陽の文学に意味があるのは、それが事業として扱われているからである。人生に相渉ることもない、空の空な文学は事業とはいえない」と説いた。

透谷はそれに対して反撃の筆を執った。

「戦ふに剣を似てするあり、筆を似てするあり、筆を似てすると剣を似てすると戦ふに於いては相異なるところなし。(略)戦士陣に臨みて敵に勝ち、凱歌《がいか》を唱へて家に帰る時、朋友《ほうゆう》は祝して勝利と言ひ、批評家は評して事業といふ。事業は尊ぶべし、勝利は尊ぶべし。然れども高大なる戦士は斯くの如く勝利を携えて帰らざることもあり。彼の一生は勝利を目的として戦わず、別に大に企画するところあり。空を撃ち虚を狙ひ、空の空なる事業をなして、戦争の中途に何れへか去ることを常とするものあるなり」

透谷は、西行、シェークスピア、ワーズワース、馬琴《ばきん》など東西の名高い作家、すなわち大戦士たちは、直接の敵を目がけて戦場で戦ったのではない。空の空を撃って星まで達しようとしたのである、と対論を展開した。

これに対する愛山の攻撃の矛先が、透谷にとどまらず『文学界』の作品への批判に及んだことから、『文学界』同人たちを巻き込んだ。民友社首班の蘇峰まで、『文学界』を高踏派と名付け、それを不健全の毒素と非難した。蘇峰の愛山への掩護射撃も加わって、『文学界』対「民友社」の全面論争に発展した。

一も二もなく透谷の意見に賛同した秋骨は、『文学界』第五号の論文「俳人の性行を想ふ」で真っ向から愛山に対峙《たいじ》した。

「俳人の詩眼は同じく天地川を見たり、然れどもその眼光は高く其《そ》の想は深く、口を開けば天を語り宇宙万有を論ず、俳諧十論一篇を取りて彼らの持論を見よ。その整然たる其の深遠なる、時に矛盾せるが如《ごと》き節なきにあらざるも遠く歌人の及ばざる処、文は世化に風雅あるを云ひ、教は人化に勧懲あるを云えりと今の道徳論者赧然《たんぜん》（赤面する）たるなきか、理なき所に理をさばき神をもうらみ鬼をもなかせ云々と、今の実理論者恥づる所なきか、世間の理屈を離れて風雅の常道に遊ぶと云い、そも俳諧の徳とい云うは道理と理屈の二名より人理を捨てて天理に従うを云う」

愛山が和歌と俳句の欠点として、自然を歌うだけで人物を題目としたものが少ないことや厭世的としたことに対して、秋骨は、「俳人の眼光は高く其の思いは深く、口を開けば天を語り宇宙万有を談ず」と猛然と弁駁《べんばく》した。

自分に近い、宗教の立場にありながら、思想の問題を扱うに実利を第一義とした民友社一派の考えが透谷君にはいやであったであろう。さう、無宗教ならば始めから問題にならないのだが、なまじ宗教上の主張が異なるので、互いに鎬《しのぎ》を削るようになった耶蘇《やそ》新教と旧教との関係が其処《ここ》にあったのとも言えよう。どうも実利という事がいけない、という言葉が座談に度々くりかえされた。そういう考えが具体化して透谷君の『人生に相渉るとは何の謂ぞや』というすこぶる痛快な論文となって顕《あら》われたのである。そして民友社の代表として愛山君を眼のかたきとした。

―秋骨随筆集『文鳥』「至純狂熱の人北村透谷君」

『文学界』は、当時の文壇で絶大な勢力を持っていた尾崎紅葉の硯友《けんゆう》社に対しても愛欲描写の遊戯的文学として攻撃した。それは純文学と大衆文学の対立のようになり、両者の間に深い反目を生んだ。しかし硯友社と『文学界』を明確に区別するものは、『文学界』の同人らが脱しようとしていたキリスト教的精神だった。『文学界』の浪漫主義は十八世紀の西欧文学、主にイギリス文学に帰していた。そして同人らが情欲を超越した恋愛、プラトニック・ラブを描いたのも、キリスト教の影響だった。キリスト教から脱することを望みながら、キリスト教的精神に反する文学として硯友社を批判するのは矛盾があった。

一八八五（明治十八）年二月、尾崎紅葉、山田美妙《びみょう》、石橋思案らによって結成された硯友社は、同年五月に機関雑誌『我楽多文庫《がらくたぶんこ》』を発刊した。美妙の脱退後も、紅葉を中心として巌谷《いわや》小波《さざなみ》、川上眉山《びざん》、大橋乙羽《おとわ》らを加え、文壇に大きな勢力を形づくっていた。

『我楽多文庫』が廃刊した一八八九年十月には、森鷗外を主宰者として『しがらみ草紙《ぞうし》』が生まれた。

このときの出版費用は、鷗外が主宰する新声社の訳詩集「於母影《おもかげ》」を、『国民之友』に掲載したときの原稿料五十円があてられた。鷗外の評論や翻訳は、『しがらみ草紙』を舞台として行われ、幸田露伴や斎藤緑雨《りょくう》らが執筆していた。

一八九一年十月には、坪内逍遥を主幹とする『早稲田文学』が発刊された。逍遥はすでに『小説神髄』を出して、近代的写実主義を打ち出していた。『早稲田文学』創刊号で、いわゆる没理想主義の観点からシェークスピアを取り上げたことで逍遥と鷗外の間に「没理想論争」が始まった。

秋骨は、後にラジオ放送で当時の『文学界』とほかの文芸団体との論戦を振り返っている。

（同人は）いずれも一介の書生であったので、マア空威張り、空想のようなものに過ぎないのではございますが、誰にでも相手かまわず喧嘩を買ったのでございます。ところが誰を相手にしても少しも恐くなかったのです。と申すのは相手はみないずれも当時の大家ですから、その大家に負けたって決して恥ではありません。万一勝てれば儲けものですからずいぶん愉快なものでした。一番向うに回したのが民友社でした。徳富蘇峰氏の実利主義がいかぬといふので私共は真正面からそれに反対し、空理空論主義が第一だ、空理空論では甚《はなは》だしくおかしく聞こえますが、言い換えれば理想主義でなければならぬ。こういうので実利主義に衝突しました。

―ラジオ講演集「文学界当時のこと」（東京放送局・一九二六年七月）

藤村帰京に同人集合

藤村は関西漂白の旅の途中、高知の孤蝶を訪ねた。一八九三（明治二十六）年二月下旬、神戸から汽船に乗って高知に着くと、そのまま孤蝶の勤めている共立学校に向かった。学校に到着すると、藤村は一枚の名刺を校務員に差し出した。それには「古藤庵無声」と書かれていた。孤蝶は急な訪問者を新聞記者だと思って待たせていた。校務員が、「遠方から来た方のようです」というので急いで二階から降りていったら、藤村がキリッとした旅装束で待っていた。「なぜ、初めに本名を告げてくれなかったのか」と孤蝶が言うと、「君にはまだ僕の号を知らせてなかったかね、それはそれは」と藤村が答えたので、二人は顔を見合って大笑いになった。

藤村は『文学界』創刊号を孤蝶に見せながら、『文学界』のことや佐藤輔子との恋愛を熱っぽく語った。そして一週間ほど滞在した後、「『文学界』で一緒に文学をやろうではないか」と言い残して高知を発った。孤蝶は、藤村が置いていった『文学界』を何度も読み返し、文学への気持ちを抑えられなくなった。そして、じっとしていられない気持ちになり、高知の学校を辞め、この年の八月初めに東京に帰った。

ちょうどそのころ、漂白の旅に出ていた藤村からも東京に帰ることを告げる手紙が文学界雑誌社に届いた。このときのことが、平田禿木の『文学界前後』前編の「藤村君の帰京」に出ている。

「七月末であったか、藤村君もいよいよひとまづ帰るといふ知らせが、社から伝えられた。そこで、透谷君、秋骨君、自分の三人で、途中までこれを出迎えることになった。会合の場所は、東海道吉原の宿で、透谷君の叔父さんが其処《そこ》の区裁判所の判事をしているので、その人から裁判所前に宿を取っておいてもらったのである。自分は伊勢町の店で横浜の商館から貰ったフランス葡萄酒の一本を携えて出かけた」

禿木が集合場所の新橋駅に着くと、透谷はすでに来ていて、やがて秋骨も、透谷の奥さんからの届け物などを持ってやってきた。一八九三年七月二十四日、『文学界』の同人三人が藤村を迎えに喜々として、新橋駅から汽車に乗り込んだ。行き先は東海道の吉原（静岡県富士市）に近い鈴川の宿高砂屋だった。

それまで同人が寄っても、酒を飲んだことはなかった。藤村の歓迎会は、禿木が持っていった葡萄酒を飲みながら、互いに気焔《きえん》を挙げて、一別以来のことを語り合った。酔いが回るにしたがって余計に遠慮がなくなってきた。

同人らは、シェークスピアの戯曲をよく読み、話題にした。透谷は横浜のゲーテ座で観た「ハムレット」の舞台の話を始めた。観客は外国人ばかりだったが、その中に透谷のほかに日本人が二人いた。その一人は坪内逍遥だった。『書生気質』『細君』など書き上げた逍遥は劇作を始めようとしていた。

ゲーテ座の舞台を語るうちに、興奮してきた透谷はハムレットに扮した西洋人の役者を真似して、「何れを君が恋人と、わきて知るべきすべやある」とやりだした。盃の酒を一気に飲み干すと、「今度はオフェリアだ」と気勢を上げてよろよろ立ち上がり、オフェリア狂乱の場を宿の手ぬぐいを片手に踊り出した。透谷の「to be or not to be（生きるべきか、死ぬべきか）」の力のある声に何を感じてか、酒を飲めずにそれまで部屋の隅で足を投げ出して見物していた秋骨が、「尼寺へ行け、尼寺へ」と怒鳴り続けた。

翌日の朝、四人は箱根へ向けて吉原の宿を出た。夕暮れ近くに箱根に着くと、秋骨が親しくしている明治学院の外国人教師が散歩しているのにぱったり出会った。それから秋骨が知っている、湖畔の下宿屋のような家に着いた。前年七月に、箱根で開かれた第四回基督教夏期学校に藤村と一緒に参加したとき一夏を過ごした宿である。その晩は四人枕を並べて寝た。

翌日、透谷と禿木が東京に発つというので、昼前から酒を取り寄せてささやかな送別会を開いた。箱根の宿では、宗教の話にまで及んだ。

「市川（禿木）にしろ、菅（秋骨）にしろ、いずれも一度耶蘇《やそ》の教会に籍を置いて、しかもそれを出た浪人である。彼等は当時の所謂《いわゆる》宗教に失望した連中である」（『春』）

この文からすると、秋骨がいつ、どのような理由で棄教したかははっきりしないが、『文学界』の時代にキリスト教に失望したようだ。

翌日、透谷は旅装を整えて出発した。ここから一度東京に帰り、すぐまた東北地方へ出掛ける計画だった。透谷は東北伝道旅行の留守中に、普蓮士《フレンド》女学校の教え子富井まつ子が病死したことに深く心を痛める。そして九月には自分の精神に異常を感じるようになっていた。

私一個としては、キリスト教が一個の強みになったと思う。私のも北村氏のと同じように、又島崎氏のも左様であったと考えられるが、やがてその境地を卒業すべき運命を持っていたのである。ただ当時にあっては、それにより何事も新しい角度から見る事を得たのだと思う。

――秋骨随筆集『食後の散歩』「明治文学への考察」

秋骨の初恋

秋骨と藤村の二人は馬車で芦の湖畔に行き、元箱根の青木旅館に足を延ばした。旅館に着くと、二人は馬場孤蝶に元箱根で落ち合おうと葉書を出した。藤村を迎えに行くことを、東京に帰って来たばかりの孤蝶には知らせていなかったので、元箱根に呼び出す葉書だった。

葉書は藤村筆で、日付は一八九三年八月九日、青木旅館から出された。

此度は御上京の旨にて近々拝顔を見んとは近来の快事の御座候付ては御来駕《らいが》には少々無心有之候御都合にて巣林子世話物にても御懐中用意被下候様早速御返事迄

八月十五日の晴れた朝、馬場孤蝶は着替えと、秋骨と藤村から手紙で依頼された近松の世話物浄瑠璃、『俳諧寂栞《さびしおり》』、『巣林子《そうりんし》集』を包みにまとめ、肩にかついで東京を出た。

翌十六日、孤蝶は元箱根の青木旅館に着いた。そこには秋骨と藤村が待っていた。久しぶりに顔を合わせた秋骨、藤村、孤蝶の三人は抱き合わんばかりに喜び合った。孤蝶は、持参した世話物浄瑠璃を読み語り、それを聞いた秋骨と藤村は感激で涙を流した。

そのとき秋骨が一句詠んでいる。

憂き人の旅の心や芦のうみ

朝食ののち、秋骨は箱根駅まで行って菓子を買って来た。その菓子をつまみながら、三人は夢中で語り合った。翌日から雨が強く降りだし、湖面には深く霧が立ち込め、対岸の森さえ見えない日が続いた。

青木旅館を出た三人は新道を下りて、箱根塔の沢から千歳橋のほとりにある温泉宿鈴木旅館の二階に上った。部屋に案内されて浴衣に着替えたとき、生き返ったような心地がした。接客係は若くて、かわいらしかった。お千代とお玉という二人の娘が、茶を入れたり、料理を運んだり、かいがいしく世話をした。

秋骨は、その日はいつもより快活に見えた。食事中に暑苦しそうに団扇であおいでいると、千代という娘が、秋骨の後ろに回って時折涼しい風を送ってくれた。夕食を食べ終えた三人は手ぬぐいを提げて階段を下りた。湯船は石垣の間にあって、岩底から湧き出る温泉が溢れていた。湯船に浸かった秋骨は、静かに目を閉じて、客室係の千代の顔を思い浮かべていた。

翌朝、藤村は鎌倉へ去った。秋骨と孤蝶の二人は浴衣のまま、停留場まで藤村を見送りに行った。次の日早く、孤蝶も東京へ発った。一人になった秋骨は鈴木旅館を出て、元箱根の宿に引き返した。その夜、秋骨は一晩中眠らずに千代のことを思い続けた。あくる日の夜も、その次の夜も必ず千代のことを思い出すようになった。秋骨の心に不思議な変化が起こっていた。

夏が終わり、東京に帰った秋骨は「山家漫言」を一気に書き上げ、九月三十日発行の『文学界』第九号に寄稿した。その中で、千代への一途《いちず》の情熱と、物質や世俗を超越する恋愛に対する理想の思いをぶつけた。

「恋人の互いに慕うや実に盲なり、哲学はここに入る能《あた》はず、宗教も之を制する能はず、人ありて之を観ればはなはだ愚なるごとしといえども而《しか》も彼らは遂にその愚なるを知らず、彼らは互いにその才能を慕うにあらず、その容貌を好むにあらず、その名誉を思うにあらず、言うべからず説くべからずして、互いに信じ互いに許す、これ豈《あ》に人間界の一大神秘ならずや」

それまで同人中で一番詩人的素質が少なく、その代わり、哲学者的なところがある、と思われていた秋骨が激しく燃えるような恋をうたう詩人となり、同人仲間たちを驚かせた。

孤蝶は秋骨と塔の沢を訪ねる二年ほど前、親類の病気療養にお伴して鈴木旅館に宿泊したことがあった。親類の見舞客を孤蝶が鉄道馬車の駅まで送っていくとき、その案内をしたのが、鈴木旅館に奉公にきたばかりの少女、名前は千代だった。

孤蝶はそのときの千代のことを思い出している。

「その時分は湯本国府津間には鉄道馬車が通じているのみであった。そういう時は、何時も宿の女中の十六位《ぐらい》なのが、一緒に客を送って行くのであった。それは背の伸びやかな、面長の、色の白い、口数をきかぬ、地を如何《いか》にも軽く踏んで行くような歩き方の娘であった。この娘が明治二十六年の夏、『春』の中で菅時三郎（秋骨）の恋したお君という娘である。実の名はお千代である」

孤蝶を停留所まで案内した娘千代がそれから二年後、野に咲く可憐な花のように美しく成長し、秋骨は一目で恋に落ちた。

藤村の『春』に、恋する秋骨の切ない思いが描写されている。菅は秋骨のことで、塔の沢、お君とあるのは、秋骨が恋した千代のことである。

「にわかに彼は活気を帯びた。あだかも長い冬の間、地に下に隠れていた草のように、彼の内部《なか》にあるものは総《すべ》て一時《いちどき》に芽を出し始めた。新しい世界は彼の眼前《めのまえ》に展《ひらけ》てきた。彼は事毎《ことごと》に驚異《おどろき》の眼を瞠《みは》った。そうして、物の奥底に隠れた深い意味を考えるようになった。夕方に湖水の上を飛ぶ蛍は、よく彼の部屋の内《なか》までも迷って来た。あの英吉利《イギリス》の湖畔詩人（ワーズワースのこと）が寂しい山家の娘の歌―丁度、その中に、彼は自分を見出した。懊悩《おうのう》のあまり、彼は様々な感想を書いて夏の夜を送った。それから先ず足立（孤蝶）へ宛てて長い手紙を認《したた》めた。やがて、彼も山を下りた」

結婚を急ぐ秋骨

孤蝶は、秋骨と千代の恋愛を題材にした小説「流水日記」を、『文学界』に一八九四（明治二十七）年三月（第十五号）から六月（第十八号）までの四回、そして八月（第二十号）に最終回を発表した。『文学界』第十六号（一八九四年四月三十日）の「流水日記（二）」は、秋骨からの手紙を孤蝶が受け取ったところから始まる。

「これは彼が初恋なり、彼が恋を知りしは昨日今日なり。彼は謹厳《きんげん》の人、みだりに心を動かすものにあらず。されど深く彼が胸元を射抜きぬ。彼はほとんど物狂わしきまでに、思い乱れぬ、彼はほとんど世をも忘れむとせり、父母をも忘れむとせり」

そのころ秋骨は祖母の下宿屋を出て、下谷池ノ端（現台東区）に部屋を借りて移っていた。激しい論調の「山家漫言」を『文学界』で発表した後、秋骨は下宿にこもるようになり姿を見せなくなった。孤蝶は引きこもる秋骨のことを心配して、日本中学校の勤めが終わると毎日のように秋骨の下宿を訪ねた。秋骨は訪ねて来た孤蝶に千代の気持ちを確かめてほしいと懇願するようになり、孤蝶は箱根塔の沢に向かった。

千代の奉公先である鈴木旅館に着いた孤蝶は、その夜千代を部屋に呼んで話をした。「流水日記（二）」にそのときのことが記されている。

「誰か君をば都に連れて行かむという人あらば、行き給うべきやと言えば、妾《わたし》一人の心にまかせずと答う。おん身もし都に行く心あらば、そのてだてはなきに非ざるべしと言えば、いかに聞きけむ、少女は満面に紅を帯びて、うつむきぬ」

翌日、孤蝶は宿の女将に、千代の生まれについて尋ねた。千代の実家は近くの漁村にあり、十五の時から奉公に来ているという。鈴木旅館の主人善左衛門は、千代の親のことは、よく知っているので、「親元の方は如何にともなるべし」という返答だった。

秋骨は塔の沢から帰った孤蝶の話を聞くと、少し心の落ち着きを取り戻した。そして、今度は藤村を引っ張って、千代の実家を探りに行った。千代の実家は小田原の一つ先の早川村の中ほどの右側にある普通の農家だった。秋骨は、正式に晩酌人を立てて話を持ち込めば万事すらすらと行くに違いないと思った。

結婚を急ぐ秋骨は、嫁入り前の千代の教育をどうしようかと考えた。さしあたり透谷の家に置いてもらって、透谷の妻ミナに家のことを教えてもらうことにした。その上で千代と家庭を持つ計画だった。

秋骨が、透谷夫婦に千代のことを頼みに行ったときのことが『春』に出てくる。

「足立（孤蝶）を後援者《うしろだて》とした事件の成行《なりゆき》も彼には甚《はなは》だ有望らしく見えた。（中略）岸本（藤村）は菅（秋骨）と自分とを比較《ひきくら》べた。結婚―若い時代には胸の躍るような問題―そこまで運ぼうとする菅の遣《や》り口を考えて、はるかに友達の方が自分より実際に近い道を歩いている、こう反省して見た。どうして友達は女を食わせるだろう、こんなことも想像して見た」

孤蝶は「流水日記」の中で、千代との結婚を真剣に考え、積極的に動いている秋骨が、これからの困難を乗り越えてほしいとエールを送っている。

「彼の恋は初めは頗《すこぶ》る架空的なりしも、今はいたく実体的となりぬ。彼はいまひたすら、その実物を確かめむとす、我は始めより野花を庭へ移し植えゆる事を、絶対的に賞賛するにあらねど、彼の少女の性格に流るるごとき温情の籠《こも》る事と、その動作の如何《いか》にも快活にして、楽しげなるを知れば、友にしてかくまで熱中して、かの少女のためには万難をも辞せざる決意あれば、後来多少の困難は、友が誠意の前に消滅すべし」

年が明け、『文学界』第十三号（一八九四年一月三十日）に秋骨の「変調論」が載った。

「世は決して永くこの縄墨《じょうぼく》と秩序とに縛せらるるものにあらざるなり、何となれば生命はここにあり、精気ここに宿ればなり、この生命は活動せり、たえず理想に向かって進めり（略）人間の真価はその生命の活動にあり、かの縄墨と秩序とに在るにあらざるなり」

たとえ一時的に狂乱と言われようとも不健全と評価されようとも、それを恐れてはいけない、生命の真奥を知るためには、むしろそれは必須の過程である、と論じている。秋骨の千代への真剣な思いと必ず恋を成就するという強い決意が見える。透谷も縄墨という言葉をしばしば使っている。このころの秋骨が、透谷の影響を強く受けていることが分かる。

結婚反対の玉子

一八九四（明治二十七）年一月十日、秋骨に頼まれた孤蝶は、二人の結婚の許しを得るために、秋骨の母親代わりである叔母横井玉子に会いに行った。

このときのことが「流水日記（三）」、「流水日記（四）」に詳細に描かれている。ここでは、叔母が姉になっている。秋骨の恋のために横井玉子と会見した顛末を描いた場面は、『文学界』の仲間みんなが額を合わせて読んだ。

「睦月十日、我は友の姉（叔母玉子）に逢ひぬ。かの君（玉子）はさすがに世の鹹味《かんみ》を嘗《な》め給いし人なれば、いと深き思いやりもありてその語らう所も頗《すこぶ》る実着なり。されどまだ何処《どこ》かに、儒教的の思想あれば、恋という事の真《まこと》の味をば解し給わぬさまなり。我はさまざまに友の為に弁じぬ。姉君はひたすらに驚きてい給いしが、ようやくに友の衷情《あいじょう》をば酌み取り給いけむ。かの少女をばとにかく見むと言い給いぬ」

玉子は、秋骨から千代とのことについて簡単な説明しか受けておらず、このとき初めて詳しい事情を聞かされてただ驚くばかりだった。とにかく千代に一度会ってみようということになった。

同月二十七日、千代を玉子に引き合わせる日が来た。千代は髪を美しく取り上げ、服も新しそうなものを身につけていた。

「姉刀自《とじ》は来り給いぬ。君という少女も来りつ、今日は髪も美しく取り上げ、衣も新しくいと見よげなるを付けたれば、いとうちまさりて見ゆ、かかる折りにこそ、友のあらば、と思う甲斐なし、我は只何となくをかしき思いに堪えねば、シェレーが詩集を懐にして独り海辺に出でぬ」

宿の部屋で玉子と千代は二人だけで会った。その後、玉子は千代の実家を見るために早川の漁村まで足を運んだ。二十九日、孤蝶は玉子を再び訪ねた。

玉子は、「千代という少女をここに迎えることはできません」ときっぱり言った。そして、孤蝶に言い聞かせるように、静かに秋骨の家の事情や、秋骨の責任などを、いと細やかに語った。孤蝶は、秋骨の純粋な真情を言葉の限りを尽くして話したが、玉子の気持ちは変わらなかった。

孤蝶はそれを報告するために秋骨を訪ねた。秋骨は風邪気味で薄暗い部屋で寝ていた。顔色は青白く、弱々しく元気がなかった。孤蝶は、玉子に結婚の許しをもらえなかったことを告げた。

「我は弱る心に一鞭《ひとむち》を加え、涙をのんで、彼の恋の望みなきを語りぬ。見る見る、血の気少なき彼が面《おもて》は机の上に沈みつ、いとかすかなる声して『しかり、我には世に住み侘《わび》たる老親あり、幼き弟もあるなり、我は幼時より親戚の情けの露の恵みに、人となりぬ…ああ、あわれ、この恋も葬らではかなわぬか、さるにても我この胸に燃える活火は、程もあらせで消ゆるものなりと、姉君（叔母）の思し給うは怨みならずや』と頭を挙げて、我が顔を凝視することしばしなり」

この失恋を境にして、秋骨の思想に激変が起きた。今まで哲学者のように沈着で、地味ですべてが穏健なものに包まれていた秋骨が、理性より狂乱を生命の常とし、静かさやのどかさよりも、激しさ、厳しさのほうに傾き、恋愛を理解しない者を容赦なく断罪するようになった。『文学界』第十四号（一八九四年二月二十八日）に寄せた「活動論」の中で、恋愛至上主義を率直に表白した。

「恋を軽んずべからず、容易に考ふべからず、恋を無するものは人の本素を無するものなり、人の本素を無するものは人生を無するものなり、人生を無するものは、宇宙の生命天地の神を無するものなり、恋を無して人生を論ずるは難し、吾人は恋を知らざる無情漢と伍（同等の位置に身を置く）するを恥づ、吾人は斯くの如き人に対し最後まで罵倒するの止むを得ざるを覚ゆるなり」

従軍記者志願

一八九三（明治二十六）年九月、秋骨は明治女学校の教壇に立ち、英語と英文学初歩を教えていた。透谷が精神に異常をきたし、学校を休みがちになったため、その代わりだった。

透谷はこの年の暮れも押し詰まった十二月二十八日に自宅の煙草屋の二階で自殺を謀《はか》った。妻のミナは万一を考え、包丁、剃刀、小刀など刃物類は一切隠していた。用心していたにもかかわらず、夜の十一時頃、物干し台の方から異様な悲鳴が起こった。ミナがそれを聞きつけて階段を駆け上った。見ると、透谷が右手に短刀を握ったまま倒れていた。手元が狂ったため、喉の傷口は急所を外《そ》れていた。医者が呼ばれ、弟の垣穂に抱えられて病院に運ばれた。秋骨が見舞いに行ったとき、透谷は天井を見上げてぼんやりしていた。喉に厚く巻き付けられた包帯の白さがひどく感傷的だった。興奮させてはと秋骨は早々と辞した。

一八九四年三月、秋骨は藤村と共に明治女学校の卒業式に出席した。透谷の顔はなかった。そこへ開会を知らせる鐘の音が聞こえてきた。会場は日本式の大広間だった。秋骨は前の教員席に座り、藤村はうしろの壁に近い席を取った。そのとき前の方にいた秋骨の様子を、藤村が『春』に書いている。

「菅（秋骨）は何か思い出したという風で、考え深く眺め入っていた。恐らく、こうして多勢（女生徒）が集まっていても、箱根（千代）に勝るほどの人は見当たらないのであろう」

藤村は、千代のことを忘れられない秋骨のことを心配していた。

それから半年ほどたった九月、秋骨と藤村は二人連れ立って、帝国大学に近い本郷龍岡町に父母と共に住んでいた孤蝶を訪ねた。用件は、千代への贈物を孤蝶に託しに来たのだった。

朝顔が見える縁側があり、さっぱりとした浴衣を着た孤蝶が二人を迎えた。地味な絣《かすり》を着た秋骨が、玉子には内緒で千代のため誂《あつら》えた友禅の帯地を広げて、「君はどれがいい」と孤蝶に選ばせた。一緒にいた藤村は、「秋骨の情けは清くまた哀れである」と思いながら、それを見ていた。

その年の十二月十二日昼前、孤蝶を訪ねた秋骨は、「万朝報《よろずちょうほう》社から従軍の口がいろいろありそうだ」と伝えた。一八九四年八月に日清戦争が始まると、各新聞社は競って、戦地や広島の大本営に特派員を送った。大分での教師生活に見切りをつけて上京し、「国民之友」に入社したばかりの国木田独歩も

『国民新聞』の海軍従軍記者として戦地に派遣された。軍艦千代田の艦上から弟の収二に宛てて戦況を知らせる形式で書かれた「愛弟通信」は、その斬新なスタイルが評判を呼んだ。独歩は戦地に行って目立つ記事を書いて、ジャーナリストとしての地位と名声を得ようとして従軍記者になったのだが、秋骨の従軍記者志願はそうではなかった。

孤蝶を訪ねた数日後、秋骨は藤村にも従軍記者の件を打ち明けた。『春』にそのときのことが描かれている。

「君（藤村）にはまだは話さなかったね」と菅（秋骨）は友達の顔を熟視《みまも》りながら、「ひょっとすると、僕は戦地へ行っちまうかもしれないよ」

こういう菅（秋骨）の眼には不思議な輝きがあった。彼はある新聞社の知己を通して、通信員として出掛けたいと思い立った。この友達の急遽《にわか》な思い立ちが岸本（藤村）の胸を打った。

「菅（秋骨）君は戦地へ行って、もう帰って来ないつもりじゃないか」

こんな風に思われる。（中略）家の方の故障で、事は破れても、足立（孤蝶）に託してああいう物を贈ろうとする菅（秋骨）の情けは清く又哀れである。まだそれは足立（孤蝶）の家の庭の朝顔が盛んに咲いていた頃のことである。

こう岸本（藤村）は思い浮かべた。

歩き歩き友達のことを考えたが、あの切ない思いと、従軍の志望とを別々に離して考えることは出来なかった。

失恋の辛さから戦地に赴こうとする秋骨の心情を察して心配する藤村だった。しかし、従軍記者として戦地に行きたいと言っていた秋骨の希望は、新聞社との話がまとまる頃には、世の中が平和になっていたため達せられなかった。

秋骨は晩年になり、このときの千代との恋愛について振り返っている。

ゲーテの『ウェルテル』に沈溺《ちんでき》し、一にも恋、二にも恋、恋でなくては夜が明けない、といった具合にそれに憧憬して、果ては人為的技巧的に、各個（『文学界』同人）がそのあこがれの対象をこしらえるといった騒ぎを演じたのである。私一個としては藤村君の『春』にあるような真似をして、それをゲーテの小詩に疑し、この小詩を暗唱などして喜んでいたのであった。今から考えると歯がうく様な話で、また自然をはずれていたとも考えられるが、当時はそれでも真剣であった。当時、ずいぶん先覚の人や智能ある人から笑われもしたのであるが、私は今なおよし間違っていても自分たちの真剣に考えた事の方が正しかったと考えているのである。

――『プルンネル』（一九三六年六月）

北村透谷の死

一八九四（明治二十七）年五月十六日午後、池の端の秋骨の下宿に藤村が訪ねてきた。秋骨の下宿には平田禿木が移って来ていたので、禿木と第一高等中学校で知り合った上田敏もよく遊びに来ていたし、孤蝶もちょくちょく顔を出していた。『文学界』の仲間たちの溜まり場になっていたのだが、この日は秋骨一人だった。

そのとき、北村透谷の妻ミナから一枚の葉書が届いた。

透谷こと昨夜死去つかまつり侯、とりいそぎおしらせまで申入侯。
何卒皆様へもお伝へ下されたく侯
十六日朝
北村ミナ

透谷が自ら生命を絶った、二人にはすぐ分かった。秋骨と藤村は長い間首をうなだれていた。

透谷は、その日の夜明け、自宅の庭で首をつった。翌十七日、自宅でキリスト教式の葬儀が行われ、芝白金の瑞聖寺に葬られた。星野天知だけは東北地方に旅行中だったため来られなかったが、『文学界』の仲間はみな集まった。明治女学校は巌本善治をはじめ、透谷に習った女学生たちも来ていた。徳富蘇峰や山路愛山らの顔もあった。孤独だった透谷だったが、葬儀は非常ににぎやかだった。讃美歌が歌われるころには、狭い式場に入り切れない参列者が外にあふれていた。

『文学界』第十七号（一八九四年五月三十日）は透谷の追悼号だった。禿木は「蝉羽子《せんうし》を吊《とむら》ふ」の一文を寄せた。蝉羽子は透谷の筆名である。戸川残花は「北村透谷を悼みて」と題した詩を書いた。「悪夢」と題された透谷の戯曲（創作猿楽）も掲載された。「悪夢」は、秋骨と藤村が透谷の死後、残された夫人ミナを心配し透谷の実家を訪れたとき、透谷が生前に書いた多数の原稿を見つけた中の一篇だった。ミナは透谷が書き損じた、小説、戯曲、論文などの原稿を大切に保管していた。その中に戯曲「五縁十夢」の十余篇あり、「悪夢」はそのうちの一篇だった。

六月四日、透谷の三周忌日にあたり、九段坂下玉川堂で追悼会が行われた。家族や『文学界』同人をはじめ。当時の名の通った文壇人ら多数出席した。『文学界』第十八号の「時文」（編集後記）に追悼会の記事が出ている。記事を書いたのは秋骨と思われる。

「透谷子追悼会　六月四日その三周忌日にあたるをもて、亡友透谷子のために追悼の会を営む。戸川残花、内田不知庵、巖本善治の諸氏これが発起にて、会するもの族子知友を始めとし、文壇知名の士亦《また》少なからず。（中略）植村謙堂（正久）氏得としてその粗野の辯《べん》を揮《ふる》い、坪内逍遥氏、森田思軒氏と相対して例の夢幻劇の談をこゝろみ、民友社の愛山、竹越などの諸氏もこれに加わりて近松、黙阿弥の名をよびしなど、透谷の霊もこれを見ては、ひそかに微笑したるならむ」

『文学界』第二十号（一八九四年八月三十日）に、秋骨は透谷の「悪夢」に呼応して創作「迷夢」を鷗水の筆名で発表している。

「われも亦《また》学の道に入りては成らず、職業に就きては遂げず、われもまた学の道に入りてよりこゝに幾年、未だに身を立てん事もかなわず、人に用いられんも望みなく、父母を養う事もならず、只《ただ》地を這う虫の様にて過ぎ行くなり、世に罪つくるは彼の某のみかはなとさまぐ〳〵の思いにかき乱され、窓押し開けて庭の面を眺めれば、さし出てたる合歓《ねむ》の木もあわれに、月の清うかゝれるわれを笑うに似たり」

秋骨は生活苦に悩む透谷が、若者を自宅に住まわせて面倒を見ているのを見て、そのような透谷に感心するとともに、若者と同じように社会的にも経済的にも自立できない自分自身をその若者に重ねていた。

秋骨がいつまでも親戚の庇護のもとにいることに苦しんでいるとき、硯友社を率いていた尾崎紅葉が秋骨に近づいてきた。当時、硯友社には小説家はいたけれども、評論家がいなかった。そのため紅葉は、『文学界』に評論を書いていた秋骨を味方にしようとしていた。

秋骨は紅葉から神楽坂の西洋料理店に二、三度食事に呼ばれた。その席には硯友社の廣津柳浪《りゅうろう》と川上眉山、そして早稲田文学の後藤宙外《ちゅうがい》もいた。その結果、秋骨は読売新聞の月曜付録に執筆することになった。しかし、やがてそれは断られた。そのときの秋骨の首切り役は、当時読売新聞編集局長の上司《かみつかさ》小剣《しょうけん》だった。

そうこうしている内に、北村氏がなくなって民友社との闘いはやみ、一番弱くて主張の少ない私が捕虜のかたちで、紅葉山人に近づき、何時とはなしに早稲田とも接して来て、坪内氏にも敬意を表し出し、平凡な一派となってしまったのだが、私共の間には、島崎氏を外にして、小説家は一人もいなかったので（一葉さんだけは別として）文壇の主流からは、遠ざかってしまったわけである。

——秋骨随筆集『食後の散歩』「明治文学への考察」

洒竹、『文学界』に

一八九四（明治二十七）年十月七日、向島の有馬温泉で『文学界』同人の懇親会が初めて催された。星野天知、星野夕影、平田禿木、島村藤村、戸川秋骨、馬場孤蝶、上田敏の文学界メンバーの中に、秋骨の従弟大野洒竹《しゃちく》がいた。洒竹はこのとき初めて正式に『文学界』の仲間入りをした。洒竹は、すでに『文学界』第十四号（一八九四年二月二十八日）に「北枝発句集」の批評をすでに書いていたが、主宰の星野天知と会うのは初めてだったので洋服を着て出席した。

それを見つけた孤蝶が、「洋服を着て来たから、どこのドクトルかと思ったら君か」と大声で叫んだ。その声に、洒竹は肥満の身体を小さく縮めた。この年、洒竹は東京帝国大学医科大学に進学し、皮膚病学・泌尿器病学を専攻していた。

星野天知がそのときの洒竹の印象を話している。

「豪快で面白い男で俳諧など思いもよらぬところだが、とにかく句は磊落《らいらく》なるがよしという蕪村宗で、久しく破れ障子を繕はぬが可笑《おかし》とて通行人の笑い物となったのは『風流は障子の紙の破れより』と貼出せしに皆沈黙したという。それは医学生洒竹という男なりと聞いた。これが（『文学界』）入社の紹介であった。この人あって初めて我が社中に俳味を加えたのである」（星野天知『黙歩七十年』）

洒竹は、藤村の『春』に、栗田という仮名で登場する。

「栗田（洒竹）という菅（秋骨）の従兄弟も時々やって来た。そうしてこの部屋（池の端の秋骨の下宿）で蕪村の俳句などを吟じて聞かせた。従兄弟同志とは言いながら、余程菅（秋骨）とは肌合いの違った人で、磊落な、面白い調子の青年であった。随分冗談を言って連中の談話《はなし》を雑《ま》ぜ返しもした。この人が一句吟じて聞かせた後では、丁度舌打ちしてウマい物でも味わった後のように、まだそのウマミが口に残るという風に見えた。『春の海ひねもすのたりのたりかな』などとやったものである」

秋骨と洒竹は外見も性格も対照的だった。秋骨は痩せていて内気でおとなしく、洒竹は太っていて明るく社交的だった。洒竹と性格が違っていたのは秋骨ばかりでなく、キリスト教と浪漫主義の影響を受けた同人らも同様だった。

翌一八九五年四月十四日、寝坊して遅れた禿木を除く『文学界』のメンバーが桜の名所、多摩地域の小金井に花見に行ったときも洒竹は参加した。天知をはじめとする洒竹、秋骨、孤蝶、藤村、夕影、上田敏の七人だった。一行が国分寺で下車したときは大降りの雨だったので茶屋の二階に上がり宴会が始まった。このとき洒竹が百面相で皆を抱腹絶倒させた。

その後、天候が回復したので、ぬかるみを歩き満開の桜を見物した。桜花爛漫《おうからんまん》のなか、ぽっちゃりした娘が、こうもり傘で顔を隠して歩いているのを見つけて、酒の酔いも手伝って、みんなで冷やかして無邪気に喜んだりした。

一行は午後四時ごろ境発の汽車で東京へ引っ返し、孤蝶が洒竹、天知、夕影、藤村を引き連れて本郷の寄席「若竹」で、小清の玉三を聞いた。そこで雨になったので藪蕎麦《やぶそば》で酒になり、興じて運座を開いた。

行く水や何にながるらむ山ざくら　洒竹
花の山何に水車急ぐ春　同
峰幾つ越へて行らむ春の雲　藤村
雪の峰秩父をぬいてぬッと高し　孤蝶
蝙蝠をのぞいて通る（洒竹）色目かな（孤蝶）
前見てびッくり（洒竹）腰抜かしけり（孤蝶）

これらがそのときの一連の作品で、終わりの二歌は花見で見かけた娘を題材に洒竹と孤蝶でかけあった連歌である。

洒竹のおいたち

大野洒竹は明治五年十一月十九日（一八七二年十二月十九日）、秋骨と同じ玉名市岩崎原の高瀬藩屋敷で生まれた。本名は豊太。一八七六（明治九）年五月、秋骨家より半年ほど早く一家で上京し、芝区備前町に住まいを定めた。そこは火災に遭い、その後大野家は転々とした。一八八六年に京橋区山城町に落ち着き、父大野東は大蔵省印刷局や東京統計協会に勤め一家の生計を立てた。

酒竹は、一八七九年に東京師範学校付属小学校に入学し、のち下谷忍岡小学校に転校し同校を卒業した。『近代文学研究叢書第十四巻』に酒竹の小学校時代のエピソードが紹介されている。

「豊太（酒竹）は幼いときから利発で神童と言われた。いつも優等生であったが特に綴方を得意とした。文学的才能はこの頃から芽生えて『初雪や降ってくれてありがたう』と、俳句に早くから興味を持っていた。スポーツにも秀でていた上に負けじ魂が強かった」

小学校卒業後は独逸《ドイツ》学校に入学した。一八七八年に本郷台町に開校した私学の学校で、東京大学医学部を目指す生徒が集っていた。選科に独逸学、数学、漢文学があり、酒竹はいずれも抜群の成績で、夜は東京物理学校に通った。一八八七年頃からは、旧派の宗匠で居酒屋を営んでいた呉山堂玉成《ござんどうたまなり》に師事して俳諧を学び始めた。

一八八八年には秋骨と一緒に第一高等中学校を受験したが二人とも失敗した。翌一八八九年、酒竹は再び第一高等中学校に挑戦し合格した。ドイツ語が堪能な上に記憶力がよく抜きん出ていた。同級生に正岡子規がおり、根岸庵の句会に招かれては俳論を闘わせた。このころから俳書の蒐集に没頭して神田の古本屋を漁《あさ》り回るようになった。

一八九一年七月九日、父東が死去する。父亡き後は生活が困難になった。母武は和歌の才を高崎正風に認められて北白川宮家に出仕し、老女大野松岡の名を賜り、能久、成久、永久親王三代に尽くした。長姉喜久は東京女子高等師範学校を卒業後、久留米師範学校、宇都宮女子師範学校の舎監となり、母と共に家計を支えた。後に喜久は、日本の初代東京天文台長で、理学博士寺尾寿の後妻となる。次姉小春は帝国大学文科大学教授で倫理学者の中島力造に嫁いだ。

洒竹の結婚と医業繁盛

一九〇一（明治三十四）年十一月、洒竹は、ヘボンより処方を伝授された日本初の洋式目薬「精錡水」を販売する楽善堂を銀座で営んでいた岸田吟香《ぎんこう》の三女福と結婚した。福は銀座小町と呼ばれるほどの美人だった。二人の情熱は叔母横井玉子の口添えで結婚の運びとなった。翌一九〇二年、長男勇太郎が生まれた。ぜい沢な福は毎日の昼食に風月堂の西洋料理をとるといった風で家庭的ではなかった。派手好きで、子どもが生まれると乳母に任せて自分は着飾っていた。

結婚後、句作は少なくなったが、その分俳書蒐集はいよいよ盛んになった。俳諧の方に熱中していたため、大学のほうは余計にかかり一九〇三年に卒業し、皮膚科教室の土肥慶蔵博士の副手となった。「これからは医業を専《もっぱ》らにする」と友人に洩らしていたが、好きな道はやめられず、『文学界』に「檀林風連句註釈」、中学世界に「俳句評釈」を執筆するなど俳諧の情熱はとどまらなかった。同年八月には筑波会創立十周年記念の俳諧講演会が神田開成学館で開催され、「俳諧史」を講演している。

一九〇四年、京橋区南鍋町に小さな医院を開業。同年八月、長女和子が生まれた。一九〇七年には京橋区木挽町に皮膚泌尿器科の大野医院を開いた。生殖器機能障害治療の名医と評判になり、連日患者が押し掛けて道路にまであふれた。翌年には二男恂次が誕生した。

一九〇九（明治四十二）年十二月、肺炎のため自宅で倒れ、鎌倉や修善寺で療養した。一九一〇年五月、肺炎が快癒したので診察を始めたが大事をとって鵠沼村（現神奈川県藤沢市）に静養する。翌年一月、鎌倉に居を定め、二月、三男賢三が生まれた。その後、肺炎が全快したので、鎌倉から東京の大野医院に通勤した。

一九一三（大正二）年十月十二日、三度目の発病に妻福、長姉喜久の看病のかいもなく、鎌倉の自宅で亡くなった。秋骨は、悔みに駆け付けた星野天知と玄関先でばったりと顔を合わせた。秋骨にとって、このときが天知と会った最後だった。洒竹の葬儀は十五日午後一時、青山斎場で行われた。

妻福は洒竹の死後は、義母武と折り合いが悪く四人の子どもを残して家を出た。一九一五年に某文士と再婚したが間もなく亡くなった。

俳書蒐集と待合通い

洒竹は俳書を手に入れるためには時間とお金を惜しまなかった。神田沖町で毎月二回開かれていた青柳珍俳書会には毎回必ず出掛けた。『蕪村句集』を手に入れたとき、「天下の俳書は我が手に帰せり」と誇ったという。ほしい俳書を見つけると金に糸目をつけないで買い求めたので、収蔵場所に窮して北白川宮家と次姉小春の嫁ぎ先中島力造宅に分けて預けていた。荻窪に四百坪ばかりの土地を求めて洒竹文庫の方針を定め、同文庫から俳諧の研究論文などを出版する計画だった。しかし病気再発により洒竹文庫の建設は実現しなかった。洒竹亡き後、俳書約四千冊が「洒竹文庫」として東京大学文学研究所に寄贈された。しかし一九二三年の関東大震災のとき約千冊が焼失し、残りの約三千冊が同大総合図書館に収蔵された。

俳書蒐集と同じぐらい洒竹が熱心に通ったのが待合だった。明治半ばころから、赤坂や新橋を中心に芸者を呼んで飲食させる待合（待合茶屋）が流行した。客の宿泊用に寝具を備えた部屋があり、そこで芸者と一夜を過ごす客もいた。一九〇二（明治三十五）年には東京に五百を超える待合があり、政治家や実業家が出入りするような格式の高い店もあった。秋骨と違って酒が好きで豪放な洒竹の待合通いは有名だった。

洒竹が鎌倉で療養していたとき、見舞いに行った星野天知が洒竹本人から聞いた話として紹介している。

「別れて（『文学界』が廃刊になり）十カ年、その間よく働いて三万円稼いだ。生活と珍本拾集に二万、後は酒と女だ。それで首が回らぬどころか、右へ右へと回る病気で死に損ねた。これはよく遊んだお土産だが、その遊び方も堂々たるものだ。おおよそ乗馬で待合通いをする者は及公ひとりだろうと思ったら、まだひとりいて大いに張り合ったものだ。その男は後藤新平だった」（『黙歩七十年』）

秋骨も洒竹に待合に連れていかれたことがある。

私用で従弟を病院に訪ねた。既に夕方に近かったので従弟は食事をしようと言って私を連れだした。私の待合の門に足を入れたのはこれが始めてである。芸者が現れると私はいよ〳〵恐縮して益々固くなってしまう。従弟は非常に陽気で元気で盛んなものであるが、私はすこぶる真面目でシリアスである。甲の芸者が私の方へよって来たので、私は少し身《からだ》を退けたら、アラいやだ。この方は私がそばへ行ったらお逃げなさるのよと言う。私はまるで人質に取られたようにして席に座っていた。おそらく教会に行く方が待合へ行くよりは気楽であろう。待合は誘惑の場所である悪の巷《ちまた》であると言う、果たしてそうならば、法教の道へ行くよりは悪の道へ行く方が余程むずかしい。

――秋骨随筆集『楽天地獄』「郊外日記」

第五章　樋口一葉と『文学界』

初対面の冷語に感動

秋骨が初めて『文学界』に書いた伝記「英国騒壇の女傑ジョージイリオット」が、一八九三（明治二十六）年三月三十一日発行の同誌第三号に掲載されたとき、樋口一葉も「雪の日」という短編小説を初めて寄稿していた。しかし、二人は一度も顔を合わせたことはなかった。

一八八九年七月に父樋口則義が亡くなり、一葉は戸主として樋口家を一人で背負っていくことになった。父の遺した多額の借金と、母多喜と妹邦子と暮らす女三人の生活費が、十七歳の一葉に重くのしかかった。母と妹を本郷菊坂の借家に住まわせ、一葉は中島歌子の歌塾萩《はぎ》の舎《や》に内弟子として住み込んでいた。ところが、ついに母が心労のため病気になり、一八九〇年九月、同じ菊坂の借家に引っ越し、女三人の新所帯を構えた。中島歌子は女学校の教師の職を世話すると言って引き留めようとしたが、小学校を中途で終え、私立青海高等科第四級を首席で卒業するも、母の反対で上級に進めなかった一葉には無理な話だった。二年ほど前の一八八八年六月、萩の舎の先輩田辺花圃《かほ》が、小説『藪《やぶ》の鶯《うぐいす》』を出版し、新進女流作家として世間から注目を浴び、三十三円二十銭の大金を手にしたことを目の当たりにした一葉は、自分も小説を書いて家族を養おうと考えた。

一八九一年四月、一葉は小説の指導をしてもらうために、妹邦子の友人野々宮菊子の紹介で、東京朝日新聞の小説記者である半井《なからい》桃水《とうすい》を訪ねた。桃水はこのとき三十一歳、一葉は十九歳だった。一葉は最初に桃水を訪ねたときから、その端正な顔立ちと優しい人当たりにたちまち引きつけられた。それからの一年、原稿を見てもらうために、しばしば桃水を訪ねた。一葉は桃水を密かに慕っていたのだが、二人の仲が萩の舎で噂となり、周りの目を気にして心ならずも半井との師弟関係を絶った。

半井桃水から離れた一葉は、田辺花圃の勧めで『都の花』に小説を書くようになった。『都の花』は、硯友社を離れた山田美妙が主幹を務めていた。小説家を目指して一年半が経ったころ、一八九二年十一月の『都の花』九十五号に一葉の「うもれ木」が掲載された。この号を偶然に手にした禿木が、その中で異彩を放っていた一葉を見つけ、田辺花圃を通じて『文学界』への執筆を依頼した。

樋口一葉（日本近代文学館提供）

一八九三年七月、貧乏生活も極まり、どこにも借金ができなくなった一葉は、生活苦を打開するため吉原近くの下谷龍泉寺町で荒物店を開いた。子ども相手の駄菓子や玩具のほか布海苔、紙類、煎餅などを置いた商店は最初はけっこう繁盛し、近所の子どもたちも姉妹の店に懐いていた。しかし、近所に同じような店が開店したため行き詰まり、龍泉寺町での十カ月にわたる小商《こあきな》いの生活に終止符をうち、丸山福山町の守喜《もりき》という鰻屋の離れに引っ越した。その家は六畳二間に四畳半があった。六畳二間の南面は手摺のように敷居があり、そこに腰掛けて下を見ると三坪ほどの池に鯉が泳ぐのが眺められた。そこの一間が一葉の仕事場だった。ここで一葉は作家として生きる決意をした。

一八九四年八月一日、日本は清国に宣戦布告した。秋骨が初めて一葉に会ったのは、開戦から数日後のことだった。この日、禿木と一緒に、西片町の経済学者田口卯吉邸に書生として寄寓していた上田敏を訪ねた。しばらくして藤村と孤蝶もやって来た。上田敏は禿木の第一高等中学校の同級生だった。文学好きの学生の中で最も優秀と目されていた。上田敏は禿木に誘われて、秋骨や藤村とも親しくなり、『文学界』第十五号（一八九四年三月三十日）に「夏山遊」という随筆を初めて発表した。それはギリシャ文化への憧れを述べた評論で、ペイターの「ルネサンス」の影響を受けたものだった。

夕方近くになり、そこを辞して外に出ると、一葉を最初に発見し、『文学界』に引っ張ってきた禿木が樋口一葉の家に寄っていこうと言い出した。

「何だか恐いから僕はよそう」と秋骨は断った。すると、すでに一葉と知り合いになっていた孤蝶が、「なに、恐くはないよ。大丈夫だから、一緒に行こう」と半ば強引に誘った。内気で人見知りの少年のころの性格をまだ引きずっていた秋骨は、知らない人に合うのが億劫《おっくう》だった。しかも樋口一葉は『都の花』や『文学界』に小説を書いており、秋骨はその作品から才気の鋭さを想像し会うのが恐かった。しかし、孤蝶の強い誘いを断り切れなくてしぶしぶ同意した。一同は付近の牛肉屋で夕食を済ませた後、一葉の家へと向かった。

そのころ一葉は『文学界』一本に絞り、連載中の「暗夜」を書き続けていた。その部屋は若い作家が集まるサロンのようになっていた。古い六畳の座敷に、孤蝶、秋骨、藤村、禿木の男四人が膝を並べて、若くて小柄な一葉と対面した。外から日清戦争に関する号外を売る声が聞こえてきた。

当時日清戦争が始まったばかりであったが、ちょうどそのとき戦争に関する号外が出て、それを売る声が聞こえたのを記憶している。女史が何と言われたか覚えてはいないが、何でもそれに対して冷語を加えられた、その一句の冷語が酷《ひど》く気に入って、今まで恐かったその感じは直ちに反対な懐かしい感と代わってしまった。

——真筆版『たけくらべ』「一葉女史の追憶」

秋骨がひどく気に入った、一葉が語った冷語とは、「世間では大分騒いでいますね」というようなことだった。日清戦争が始まるころ、世の中は戦意高揚の激しい動きの中にあり、言論界は大揺れに揺れていた。キリスト教徒の内村鑑三までもが「Justification of Korean War」を『国民之友』に掲載して朝鮮出兵論を唱えた。徳富蘇峰は、日清開戦直前七月の『国民之友』に「絶好の機会が到来した」と興奮気味に出兵を訴えている。

冷静な一葉の言葉は、戦争に浮かれる人たちを客観的に見て、戦争への批判的態度をあらわしていた。それは国家主義ぎらい、軍人ぎらいの秋骨には爽快で共感すべきものだった。秋骨は、それまで恐いように感じていた一葉が、自分と同じような感性を持つ敬愛すべき仲間のように感じた。

この頃一葉は美人だったかと聞かれる。美人ではなかった、と答える。でも写真では美人ではなかったかと反問してくる。それ位分かっているのなら尋ねる必要はないじゃなかろうかと言いたくなる。私に言わせれば、断然美人ではなかったと思う。けれども調子は非常に好い人であった。魅力も尋常ではなかった。或いはコケットと言っても、よいかと思われる位魅力があり、調子が好かった。

——秋骨随筆集『食後の散歩』「一葉さんとの交誼」

高瀬藩ゆかりの戸川残花

一葉を初めて訪ねた二、三日後、秋骨は禿木、藤村と一緒に、ふたたび一葉に会いに行った。このとき一葉は、『文学界』第十三号に載った秋骨の「変調論」に刺激を受けたと話したので、秋骨はとても喜んだ。「変調論」に引用されたドストエフスキー『罪と罰』は、一葉も『文学界』の客員で、最年長の戸川残花（安宅《やすいえ》）から内田魯庵訳を借りて繰り返し読んでいた。残花の長女達が萩の舎に通っており、一葉が代行講師として教えていたときの生徒だった。

『文学界』の仲間は、秋骨のことは「戸川君」、残花は「戸川さん」、「残花さん」と呼んで区別していた。秋骨とは親戚ではなかったようだが、残花の義理の祖母は高瀬藩から来た人だった。戸川残花家系図によれば、残花の祖父戸川内蔵助安民の妻で、「細川采女正利愛《うめのしょうとしちか》 養方叔母」とされている。残花は、一八五五（安政二）年十月二十二日に築地鉄砲洲の江戸屋敷、三千四百石の旗本戸川家の二男として生まれた。秋骨より十五歳ほど年長である。

一八六八（慶応四）年三月八日、肥後下向を決断した高瀬藩主利永一行が品川沖から肥後藩船春風丸に乗り京都に向かったとき、当時十三歳の残花も同行している。このときの出来事は、一八八九（明治二十二）年から四十六年にわたり、宮内庁の命令で旧大名の島津、毛利、山内、徳川の四家と公家の三条、岩倉、中山の三家が編集委員となり、幕末の事件や動乱の体験者たちの証言を集めた『史談会速記録』に「勤王実効旗下の件」（残花談）として集録されている。

「明治元年二月でありますから、東海道は官軍が下りるといふので、東海道は行くことは出来ませんから、船で兵庫へ参ります、それも表向きでは行けぬ余程危険を感ずるので親類の高瀬の細川（子爵）

の家族と一所になって、品川から船に乗って行った。亜米利加の船で、アメリケンという船で兵庫へ行くのに三日かかりまして、兵庫へ着いてみた所が危険千万で…」

（『史談会速記録』「勤王実効旗下の件」）

『肥後高瀬藩史』には、藩主利永の肥後下向について「慶応四年（明治元年）二月二十日朝廷より藩主利永公を召される命があった。それで江戸を引き払い下国の途中兵庫に航して上京することゝし、三月四日肥後に向け全部出発し中の郷より上船し隅田川を下り品川にて藩主等は肥後藩の御用船春風丸に乗り込みて出発せられた」と記されている。

残花に対して聞き取りが行われたのは、一九一三（大正二）年一月だった。残花五十八歳のときである。京都行きのときは十三歳だったので記憶違いは否めないが、そのときの船はアメリカ船、アメリケンと明確である。残花は聞き取りに当たり、こうも述べている。

「明治元年の時が丁度十四でございました。子供のウロ覚えでありますから、誤りがあるかもしれません。しかし諸君も御承知でございましょうが、事物を記憶していることは、年を取りましては子供の内の方が記憶している。私の十三、四の時分に記憶している其の記憶を辿って申します」

残花の記憶通りならば、肥後藩の御用船春風丸はアメリカ製だったということだろう。

高瀬藩主利永一行と共に京都に着いた残花は、兄の代理で太政官に願書を提出し、勤王を認めてもらう「勤王実効」の活動をした。同年七月八日、ようやく備中早島《はやしま》（現岡山県都窪《つくぼ》郡早島町）の領地を保証するという本領安堵の書きつけを得たのだが、版籍奉還により早島は倉敷県に編入され領地を失った。東京に戻ると鉄砲洲の屋敷は大隈重信の住まいになっており、残花には飯田町に代替屋敷が与えられた。

一八七三年、残花は新栄教会のタムソンから洗礼を受けキリスト教に入信した。一八七七年ころには秩禄公債をもとに銀座に質屋を開業したが、士族の商法の名の通り長続きはしなかった。次に、教会で知り合った原胤昭《たねあき》と一緒に十字屋（キリスト教関係の書店）の経営を銀座で始めた。一八八二年にそこを退職し牧師となり、一八九〇年に京都平安教会に赴任した。そのころから文学への情熱が高まり、京都の村上勘兵衛書店から童話『撫子』を刊行した。

一八九三年六月、『文学界』六号に新体詩「桂川（情死を弔ふ歌）」を発表した。北村透谷は「残花氏の妙句味わい多し」と評している。作家、毎日新聞の記者などさまざまな職業を転々とし、日本女子大学の設立にも参画、人生の最後は出家して禅僧だった。一九二四（大正十三）年十二月八日、早島戸川家最後の領主戸川残花は、明治維新による激変の時代を生き抜き、六十九歳で波乱に満ちた生涯を閉じた。

宮武外骨と細川家騒動

秋骨と名前が似ており、高瀬藩と関わりのあった人物がもう一人いる。徹底的な反権力、反骨ジャーナリストの宮武外骨《みやたけがいこつ》だ。外骨は本名である。しかし、役所や図書館などで手続きするとき、「号ではなく本名は何ですか?」といつも尋ねられ、それに一々応えるのが面倒なため、「是本名也」（これほんみょうなり）と彫った印鑑をいつも持ち歩いた。

外骨は、自らが刊行する「頓知《とんち》協会雑誌」第二十八号に、発布されたばかりの「大日本帝国憲法」（一八八九年二月十一日）のパロディとして、大日本帝国憲法をもじった「大日本頓知研法」の条文と、天皇を連想させる骸骨（モデルは外骨）が頓知研法を下賜する絵を掲載した。それが不敬罪に当たるとされ、反政府活動の見せしめとして厳罰に処され監獄に放り込まれた。そして三年八カ月の刑期を終え、一八九二（明治二十五）年十一月十二日に出獄した。二十五歳になっていた。

石川島監獄を出獄した外骨は、友人、知人の出迎えのほかに二百人ほどの見物人に迎えられた。しかし、故郷の讃岐国阿野郡羽床村（現在の香川県綾歌郡綾川町）から駆け落ちし手を取り合って上京した妻房子の姿はなかった。房子は、外骨が入獄すると、里に帰り再婚していた。一人になり、初めて房子のことを少しも考えていなかった自分の身勝手さを後悔した。しかし、立ち直りは早く、人一倍精力の強い外骨は、緒方八節《やそ》という二十三歳の女性を紹介され、すぐに同棲を始めた。

八節は、表向きは下女だが、実質は妻だった。八節は上品で優雅さがあった。それもそのはず、秋骨と同じ旧高瀬藩の出である。それも十代藩主利永の実弟緒方倫親《ともちか》の二女だった。八節の姉である長女たをは、品川東海春雨庵の住職伊藤宗温の妻になっているが、妹のいくは麻布網代町で下女奉公をしていた。娘二人を下女奉公に出すほど、旧高瀬藩主の実弟であるにもかかわらず、父の倫親は落ちぶれていた。

倫親は旧高瀬藩八代藩主の父利愛《としちか》の四十一歳の厄年に生まれた。「四十二の二つ子」といって、親が四十二歳になった時の二歳の男児は親を食い殺すという迷信が信じられていた。そのため、倫親は誕生と同時に細川家の家老緒方十左衛門のもとへ養子に出された。

その際、父親の利愛は、倫親が生涯五人扶持と年五両の衣服料を受け取られるようにした。しかし、その後藩主となった兄利永は、一八七一（明治四）年の廃藩置県のときに、その約束は無効になったとして一方的に倫親の援助を打ち切った。そのため、生活力のない倫親父娘は路頭に迷った。

そのことを八節から聞かされた外骨は、倫親父娘の困窮を見かね、利永に倫親の救済を申し入れた。

それに端を発して、細川家との間に紛争が起こった。外骨が民事訴訟を起こす構えを見せると、細川家は和解を申し入れるが、その条件はとても倫親家族が生計を維持できるものではなく、交渉は決裂した。そのため、外骨は言論に訴えることにし、細川家事件を記事にするように、黒岩涙香《るいこう》の『万朝報』に依頼した。

『万朝報』に細川家のスキャンダルが連載されることになるが、どういうわけか黒岩が態度を急変させ、連載「細川家の紛累」第一回が載った翌日の紙面に、「細川家の紛累ハ余白なき故一日休む」というお詫びが出て、そのまま打ち切りになった。外骨が連載を続けるように要求するが、黒岩の態度はのらりくらりとしており、らちが明かない。しばらくして、「私欲のために『万朝報』の名を濫用している」と、外骨を誹謗する記事が出された。

細川家が金と権力でもって黒岩を組み込んでいると想像した外骨は、それならなおさら引き下がるわけにはいかないと、細川家騒動の真相を暴露する出版物を、自らで刊行することを決心する。一八九四(明治二十七)年一月二十三日に発行された『華族醜聞細川家事件』(編集兼発行者・横田甲子三郎)に、細川家騒動の全貌が詳しく、しかもコミカルな筆致で描かれた。十五ページの同冊子は横田甲子三郎の編集兼発行者となっているが、実際には外骨が記事を書き、発行したものだった。

細川家が莫大な資産を所有しているのに、困窮している倫親父娘に約束の経済援助を反故にしているとして、その非道な行いを糾弾した。そのうえ、そのことを隠蔽するために『万朝報』に口止め料を払って記事を中止したと訴えた。

『華族醜聞細川家事件』が無料で配布されると、すぐ細川家は、「改進新聞」、「万朝報」、「中央新聞」の紙上に、同冊子の内容はまったくの虚実という広告を出した。そして細川家は外骨を告訴した。外骨は不起訴処分になり、以後、細川家との交渉は持たれることはなかった。

『文学界』同人たちは、リーダーの北村透谷がかつて自由民権運動に参加していたこともあり、明治政府を批判して投獄された外骨に共感していたようだ。浪漫主義、プラトニック・ラブを主張する『文学界』の同人たちだが、妻がありながら吉原などで遊びまわり、「奇人」、「過激」、「猥褻《わいせつ》」と呼ばれ、「予は危険人物なり」と自ら宣言する外骨を、偽悪的なポーズの中にユーモアをもって、権力を批判し理想主義を貫いていると好意的に見ていた。

外骨が出獄して三カ月後に創刊した『文明雑誌』（A5判三十八頁）の刊行を歓迎し、一八九三年三月三十一日発行の『文学界』第三号の書評欄の新雑誌紹介で取り上げている。

【文明雑誌第一号】 宮武外骨氏は如何なる人ぞ嘗て頓知協会雑誌に於いて其特得の妙を恣にせし人なりしを知る、図らず忌避に触れて囹圄《れいぎょ》（獄舎）の中に潜みし人なるを聞く、未だ其他を知りしことあらず。頃者文明雑誌第一号はくすみたる表紙の一隅に宮武外骨編記されて出て来れり、其体裁整ふて妙なる、（中略）其所謂奇なるものは其奇にして妙致、非凡、等の別名なり奇人の人を驚かすのも亦茲《ここ》にあるか、そはとまれ此一読者は此卅《さんじゅう》頁の文字に於て其極めて真面目なる真相に於て少からぬ同意を致す所あるものなり、一種異色ある好雑誌の世に出てたるを喜びて紹介するものなり。

高瀬藩出身の秋骨が、藩主利永を弾劾する細川家騒動を起こした外骨を、どのように見ていたのか気になるところだ。しかし、秋骨の随筆集の中に、外骨について書いたものは見つけられなかった。

禿木によると、一葉は決して綺麗な人ではなく、色浅黒く、髪は薄く少し赤味がかっていて、それをぎゅっとひっつめに結って、盛装などとても似合う柄ではなかった。ただ興に乗じ、源氏や近松、西鶴、西行、芭蕉を夢中になって語るときの一葉の眼はきらきらと光を放ち、話は次から次と尽きることなく、そのときの表情は美しく輝いた。

女三人だけの樋口家は居心地がよかったこともあり、『文学界』のメンバーが入れ代わり立ち代わり訪れるようになった。一葉の妹邦子は背が高く、色が白く、すずしい瞳で人を迎え、透き通るような声で相手をした。母の多喜もあいさつに出て来て歓迎し、客あしらいがうまかった。

秋骨、孤蝶、禿木の以前からのメンバーに上田敏が加わり、硯友社の一員であった川上眉山も顔を見せるようになった。一葉はどんなに集中して執筆していても、人が訪ねて来ると、すぐに筆をおいて喜んで歓迎した。生活が苦しくて家じゅう探しても五十銭しかないようなときも、茶菓でもてなし、ときには鰻、寿司などをとって振る舞うのが樋口家の流儀だった。そして、同人たちにその見返りを求めたことは一度もなかった。

福山町に移り、筆一本で生きていく決心をした一葉だが、借金と質屋通いは続いていた。一番付き合いが長かった禿木さえ、樋口家が困窮していたことに気づかなかった。一葉が亡くなり、家庭の事情を知った禿木は、「伊勢町の実家は荒物屋同様であったのだから、線香、布海苔の類は幾らでも間に合わせられたかもしれない、そういうことには些《いささ》も触れなかったので、女史はあの苦しみをしたのである。そこが切り抜けられず、荊《いばら》の道を歩んだので、あれだけの立派な作物が生まれたのである。思へば何も皆天の配剤である」と話している。

一葉にとっても彼らと一緒に過ごす時間は文壇の新しい潮流を知る貴重なひとときでもあった。外国文学を知らない一葉は、秋骨や禿木らが語る西洋文学は新鮮で刺激に満ちていた。それは一葉が描く文章の内容や文体に少なからず影響を与えた。それは、一八九四年十二月の「大つごもり」から始まり、「たけくらべ」「にごりえ」「十三夜」などの傑作を生みだした〝奇跡の十四カ月〟の準備期間でもあった。

失恋の痛手から立ち直れず、生きる意欲をなくしていた秋骨は、一葉の話を聞くと元気を取り戻し、それまではあまり積極的ではなかった『文学界』に打ち込むようになった。毎号のように評論を中心に作品を発表するばかりでなく、時文欄（編集後記）も一手に引き受けていた。編集にも携わり、一葉への原稿依頼や催促を担当していた。

一八九四（明治二十七）年十二月二十日、一葉は秋骨から「大つごもり」の原稿が届いたというお礼の葉書を受け取った。

いつもながら面白く拝読仕候編集小僧かなしきはすぐ何字何行と数えて印刷の方へ送り申侯御笑まで御礼をかねて
十九日夜　　　　　　　　　　　　　　草々

同年十二月三十日発行の『文学界』第二十四号に、一葉が秋骨に送った原稿「大つごもり」が掲載された。印刷所から運ばれてきた刷り上がったばかりの『文学界』の表紙の目次を見て、秋骨はわが目を疑った。なんと「大つもごり」の誤植のまま印刷されていた。ここ一番という大事なところで、しくじる秋骨の本領発揮である。

この失敗が原因ということではないだろうけれども、秋骨は星野天知に一葉のところに出入りすることをとがめられた。天知は、『黙歩七十年』の中でこう述べている。

「本郷の方へ移転されたので、再び其処《そこ》を訪問したところ、まだ整わぬ家ながら人出入りも繁くなり、今は新進の才媛とばかり、人も家も活気が溢れていた。独身の女気に集まる弱柔男、私はそれを忌み嫌う所から自然脚も遠くなって、同人らのそこに度々訪問するのを聞いてさへ苦々《にがにが》しく思っていた」

天知は、秋骨をはじめとする同人が一葉のところに入り浸るのを快く思っていなかった。そのため、秋骨と禿木が同人代表で天知の小言を食らった。

『一葉日記』の「みずの上」には、「(六月)十日の夜、平田ぬしが来訪、星野君にあやしき事に邪推をなして、我れと戸川と日ごとの如く君がもとに入り浸たりいるように小言を言いき、されば戸川は又ふたたび君がもとを訪ねはじなど言いると、かたる。そは困りし事かな、おなごり惜しいと言えば、いな、かくは言えども、何かは訪はであらるゝべき、今やがて参るべしなど言う」とある。天知の邪推に怒った秋骨と禿木が『文学界』の編集はやらないと天知に反旗をひるがしたが、結局、懐柔された秋骨は編集委員に戻ることで落着した。

まことに慎ましやかにして、もの柔らかであるが、ひとたび言葉を交じわす段になると、その鋭鋒はたちどころに現れて来、所謂言葉闘いとなる。いつも巨砲が私共の胸に向って擬せられていた。私共は大抵それにやられてしまう。けれどもそれは人を殺す鋭鋒ではなくてむしろ相手を生かす切れ味であった。それだから私共はひどくそれを快く感じてよくその門を訪れたのである。

——秋骨随筆集『食後の散歩』「一葉さんとの交誼」

帝国大学に入学

一八九五（明治二十八）年一月三十日に刊行された『文学界』第二十五号には、一葉の傑作「たけくらべ」（第一回）や、秋骨の「自然私観」が掲載された。この年初めには、月刊誌『帝国文学』のほかに博文館の雑誌『太陽』、『文藝倶楽部』、『少年世界』と新しい雑誌が続々発行されたこともあり、一葉や秋骨の作品はそれらに埋もれてしまって気づく人は少なかった。この号の『文学界』時文欄に『帝国文学』創刊号の書評を秋骨が書いている。

「今第一号を見るに別段これという程の事なきも批評雑報欄の如き筆鋒頗《すこぶ》る鋭きもの、大いに頼もしというべく、上田萬年《かずとし》氏の標準語につきて、三上参次《さんじ》氏の細川幽斎と古今伝授等の文が頗る有益のものなるべし、編集員諸氏は高等中学にありしの日各得意の筆鋒を以って多少の気焔を吐きしの士、われ等はこれ等の諸氏が鋭意熱心、敢えて其浅薄ならざる学識を以って、当世一種の俗文学、新聞屋のフイリステイニズム（実利主義）の如きものを排せん事を望んでやまず」

『帝国文学』は、アカデミックな立場で内外の文学、特に外国文学の評論に力を尽くしていた。その起こりは、帝国大学の文科大学に入学した学生たちの多くが、その前の高等中学校で、それぞれ校友会雑誌のようなものを作っていたことだった。第一高等中学校には「校友会雑誌」があり、『文学界』にも執筆している上田敏がいた。仙台の第二高等中学校には「尚志会雑誌」、第三高等中学校には「千辰会雑誌」、そして第五高等中学校には「龍南会雑誌」があった。

一八九四年秋、それらの校友会雑誌で筆を振っていた学生たちが集まって文学雑誌を出す相談をした。最初に上田萬年教授に話を持って行ったところ、大日本図書株式会社から出すことになり、『帝国文学』

と名付けられた。第一回の編集委員は、高山樗牛、大町桂月、上田敏だった。創刊号巻末に「本会の発起人並びに役員」が載っており、井上哲次郎、上田萬年、三上参次ら帝国大学出身の錚々《そうそう》たる名前が連なっている。本格的な文学雑誌『帝国文学』に刺激を受けた秋骨は、自分も帝国大学で文学に専念したいという思いが強くなってきた。そして帝国大学選科の試験を受けるために、ドイツ語の勉強に取り掛かった。

一八九五年九月、秋骨はその当時日本に一つしかなかった大学、帝国大学の門をくぐり晴れて帝国大学文科大学英文学科選科に入学した。秋骨は日本一の最高学府の教授であれば、その授業も日本一に違いないと緊張して教室へ入った。そして、教授の口から出る言葉は一つも漏らさず聴き取ろうと、前の方の席を占有した。国文学には黒川真頼《まより》教授が源氏物語や紫式部日記の講義をし、元良勇次郎教授が心理学を教えていた。ほかにも外山正一教授、音声学の上田萬年教授、哲学の井上哲次郎教授、フロレンツ教授と、いずれも当時のそれぞれの専門分野で日本トップといってもいい教授がずらり並んでいた。一八九六年九月には小泉八雲（ラフカディオ・ハーン）が熊本第五高等中学校、神戸クロニクル社を経て帝国大学の英文学講師となった。

その豪華な教授陣の中でも、秋骨はラファエル・ケーベル教授の講義が一番面白かった。ケーベルは一八四八年生まれで、ドイツ系のロシア人だった。父はモスクワ宮廷の枢密顧問官をしていた。モスクワの音楽院でチャイコフスキーらに学び、優秀な成績で卒業した。その後、ドイツに行き、哲学を学びショーペンハウエルの弟子となる。一八九三年六月、東京帝国大学に着任し、哲学概論、哲学史、カント、ヘーゲル、キリスト教史などを十二年間教えた。

ケーベルは音楽家でもあり、東京音楽学校でピアノを教えていた。教え子に橘糸重《いとえ》がいた。藤村は一八九八年の春、東京音楽学校選科のピアノ科に入学し、そのころ母校の助教授になっていた糸重にピアノを習っている。藤村は糸重に深い敬愛の情を抱き、それが恋愛感情と言えるどうかは別にして、それを知った『文学界』仲間は、「また藤村が熱病に罹《かか》った」と噂した。藤村の『家』に女性音楽家として登場する曽根は糸重をモデルとして描かれた。

ケーベルは引き締まった端正な容貌に、輝くような美しい白髪の老紳士だった。駿河台のこんもりと庭木に囲まれた家で、大学に通うほかは静かに一人で暮らしていた。

秋骨は好きなケーベルに近づきたい一心で、「先生の家に行き、お話を伺いたい」と申し出た。ケーベルは、「何時《いっ》でも来い、ただし夕食のときに来るがいい。一緒に食事をしよう」と申し出を歓迎した。たくさんのご馳走が並べられ、同時に五、六種の酒が秋骨の前に置かれた。秋骨は酒が一滴も飲めないので、ただグラスの満たされたのを置いていたら、「学問をする者は酒を飲まなくちゃいかん」と言われ、秋骨は困り果てた。

私は元来はなはだ我儘《わがまま》で宗教家の宗教が嫌い、哲学者の哲学が嫌いであり、さらに文学者の文学が嫌いである。同時に宗教も哲学も文学も好きであるのに、先生のは人間の宗教、人間の哲学を説かれたように感じられたので、無暗に先生の講義が面白くなったのであった。しまいには誰の講義にも飽きてしまったのだが、先生のだけは決して飽きず、何時も先生の前に出ては、謹聴していた。

——秋骨随筆集『文鳥』「ケエベル先生」

秋骨は、そのころアメリカの詩人ロングフェローの英訳をたよりにダンテの『神曲』を読破し、古今の文学者ではダンテが第一と考えるに至る。さらに英文学に留まらず、『湖月妙』によって「源氏物語」

も読破した。さらにイタリア語やロシア語も学ぶなど精力的にいろんな学問に挑んでいた。

秋骨は入学するとすぐ『帝国文学』の会員になった。そして翌一八九六年一月、「近世の思想を論す」を『帝国文学』に発表した。

藤村の『春』に、秋骨の論文が『帝国文学』に載ったときのことが出てくる。

「菅（秋骨）君というものは、めっきり男をあげたよ」

こう市川（禿木）が相変わらずの調子で言って、大学から出る雑誌（『帝国文学』）をひろげているところへ、丁度岸本（藤村）が訪ねて行った。

戦争の当時、従軍したいと言っていた菅（秋骨）が、話のまとまる頃には最早平和の世であった。彼は試験に合格して、今は大学の選科にいる。そこで英吉利《イギリス》文学を研究している。

『文学界』では透谷、藤村、一葉らの陰に隠れてあまりパッとしなかった秋骨だが、『帝国文学』では早々と目立つ存在となった。二年生になると第二回編集委員に選ばれた。編集委員には、秋骨のほかに藤岡勝二、青木昌吉、土井晩翠《ばんすい》らがいた。

秋骨は、『読売新聞』や『太陽』にも乗り出していた。一八九五（明治二十八）年一月、評論雑誌『太陽』を発行した博文館は、春陽堂と並んで文学の出版を二分する大きな出版社だった。秋骨は『女学雑誌』で翻訳欄を担当していたころ、博文館の翻訳の仕事を手伝ったことがあり、その社長大橋佐平の婿養子大橋乙羽とは旧知の仲だった。乙羽の依頼で、『太陽』（一八九六年九月号）に「希臘《ギリシャ》及希伯來《ヘブライ》の思想管見」を書いたのを皮切りに、一八九八年三月まで博文館の『少年文集』に「英詩評釈」を十九回にわたり書き続けた。

一葉の名声高まる

一八九六（明治二十九）年一月六日、『文学界』の新年会が上野の北方鶯谷の伊香保という料理店で開かれ、同人や寄稿者ら六十七人が集まった。一葉と田辺花圃の二人は招待されたが、二人とも辞退し出席しなかった。このとき田山花袋が顔を出したのは、北村透谷が亡くなったとき追悼の歌を『文学界』に寄せたことが縁で席が設けられたためだった。

『文学界』の表紙も新年にふさわしく、第三十七号（一八九六年一月三十日）から朱色に一新された。しかし、その評判はあまり芳《かんば》しくなかった。天知の「『文学界』雑誌記録帳」には、「表紙ヲ朱棒の白字ニシテ内容ノ気分ヲ現ワシタガ、余り豪宕《ごうとう》過ギテ俗気ガ騒々シイヤウダ」とあり、朱色の表紙はたった三号で姿を消し、第四十号からは薄紫色の表紙に改められた。この号には、秋骨が書いた「近年の文海に於ける暗潮」が早川漁郎の別号で掲載された。

「記憶せよ吾人は十九世紀の末葉に立てり、今更らに十八世紀末の思想を繰り返すべき時にあらず、十九世想界の全盛にもまた一種の暗潮横流すと雖《いえど》も、其の古の暗潮と異れるや大なり、此の世紀に於いては各種の研究大に発達して、人心自ら一局部の小天地にあらず、われ等絶東の孤島にあるものと雖も西欧の思潮を究るもの注意して其の新思潮を伝え、彼に於いて既に過去の歴史となりたるものを執りてわか想界を乱す如き事なからん事を要す」

この論調で秋骨は、浪漫主義文学はすでに過去のものとなり、これからは西欧の「新思潮」を開くことが求められていると主張した。浪漫主義文学への情熱が薄れた秋骨の関心が、新しい文学思想に移っていることがうかがえる。近代文学研究者の勝本清一郎は、「秋骨がいちばん初めに『文学界』の浪漫主義運動にとどめをさす役目をするんです」と指摘している。(『座談会明治・大正文学』)

一緒に載ったのが、一年にわたり断続的に掲載されていた一葉の「たけくらべ」の最終回だった。「たけくらべ」は、この年四月十日発行の『文藝倶楽部』にひとまとめになって発表された。

「たけくらべ」が『文藝倶楽部』に掲載されると文壇の話題をさらった。各新聞、文学雑誌の批評家はすべて褒めたたえた。その中でも『めさまし草』第四号で、幸田露伴、森鷗外、斎藤緑雨が「たけくらべ」を絶賛する批評「三人冗語」が載ったのは、当時の文壇における最高の名誉であった。

一八九六年五月二日、秋骨が大学の講堂にいると、上田敏が『めさまし草』を持ってきた。「これを見たまえ大変だ」と言って、押し開いて見せたのは、「三人冗語」のページだった。それを読んだ秋骨はあまりのうれしさで、講堂でこの批評を大声で朗読した。それでも、うれしさが収まらず、学校を飛び出し発行所の盛春堂に走り一冊買い求め、それを抱えて禿木の下宿へ駆け込んだ。それを取って一目みるなり、禿木は顔も上げずに涙を流した。

その夜、興奮した二人は、一葉の家を訪ねた。秋骨は一葉に、「今日はご馳走してくださいね」と言った。一葉が、「どうしてですか?」と聞くと、秋骨はおもむろに懐から、出たばかりの『めさまし草』の第四号を取り出し、「朗読してみろよ」と禿木を見て言った。一葉は一昨日の新聞広告で『たけくらべ』の書評がそれに載っていることを知っていたが、まだ見ていなかったので、黙って笑っていた。

『一葉日記』「みづの上」には、一葉に対する鷗外の高い評価に大喜びする秋骨と禿木の姿が綴られている。

「今文壇の神よといふ鷗外が言葉としてわれはたとへ世の人に一葉崇拝のあざけりを受けんまでも此《この》人《ひと》にまことの詩人といふ名を送る事を惜しまざるべしといひ、作中の文字五六字づゝ今の世の評家作家に技量上達の霊符として呑ませたきものといへるあたり、我々文士の身として一度《ひとたび》うけなば死すとも憾《うらみ》なかるまじき事ぞや、君が喜びいかばかりぞとうらやまる、二人はたゞ狂せるやうに喜びてかへられき」

一葉の死

一八九六（明治二十九）年五月二十四日、正直正太夫こと斎藤緑雨が初めて一葉を訪ねた。一葉はこの日のことを日記にこう記している。

「正太夫としは二十九、痩せ姿の面やうすご味を帯びて唯口もとにいひ難き愛敬あり。（中略）この男かたきに取てもいとおもしろし、みかたにつきなば猶さらにをかしかるべく、眉山、禿木が気骨なきにくらべて一段の上ぞとは見えぬ。逢へるはたゞの二度なれど、親しみは千年の馴染みにも似たり」

（『一葉日記』「みづの上」）

緑雨は、この日四時間にわたり、一葉を相手に当時の文壇をののしり、学者の知識不足を笑い、江戸趣味の滅亡のうらみを語った。日が暮れてからおもむろに腰を上げ、待たせていた人力車に乗って帰った。

禿木が二人の関係について『文学界前後』に触れている。

「一葉と緑雨の取組こそ、さぞ見物であったろうと思う。二人とも、徹底的に世をひがんでいる拗《す》ね者である。女であるので相手によっては『源氏』の作者以上に慎み深くもしていたが、一度興に乗じると、老妓、女将そっちのけの大気焔をあげるのが一葉君であった。腹の底を割って見たら『たけくらべ』の作者も結局緑雨であったかもしれない。秋骨君との黙約以上に、意気は確かに投合していたのだった」

禿木は一葉と緑雨が似た者同士だったと分析する。

緑雨が訪れたころから、一葉は体調がすぐれず、微熱があり喉がひどく腫れたりすることが続いていた。八月には重病人になった。母多喜と妹の邦子が相談して、お茶ノ水の山龍堂病院で樫村清徳院長に診察してもらうことにした。樫村院長は、「胸がひどく侵されており、気の毒だがもう治る見込みはない」と診断を下した。それを聞いた緑雨が森鷗外に頼んで、当時、日本一の名医と言われていた帝大医科の青山胤通《たねみち》に往診してもらったが、「もう一、二日しかもたない」と言われた。そして、一葉は八月から、ずっと病床に着いた切りになった。八月十三日、秋骨は一葉に病気の見舞い状を書き、同月二十四日頃には一葉を見舞っている。そのときは病状の方はそう悪くは見えず、「快方のようだ」と禿木に伝えている。

同年十月下旬、秋骨の下宿に緑雨が突然訪ねて来た。秋骨はこのとき初めて緑雨に会った。緑雨は、いきなり一葉が危篤だと告げた。秋骨は、緑雨が樋口家に出入りしていることは知っていたが、あまり気にしていなかった。一葉亡き後のことを相談しに来たという。

一葉が重篤だと聞いた秋骨は翌日、すぐに一葉の家を訪ねた。

そのときの女史の様子は、それほど衰えているとも思えないくらいで、いつもほどの活気こそなかったが、例の通りな美しい、そして才気のほの見える言葉つかいでしばらく話をされた。皆さまが

野辺をそぞろ歩いておいでのときには蝶にでもなってお袖の辺りに戯れまつわりましょうなどと言われたことは、今でも覚えている。その折りと印象とは時日の経過にかかわらず決して忘れられないものである。

―真筆版『たけくらべ』「一葉女史の追憶」

十一月初旬、彦根から上京した孤蝶が一葉を訪ねた。邦子が、「会ってくれとは言えない。ただ見て行ってほしい」と病室をあけると、髪を乱した一葉が苦しそうに寝ていた。孤蝶が、「この暮れにはまた帰って来ますから、そのときまたお目にかかりましょう」と言うのを邦子が取り継ぐと、一葉は「その時分には私は何になっていましょう。石にでもなっていましょうか」と応えた。（馬場孤蝶「一葉全集の末に」）

十一月二十三日、樋口一葉が死んだ。二十四年八カ月の短い人生だった。樋口家から秋骨のもとに一葉の容体急変を知らせる葉書が届き、駆け付けたが臨終には間に合わなかった。二十三日夜、孤蝶に一葉死去の電報を打つ。二十四日の霰の降っている寒い夜、秋骨、緑雨、眉山らが通夜に集まった。

そのとき、緑雨が俳句を作っている。

霰降る田町に太鼓聞く夜かな

その夜、田町にある瘋癲《ふうてん》病院が火事になり、危険を知らせる太鼓の音が聞こえてきたという。

二十五日、築地本願寺での葬儀は内輪で静かに行われた。森鷗外が馬上参列を申し出たが、妹の邦子が辞退した。十分なお返しができないからという邦子の考えで、会葬者は十余名の寂しい葬儀だった。

葬儀を取り仕切ったのは秋骨と緑雨の二人だった。孤蝶は、赴任先の滋賀県彦根中の寄宿舎建設問題の決着がつかず、通夜にも葬儀にも間に合わなかった。

秋骨と緑雨の二人は一葉の死後も、母多喜や妹邦子の相談に乗り助けた。樋口家には借金があったので、債権者から逃れるために邦子は一時期、緑雨の世話で大橋乙羽の家に逃げていた。借金についても債権者に掛け合って緑雨が解決した。一八九八（明治三十一）年暮れ、邦子が文房具店「礫川堂《れきせん》」を営む、古くからの知り合いの西村釧之助の世話で吉江成次と結婚したとき、緑雨が媒酌人を務めた。

緑雨君には、私などとは全く別な、人に迫るような一種の力を體《たい》していたと考えられる。誰に近づいても、その対手の腹心に入り込むとか、或いは事件に食い込んでいくとかいう魅力を持っていたと思う。その力で全く何等の関係もないと思われる外圏から入って来て、一葉さんの家の事でも、また一葉さん自身のことでもすっかり知悉《ちしつ》してしまったのだろう。事実私も緑雨君の落ち着いたしんみりした話に魅せられてしまい、一葉さんの事は然るべくと万事を依頼してしまったのであった。斎藤君の私に相談された事については、私ごときものが何の役に立とう。たゞロボットに使われ得たとすれば、私としては大した事なのである。秋の夜、寂しい室、秋霜の如き緑雨君、そして一葉さんの最期、寂しい秋の日の私に忘れられない追憶である。

——秋骨随筆集『食後の散歩』「秋の夜の追憶」

一葉を忘れられない二人

緑雨は、非常に辛辣冷酷《しんらつれいこく》とされ、文壇人たちから恐れられていたが、『文学界』の同人らの前では冗談を飛ばした。なかでも秋骨とはウマがあった。一葉への追憶を棄てきれなかった秋骨と緑雨は、一緒に方々をよく歩いた。緑雨とであるから夜の盛り場のように想像するのだが、郊外の散歩だった。

あるとき、郊外を歩き回ったあげく、上野に戻りついた。すると、動物園の近くで、十二、十三歳ぐらいの子どもたちが土筆《つくし》を紙の袋にいっぱい入れて持っていた。緑雨は土筆が好きだとあって、どう話をつけたものか、袋いっぱいの土筆を五銭の白銅と交換して手に入れた。ふたりは本郷の緑雨の下宿に引き揚げて、すぐにそれを近所の仕出し屋に頼んで煮付けてもらった。秋骨も土筆が大好物で、その食べ方にもこだわりがあり、土筆のほろ苦さと茎の歯触りが残るぐらいのものが好きだった。そのため、夕食の膳に供した秋骨は、「仕出し屋に命じたところは下宿住まいのやむを得ないところもあり、あくまで緑雨式である。私はむしろ茹でたままの方を好む」と、そのときの調理法に注文を付けている。

秋骨と緑雨は一葉の遺稿の編纂にあたっていたが、校正に手間取り時間を費やしていた。そのようなとき、一八九八（明治三十一）年二月四日に一葉の母多喜が死んだ。葬式の世話をしたのは主に緑雨だった。『文学界』同人らは葬式に参列した。秋骨、藤村、孤蝶、上田敏はそれぞれ一円ずつ包んだ。斎藤緑雨はこのとき、ふんぱつして十円出したので、そこにいた全員が驚いた。

一九〇三（明治三十六）年の秋、樋口邦子は姉一葉の日記を出版したいと孤蝶に相談した。孤蝶と緑雨は交流を続けていたので緑雨に伝わり、緑雨は邦子を訪ねた。邦子から一葉の日記を預かり、それを読み終えた緑雨は、幸田露伴と森鷗外に相談した。森鷗外は、差しつかえのある部分は削って出版するという意見だった。ところが、緑雨の肺結核がひどくなり、翌年四月十一日、孤蝶のところへ危篤の知らせがあった。駆け付けた孤蝶に、緑雨は一葉の日記を邦子に返してほしいと頼んだ。

このとき緑雨が、最後に孤蝶に頼んだのは秋骨のことだった。

「戸川秋骨君から原稿を預かっているから、之も返してもらいたい、もうこれぎりで頼むことはない、愈々《いよいよ》お別れである、もう話はない、君の来るまでは何か話もあるように思っていたが、こうなっては話はない」（馬場孤蝶『明治文壇の人々』）

この後、緑雨は孤蝶に死亡広告文の口述筆記を頼んだ。その内容は、「僕本月本日を以って目出度《めでたく》死去致候間　此段広告仕候也　四月　日緑雨斎藤賢」であった。翌日の四月十三日午前十時ごろ、孤蝶が勤めている日本銀行文書課へ、緑雨の死を知らせる電話があった。

緑雨の遺言で、孤蝶を通じて、一葉の日記は邦子の手に戻った。緑雨が秋骨から預かったという原稿は、このころ山口にいた秋骨が、緑雨に原稿をどこかに紹介してほしいと頼んだものだった。緑雨は死の間際まで、秋骨のことを気にかけていた。

初対面の斎藤君は、皮肉家でも、諷刺家でも、無論冷酷、不人情な人でもなかった。いささか不気味に感じられた始めの感は直ちに消え去って、むしろしんみりした気分になり、世にも珍しい篤《あつ》い心の情愛の人よと君を思うに至った。以来交遊は極めて短かったが、斎藤君は遂に私の生涯から忘れる事の出来ない人となった。私はどうしても斎藤緑雨君をきらう事は出来ないのである。

—秋骨随筆集『凡人崇拝』「斎藤緑雨君とチャールズ・ラム」

『一葉日記』刊行

一九〇八（明治四十一）年、一葉の十三回忌の記念出版として『一葉日記』を刊行することになったが、実名が多く登場していることなどから中止になった。その後も何度か刊行の話が持ち上がったが、なかなか実現しなかった。その問題の一つに秋骨のことがあった。

一八九五年秋、帝国大学に入学した秋骨は、土曜の夜毎に一葉を訪ねていた。当時、秋骨は大学をやめるかどうか悩んでいたこともあり、一葉に相談することもあった。このころ滋賀にいた孤蝶は、「秋骨が家の事情で大学をやめると言っている。秋骨は学校をやめるべきでないと僕は信じる。彼は不平を聞いてくれる人はあなたと眉山だと言っているから、あなたのお話ならずいぶん利き目があると思うのでよろしく願う」と秋骨のことを心配する内容の手紙を一葉に出している。一葉にとって、そのことが少し重荷になっていたのかもしれない。

秋骨と川上眉山は一葉宅を訪れると、夜の十一時前に帰ることはなく、一葉の母や妹邦子からも疎《うと》んじられるようになっていた。秋骨が眉山と一緒に一葉を訪ねた夜のことが日記に書かれている。

「秋骨も幾度《いくたび》わがもとをとひけん。大方土曜日の夜ごとには訪《と》ひ来る。来ればやがて十一時すぎずして帰りし事なし、母も国子も(原文ママ)厭《いと》ふは此《この》人なれどいかゞはせん。ある夜川上君と共に来て物がたりのうちにふるひ出でぬる時などの恐ろしかりし事よ、我れはいかにするとも此《この》家の立はなれがたきかな、いかにせん、いかにせんとて身をもみぬ、みづからこは怪し、怪しといひつゝあと先見廻しつゝ打ふるふに、川上ぬしもただあきれにあきれて、からく伴ひ出て送りかへしぬ、其《その》夜なき寝入りにふしたりとてあくる朝まだきに文おこしぬ、うちにさまぐ〵ありけれど、猶《なお》親しき物にせさせ給はらずや、いかにも中《なか》空《ぞら》に取あつかひ給ふ事のうらめしさなど書つらねありき、あなうたての哲学者よな」(「水のうへ日記」、明治二十八年十月)

「うたて」とは、いやだ、ひどい、情けない、浅ましいといった意味の古語で、「あなうたての哲学者よな」とは、「ああ、情けない哲学者だこと」のような意味だろう。

近代文学研究者の勝本清一郎は、『座談会明治・大正文学史』の中で、「秋骨さんなんぞ、その一葉の日記の中で『厭ふは此人なれどいかがはせん、あなうたての哲学者よな』とこっぴどくやられている。秋骨さんは一葉の日記が刊行されて、それを見るまで全く知らなかったのですよ。それはこぼしていましたよ。しかしわれわれからいうと、秋骨先生には『あなうたての哲学者よな』と一葉からきめつけられるような或るねばっこい、それからいりもしないところに妙なことを皮肉に言う性格があったのです」と述べている。

秋骨にも孤蝶にも慶応義塾大学で英文学を習ったという勝本は続けて、「やはりいちばんサラッとして、だれからも好かれていたのが馬場孤蝶先生です。藤村も孤蝶にはそういう好感を持ち、秋骨にはそういう陰影を持った付き合いをしていたわけですね」とも話している。

勝本が秋骨に対してあまりいい印象を持っていないのは、勝本が予科の学生のころの秋骨は、学生に厳しく接していたためだろう。勝本と同じ時期に予科にいた中丸平一郎は、「私の親友が、先生の授業中に新聞を読んでいたのに対して『昔は師の影を三尺下って踏まずと言うが』と苦々しく仰せになったため、秋骨先生は怖いといったようなことが特に印象に残る」（『近代作家追悼文集成』「残念な事」）という。

秋骨の同僚だった西脇順三郎は、「先生は学生に対しては非常に真面目で厳格であったが、先生程青年の気持を完全に汲み入れられた人は少ない」（「戸川秋骨先生」『三田評論』）と回想している。秋骨とは対照的に孤蝶は学生に対してフランクに接していたので、学生に人気があった。

秋骨は自分でも樋口家の人たちに迷惑を掛けていることを気にしていたようで、孤蝶に手紙で、「さぞかしおうちの人も、特に夜など迷惑だろう、よろしくお詫びを言ってほしい」と頼んでいる。秋骨自身でも、一葉にお詫びのはがきを出している。

昨ばんは失礼をしました。御用のあるのを長座して其の上失礼な事を言ったと後で考えて何だか悪い事をしたように感じた、もし左様なら堪忍してください。悪い気ではないのだからネ、僕は知っているだけの人にはみんなに迷惑をしている、それだけは何時か御恩報じをしなければならないと思って勉強しているつもりです、何だか理由のわからない事を例の通り。

明治二十九年二月二十二日　　秋骨

この手紙を読むと、秋骨が一葉を姉か恋人のように慕い、甘えているように思える。秋骨は、一葉日記の中に「うたての哲学者」と書いてあったことで、一葉から「情けない哲学者」と思われていたようになってしまった。しかし、一葉は、「情けない」とか「浅ましい」というような語彙ではなく、響きのやわらかい大和言葉の「うたて」を使っている。一葉は秋骨を決して軽侮していたのではなく、夜遅くまで入り浸っていたことに少々迷惑を感じながらも深い愛情、親しみを持って接していたことが、「うたて」を使っていることでも分かる。

孤蝶は、『書物展望』（書物展望社、一九三九年九月発行）に、秋骨に対して一葉が、秋骨を「うたての哲学者」と日記に書いていることに、緑雨の言葉を借りて、秋骨を擁護している。

「日記の此の項を僕が始めて読んだのは、明治三十六年の秋、本郷区千駄木林町二百三十番地の斎藤緑雨の寓居に於いてであったが、緑雨がその時、『心に悩みがあって、他人の同情を求めるというような心持が一葉には解らなかったのだ。此所《ここ》らが、国文学と英文学と相容れざるところだね』と言って、笑った皮肉な顔つきが今も尚《なお》眼前にあるような気がする」

一葉の日記はかなりの紆余曲折を経て、孤蝶の手によって、削除も訂正もすることなく完全なかたちで、ようやく一九一二（明治四十五）年五月に博文館から『一葉全集』として出された。

訪問していつも何を話したのか、すべて忘れてしまったが、それほど他愛もない話をしたのだろう。今にして考えてみれば、一葉さんはもとより、お母様も妹の邦子さん（クウちゃんと言った）も迷惑されたことと思う。恐らく『文学界』同人のうちで、私が一番繁《しげ》く訪問したのであろう。家が近くであったのだから。それでも一葉さんの眼中には私が一番つまらない奴であったのであろう。『一葉日記』をみれば、その辺の消息もわかろうというものである。

――随筆集『食後の散歩』「一葉さんとの交誼」

一葉　恋の本命は

一葉の六畳間には、秋骨をはじめ孤蝶、禿木、上田敏、川上眉山、斎藤緑雨、泉鏡花など独身の若い作家たちが次から次に入り浸っていた。眉山に至っては、一葉から借りた写真を周囲に自慢して、婚約しているように言いふらかした。恋多き藤村だが、一葉にはあまり関心がなかったようだ。秋骨や禿木が一葉訪問を誘っても断ることが多かったらしい。ただ、『一葉日記』に藤村と泉鏡花について一切書かれていないのは不自然という一葉研究者もいる。禿木は、『文学界』同人の中に一葉を恋愛の対象にしている者はいなかったと断言している。

「我々は大分親しくなったように言われているけれども、我々と女史との交際は結局客間において過ぎなかったのである。…我々はひっきりなし其所へ立ち寄ったけれども、これも結局フランスでいうサロンのようなもので才操豊な女史を取り囲んで、その溌剌《はつらつ》たる談話、警句に聞き惚れただけで、決して深く立ち入った交際というものではなかった。…同人のうちで、女史に思われようなどと、誰もあすこへ出入った者はない、それぞれ別に本尊があったのだもの」（平田禿木『文学界前後』）

ところが、樋口一葉研究家の和田芳恵《よしえ》が、亡くなる直前の禿木に面会したとき、一葉の恋人について、禿木の口からこれまでとは異なる話が出てきたという。

「平田禿木先生は自動車かなにかにぶつかって…亡くなる前に床に寝ていまして、僕はその最晩年に会っているのですよ。…今まで言わなかったけれども、いちばん一葉と親しかったのは孤蝶だとおっしゃるのですよ。『文学界』派と一葉の関係はそんなもんじゃない。みんなほかに好きなものがいて、本尊がいたからあんなものは相手にしなかったという話は聞いていたけれども、僕は平田先生の枕もとで会っていますけれども、会ったときに孤蝶というものは一葉とは非常に特殊な親しさであったということが出てきたわけです」

（『座談会明治・大正文学史』）

孤蝶を一葉に最初に紹介したのは禿木だった。

「自分が馬場孤蝶君と連れ立って一葉女史を訪ねたのは、その翌年（一八九四年）四月花の頃だった。（略）馬場君との訪問が日記には春二月のようになっているが、これは何《ど》うしても四月の頃であった。八重桜はちょうど見頃で、その時初めて同人の会へやって来た上田敏君が、それに因んで、その翌月の誌上へ『花山遊』の一文を寄せたのでもこれは分かる」（平田禿木『文学界前後』）

禿木は孤蝶を誘って、一葉宅に立ち寄ったのは、一八九四（明治二十七）年四月と記憶しているが、一葉の日記には春二月のようになっている。

「（二月）十二日、禿木子及び孤蝶君　来訪　孤蝶君は故馬場辰猪君の令弟なるよし、二十の上いくつならん、慷慨悲歌《こうがいひか》の士なるよし、語々癖あり、不平〳〵の言葉を聞く、うれしき人なり」

（樋口一葉「日記ちりの中」）

一葉は、初対面の孤蝶に「うれしき人なり」と好感を持っている。

一方、孤蝶の一葉に対する第一印象は、「雨の降る時でした。私は平田禿木と共に龍泉寺に行った。非常にくすんだ人で、何か皮肉な話をする人のように思っていた」とあまりよくない。それなのに孤蝶は、『文学界』の用件がなくても、ひんぱんに一葉の家を訪れるようになる。『文学界』同人の中でも、もっとも頻繁に一葉の家を訪れ、一カ月に十回を超えることもあった。

ところが、『文学界』とはまったく違うところに、一葉に本命がいたことが判明した。一葉の死後、日記が公表されるまで、一葉が新聞小説家の半井桃水《なからいとうすい》に恋していたことは、『文学界』のメンバーの誰も知らなかった。一葉と一番付き合いが長かった禿木でさえ、まったく知らなかった。禿木はそのことを一葉の日記を読んで初めて知り驚愕《きょうがく》した。

禿木は日記を読み終える前は、「（一葉）女史ともあろうものが半井氏如き通俗作家を恋人とは滑稽《こっけい》の至りである、歴史以前の出来事として葬り去りたい」とまで言った。しかし、日記を最後まで読み終わると、「何とも早計の至りで、明治二十四年四月から二十六年初夏に至る女史の日記を調べてみると、半井氏は実に恋人も恋人、大熱々の恋人だったのである」と半井が一葉の恋人だったことを認めざるを得なかった。（平田禿木『文学界前後』）

禿木は、秋骨らと一葉を頻繁に訪ねていたころ、天知の妹勇子と付き合っていた。この恋は天知の反対で実らなかったのだが、禿木には勇子という恋人がいたので、一葉は恋愛の対象ではなかった。しかし、禿木にとって、そして一葉の周りにいた男たちにとって、一葉は処女性と母性を併せ持つ小聖母だった。

秃木は、一葉が親友孤蝶の恋人であってほしかったという願望が高じ、死ぬ間際になり、半井ではなく孤蝶が一葉の恋人だったと文壇や世間の人たちに伝えるために、「孤蝶というものは一葉とは非常に特殊な親しさであった」という、これまでとはまったく異なる話を、一葉研究家の和田に持ち込んだのではないだろうか。

秃木、秋骨、孤蝶にとって、一葉は若くして亡くなっただけ余計に、女性として、作家として、神格化された存在だった。


「一葉さんというその人が、ああした短い生涯に、あれだけの事を成し遂げるよう、生まれついて来たように思えてならない。それが彼の人の運命であったのだ。それで立派に首尾一貫している。その生涯も、その事業も、それで一つの完璧を成している」

（平田秃木『文学界前後』）


一方で、和田は一九四〇（昭和十五）年から一九四一年にかけて十三回にわたり、『三田文学』に「一葉非処女説」の論文を発表している。『三田文学』（一九四〇年七月一日発行）には「肉体の秘密を桃水によって知った。しかも『かくしごと』として知ったゆえに音をあげ得ない、言ってみれば語ってはならぬこと、と、士族出の一葉は思ったに違いない」と推断している。和田の一葉非処女説の論文が世に出ると、そのときまでロマンチックな存在だった一葉が、いきなりリアルになり、文壇や一葉ファンの間で喧々囂々《けんけんごうごう》となった。秋骨や藤村のところにも、和田はこの問題を持ちかけているが、二人とも一葉非処女説には賛成しなかった。

孤蝶は、『明治の文学』に「樋口一葉の恋人は誰であったか」を寄稿している。その中でこう断言している。

『緑雨は故人（一葉）に対して可なり敬意を持っていた』とは秋骨君がかつて僕に語ったことであり、藤村君は『文学界の連中などでは喰い足りないというようなところから、緑雨まで行ったところが面白い』と言ったことがある。念のために断っておくが、藤村君のここで言う『喰う』という言葉は単に抽象的な言葉であって、『文学界』の連中などは、誰も一葉に実際喰われたものは一人もない。一葉は処女で死んだことは確かである」

秋骨も頻繁に一葉宅を訪れていたため、一葉に恋していたと噂されていた。秋骨はそのことについては否定している。

私一個の事を言い出すが、何か私が一葉さんに恋愛的な気持ちを抱いていたように言う向きがあるそうだが、それは誤解である。もっとも男が女に感心すれば即ち恋愛である。というのなら、左様言われても仕方がないかも知れないが、そんな理屈はあるまいと思う。それに就いて笹川臨風君は、会うたびに私に向かって、それを明らかに辯疏《べんそ》しておかないと、後代に誤りを伝えるようになるョ、そんな恋愛的な気持ちのなかった事は、僕が裏書きしてもいいから、と私にすすめる。私はそんな事が自分で言えるものか、と言っていつも笑ってすましていたが、後代でなくても、もうその誤りは大分伝わっているという事である。今際どいところで、笹川君を証人としてこれだけのことは言っておく。

——秋骨随筆集『食後の散歩』「一葉さんとの交誼」

「たけくらべ」原稿の謎

一葉の「たけくらべ」には二つの原稿があった。一つは『文学界』に掲載されたときのもの、もう一つは、お金に困っていた一葉が、博文館の大橋乙羽《おとわ》に相談すると、「たけくらべ」をまとめて『文藝倶楽部』に載せることを条件に貸してくれることになり、「たけくらべ」の原稿を再度丁寧に清書して大橋乙羽に渡したものである。

秋骨はこの二つの原稿について、秋骨随筆集『都会情景』「故人の原稿その他」でこう書いている。

「偶然のことであるが、私のところに樋口一葉さんの原稿がある。それは傑作『たけくらべ』のであるが、上手な筆で丁寧に認められ、朱筆を以ってルビまで一々付けてある。（中略）さて一葉さんの妹のお邦さんの奔走によって、この博文館の『たけくらべ』の著者自筆の原稿を、そのまま単行の書物として出すという事になり、それが岩波書店から上梓される事になっていたのであった。岩波書店ではこの自筆の原稿を非常に貴重なものとして、蔵のうちに納めて置いたのであったが、やがていよいよ版にするというので、それを蔵から出して机上に置いたのだそうである。すると突然に襲い来たものが、大震災であった。この大震災という不可抗力のために、所謂《いわゆる》貴重な著者自筆の原稿も、忽《たちま》ちに灰燼《かいじん》になってしまったのである」

「たけくらべ」の原稿が焼失した話は、一葉の妹邦子から直接聞いたという。

博文館所有の原稿が灰と化し、その結果、秋骨の手許に残った『文学界』に掲載された原稿が唯一の原稿になってしまった。そのため、一葉に関する展覧会があるときは、必ず秋骨所有の自筆原稿が引っ張り出されて、大いに重宝がられた。しかし、秋骨はそれを丸めて本棚の引き出しに押し込んでいたので、皺になっていた。原稿の写真を撮影に来たカメラマンから、「もう少し可愛がっておやりなさい」と忠告されたぐらいである。

ところが、二〇一九（平成三十一）年一月十九日付けの各新聞紙上に、「早世した作家、樋口一葉の代表作『たけくらべ』の直筆原稿がオークションで競売にかけられて、二千百万円で落札された。落札者は国内の男性コレクター。近代日本文学史上の傑作の完全な原稿が、公開のオークションで取り引きされる事例は、極めてまれだ。（中略）原稿は状態が非常に良く、題字や文章が鮮やかに読み取れる」というような内容の記事が掲載された。

秋骨が持っていた一葉直筆原稿は当時の保存状態からして、二千百万円で落札された『たけくらべ』の直筆原稿とは考えられない。となると、関東大震災で燃えたとされていた原稿を誰かが灰になる前に持ち出して保管していたのだろうか。

第六章　『文学界』終幕

〝石炭がら〟の藤村

関西の旅から戻った藤村は、一八九四（明治二十七）年四月、生活のために嫌々ながら明治女学校に復職した。当時、藤村の授業を受けた相馬黒光《そうまこっこう》は「私はそれまで友達から聞いたりして期待していた先生の講義に失望すると共に、『ああもう先生は燃え殻なのだもの、仕方がない』と思いました。友達もみんな島崎先生といえば『石炭がら』で不平を洩らして居りました」（相馬黒光『黙移』）と述べている。

藤村の授業は前回と違ってやる気が見られず、生徒たちには不評だった。透谷の死、長兄秀雄の収監事件、好きだった佐藤輔子の結婚と、暗い出来事が続き暗く沈んでいた。そのようなとき一八九五年八月十三日、嫁ぎ先で佐藤輔子が死んだ。

卒業後、故郷に帰った輔子は、婚約者の札幌農学校講師鹿討《しし うち》豊太郎と結婚し妊娠した。輔子はひどい悪阻《つわり》に苦しみ、ほとんど食事を取らなかった。周囲にいた人は、彼女が意識的に食事を拒否しているように感じた。輔子が札幌の病院で静かに眠るように亡くなったとき、藤村の写真をハンカチに包んで大事に抱いていたという。

「お輔さんはただ一筋に藤村さんを思い、恋人と許婚の間に身をおいて苦悶し、なかなか他をかえりみるどころの沙汰ではなかったのであります。その結果は魂のみに自由を握り、現実は放棄した形になって、おとなしく許婚の鹿内さんに嫁ぎました。でもその諦めの結婚はお輔さんを生かすものとはならないで、直きにあのいたましい死が優しい彼女を襲いました。お輔さんの死が悪阻のためということになっており、また実際ひどい悪阻であったのには違いありませんけれど、生理的なその苦痛に堪えられなかったものは、矢張りあの人の魂であると思います」（相馬黒光『黙移』）

輔子の死は藤村に大きな打撃を与えた。新学期が来る前に、藤村はふたたび明治女学校を辞めた。その後、築地の陶器の製造場に職人として勤めながら、秋骨を追って帝国大学選科の入学を目指して受験勉強を始めたが、あてにしていた姉高瀬園子の経済的な援助を得られず、進学をあきらめた。そして、失意の中で一八九六年九月に明治女学校の同僚小此木忠七郎《おこのぎちゅうしちろう》の世話で仙台の東北学院に赴任した。

藤村が仙台に旅立つ前に、『文学界』の同人たちが不忍弁天の境内に集まって送別会を開いた。そのときの模様を出席できなかった大野洒竹にあてた一文が『文学界』四十四号（一八九六年八月三十日）の時文に掲載された。集まったのは、秋骨、藤村、孤蝶、禿木らだった。ちなみに時分の中に出てくる、笠雪《かさのゆき》は孤蝶、枇杷《びわ》坊は藤村、超脱自然氏は禿木、変調氏は秋骨と思われる。

洒竹庵に寄す

笠雪琵琶湖畔より来り、枇杷坊は東奥に當年風流の影を追はむとす。帰る近きにあり、発する亦《また》遠からず。詞友こゝに相会せざるべからずと、一夜駕《が》をつらねて小西湖上の一亭に上りしは、東台の鐘声早や九時を報ぜし頃なり。蓋《けだ》し議忽《たちま》ちにして会せしもの。荷葉青々《かようせいせい》として欄を蔽ひ、涼風袂を払うて冷かに、月は水を照らして波白く、長舟を湖心に浮かべてこの良夜を賞するが如し。暗潮氏あり、意気軒昂大詩人の焔を吐く。超脱自然氏あり、憮然として然も大に飲む。笠雪の志成り堂々たる大永、なほ眇《びょう》たる一書生然たるを怪しむはこの人。大丈夫この気宇なかるべからずと、そり身になりて快語満堂を圧する笠雪函山《かんざん》の美を説くは変調氏。枇杷坊は須らく東北の野に大に美人を駆るべし、この勇、ありや否やと、諸子いよいよ長舌を弄して終にわが壁を摩し来る。暗潮氏更に杯を呼び、天女祠堂の門をいでしは、更既にふけしの頃、湖畔人なく唯月と風とあるのみ、この良夜盛会、洒竹庵なきをうらむ。われ君と見さること久し、即ち湖心亭の記を求む。

八月廿三日、某

藤村の自伝的小説『春』は、仙台に旅立つ前の日、まだインクの匂いがする『文学界』第四十四号を、仙台行きの汽車の中で読み終えたところで終わる。

読み終わって、岸本（藤村）は笑わずにはいられなかった。雑誌もこの頃では悪くなって、連中は皆な御義理で書いているが、旅で見ればそれも懐かしかった。

汽車が白河を通り越した頃には、岸本（藤村）は最早《もはや》遠く都を離れたような気がした。寂しい降雨の音を聞きながら、何時《いつ》来るともしれないような空想の世界を夢みつつ、彼は頭を窓のところに押し付けて考えた。

「ああ、自分のようなものでも、どうかして生きたい」

こう思って、深い深いため息を吐いた。

校舎焼失と『女学雑誌』廃刊

一八九六（明治二十九）年二月五日の夜、明治女学校が炎に包まれた。女生徒たちは長屋のようになっている寄宿舎の十畳部屋に四人ずつ寝起きを共にしていた。教師で舎監の呉くみが廊下を走って呼び起こす声に、女生徒たちは飛び起き、火事と知り咄嗟《とっさ》に身支度《みじたく》を整えた。夜中にどんなことがあっても足袋《たび》をはかずに飛び出すような不始末があってはならない、脱いだ着物は必ず枕元にきちんとたたんで非常のときに備えるように厳しく言われていた。舎監の呉くみの教訓がこのときいきて、一人も取り乱した者はいなかった。下駄箱の方に火が回っていたので、女生徒たちは上履きのまま外に飛び出た。

火は寄宿舎の階下から起こったものだった。このころ貸していたパン屋の失火だった。女生徒たちが廊下を逃げているときには、もう校長宿舎に燃え移り、巌本の三人の幼い子どもたちは、それぞれ書生やお手伝いが抱きかかえて逃げた。巌本は病床の妻若松賤子《しずこ》を背負って冷えて凍りついた道をずるずると足を取られながら必死に逃げた。

入学したばかりの相馬黒光も焼け出され、近くの華族の一室に避難した。けが人は一人もいなかったが、賤子の容態がその夜のうちに悪化し、五日後の十日に亡くなった。賤子が翻訳した『小公子』の前編は一八九一年十一月に出版され、多くの人々に読まれていた。賤子はその後、肺の病が悪化しほとんど病床に暮らし、その中で四度目の妊娠もあったなか、後編の原稿を書き進めていた。その後編の原稿がようやく完成し、それがまだ賤子の手元にあったとき、原稿は灰と化した。

『女学雑誌』も第一号からのほとんどが、多くの蔵書とともに失われた。かろうじて焼け残ったものもページの大半が黒く焦げ、表紙が焼けてちぎれていた。しかし、『女学雑誌』は図書館に保存されていたので助かった。巌本や友人らの希望で、「小公子」の前編と図書館に保存されていた後編を合わせ、賤子の一周忌に『小公子』が上梓された。

しかし、巌本が十年にわたり書き続けていた勝海舟の会見を記録した原稿は出版前だったのでそうはいかなかった。一八八七年から勝海舟が逝去した一八九四（明治二十七）年まで、勝海舟を訪ね、そこで聞いたこと、見たことをすべて書き留めたものである。巌本は、焼け跡の中から古道具屋で買った木製の箱を見つけた。その中に保存していた勝海舟の原稿は、焦げ目がついただけで灰にはなっていなかった。一八九九年、原稿はまとめられ、『海舟余話』が刊行された。もし、原稿が灰になっていたら、勝海舟が巌本に語った幕末、維新の秘話は世に出ることはなかっただろう。

巌本が勝海舟に初めて会ったのは、明治女学校の初代校長木村熊二の妻鐙子の伝記を出版するに当たり、序文の執筆を依頼するためだった。木村熊二は彰義隊脱走後、勝海舟の側近として使えた。そんな時、同じ旧幕臣の外山正一が外交官となってアメリカへ渡るということを知り、木村もアメリカへ行って新時代を切り開きたいと海舟に相談した。海舟は木村に二百両を都合して、アメリカへ旅立たせた。木村は森有礼の渡米に紛れ込んで十三年を海外で過ごし、帰国後は熱心なキリスト教の教育者となった。

帰国して二週間後に開いた塾に入門してきたのが巌本善治だった。木村の妻鐙子を尊敬していた巌本は、鐙子の突然の死はショックであった。巌本は『女学雑誌』に「木村とう子伝」を連載し、一周忌の一八八七年十月にこれを一冊にまとめて『木村鐙子小伝』として女学雑誌社から出版した。出版に当たり、急逝した妻の伝記に花を添える序文を、木村が海舟に依頼したのだった。その使者として巌本は海舟に会い、それが縁で海舟との付き合いが始まった。明治女学校の経営に関しても、海舟に援助してもらっていた。

明治女学校は教会や宣教師の経済的援助を受けなかったので経営は楽でなかったうえ、海舟の死後はますます困難になっていた。校舎の焼失、妻賤子の死と続く大きな悲しみに耐え、巌本、そして明治女学校の女生徒たちは神に祈り、焼け残った校舎で授業は続けられた。

『女学雑誌』も若松賤子の死後、その人気は下降線をたどり始める。そして一九〇〇年三月二十五日に発行された『女学雑誌』五百八号に掲載された田中正造の「鉱毒文学」が政府を攻撃したという理由で、雑誌が没収されたうえ巌本は告訴された。それまで月二回発行されていたのが断続的になり、『女学雑誌』は危篤状態になった。結局、巌本は無罪となったが、この筆禍《ひっか》事件から一九〇三年六月までの三年余りの間に『女学雑誌』は七冊しか出ていない。巌本は一九〇三年末に『女学雑誌』の主筆を退き、編集を青柳有美《あおやぎゆうび》に任せたが、それでも続かず、一九〇四年二月十五日付けの五百二十六号を最後に廃刊になった。

女学校移転そして消滅

一八九七（明治三十）年、東京府北豊島郡巣鴨（現豊島区西巣鴨）の明るいくぬぎ林の中に明治女学校の新校舎が建った。六千坪の広い敷地は、木村熊二の兄桜井勉（熊一）の所有地だった。明治女学校は全盛期を過ぎて生徒数が減り始めているときに校舎が焼けて、財政は苦しく、巌本は資金繰りのため、文字通り東奔西走していた。教授陣の呉くみ、青柳有美、桜井鷗村《おうそん》らも明治女学校を懸命に支えていた。特に藤村の代わりで来た青柳有美は同志社を出たその年に着任し、木綿袴《はかま》の書生姿で教壇に立ち、情熱あふれる授業で生徒らを刺激した。しかし全盛時には三百人いた生徒が数十人にまで減っていた。

一九〇〇年春、野上弥生子《のがみやえこ》が入学したときの同級生はたったの十二人だった。そして、翌年六月二十一日、事件が起こった。

野上弥生子は明治女学校卒業後、夏目漱石門下生の野上豊一郎と結婚し、漱石の指導で作家となり、『森』で日本文学大賞を受賞する。自伝的小説『森』にそのときの事件が描かれている。

「星亭が殺された」

六月の、もう夕陽になった暑い午後、新橋から人力車でついた父が玄関でまっ先に発したこの一言を、加根（野上弥生子）は幾年のあとまでなにか奇妙に忘れなかった。

（略）

『星亭氏刺客に斃《たお》る』

の大きな見出しで、午後三時ごろ市役所の参事会議事室に侵入した暴漢により、議長の星氏が日本刀で刺殺されたのを報ずるとともに、その場で捕縛された犯人の名前を伝えているのを見た瞬間、それは活字であるより、なにか印刷機から飛び散った鋳鉄の粒々そのもののように加根の眼を打った。

「あっ、伊庭想太郎。学校のもとの先生」

星亭《とおる》を暗殺したのは、明治女学校で武道を教えていた伊庭想太郎《いばそうたろう》だった。

星はイギリスに留学し代言人（弁護士）免許弟一号だった。代議士になってからは「オシトオル」といわれるほど強引な手法を議会で用いることで知られていた。当時は国会議員が地方議員を兼任でき、星は東京市会議員でもあった。東京市会で汚職事件が起きたとき、星は新聞から「公盗の巨魁《きょかい》」と書きたてられた。その先鋒が毎日新聞の記者木下尚江《きのしたなおえ》だった。

『森』は、主人公の加根こと野上弥生子が、大分から上京し明治女学校に入学するところから始まる。加根はやせた中年の男と一緒に上野駅から汽車に乗り、明治女学校に向かった。

「毎日新聞の山下蕭雨《しょうう》という著名な記者だという以外は、どんな人かまるっきり知らず、ましてや彼が社会主義者で廃娼運動の闘士だ、といったことは想像もしえなかった」

ここに出てくる毎日新聞の山下蕭雨とは木下尚江のことである。弥生子の叔父小手川豊次郎の知人である、毎日新聞社の社長島田三郎に頼まれて、校長の巖本と親しい木下尚江が、大分の田舎から出て来たばかりの弥生子に付き添って明治女学校を訪れたときのことだ。

弥生子が入学したころ撃剣の授業を受け持っていたのが伊庭想太郎だった。勝海舟の寄付によって完成した明治女学校武道場の道場びらきのとき、校長の巖本は、「伊庭は代々剣道をもって聞こえた旧幕臣の家名を恥ずかしめない達人で、四谷の邸《やしき》にはいまも道場をかまえ、歌塾を開いて武士道的な訓育にあたっているほどの人物で、（中略）彼ほどの指南番をもつのは学校としてこの上ない名誉だ」と挨拶した。

政治家暗殺という大罪を犯した人間が、明治女学校で教えていたことは学校の評判を落とした。巖本は明治女学校を大学にしたいと思っていたが、一九〇一（明治三十四）年に成瀬仁蔵《なるせじんぞう》が日本最初の女子大となる日本女子大を創立した。新入生は予想に反して二百二十余人も集まった。国文、英文、家政の三科と高等科が置かれ、年を追うごとに大学は発展した。新しくできた日本女子大に人気を奪われてしまった明治女学校は大学昇格どころか、その経営さえ危うくなった。

さらに、巖本自身のスキャンダルが追い打ちをかけた。女性の道徳教育の必要性を訴え、女性の純潔を説き、一夫一婦制を主張してきた巌本であるだけに、女性問題は致命傷だった。それもいろんな噂がささやかれた。亡くなった妻賤子の妹みや子が巌本の妾同然の立場に置かれていたことは学内では広く噂されていた。明治女学校を出てからアメリカに渡り看護学を学び、帰国してから明治女学校で講師をしていた坂本夏子との関係も噂になっていた。帝国大学教授大塚保治の夫人楠緒子も噂の一人だった。大塚保治が海外留学中だったので楠緒子は明治女学校に聴講に来ていた。大塚保治の友人だった夏目漱石が松山へ赴いたのは、楠緒子に失恋したためという噂が立つほど知的で洗練された麗人だった。

最も衝撃的だったのが、女生徒川島八重と巌本の関係を怪しんだ八重の恋人隠岐秋之進《おきあきのしん》が逆上して刃物を持って巌本を追い回したという噂だった。その噂の真相は分からないまま広がっていった。

そして一九〇四年四月には、巌本は明治女学校校長を辞任した。呉くみが校長を引き継いだが衰退は止められず、一九〇八年十二月二十五日、明治女学校の最後の卒業式が行われた。在学生は精華女学校に移り、翌一九〇九年春、自由学園創立者の羽仁もと子、新宿中村屋創設者の相馬黒光、大正・昭和の代表的女流作家の野上弥生子など多くの才女を輩出した明治女学校は消滅した。

『うらわか草』の創刊

『文学界』の経営者で主筆の星野天知は、明治女学校を卒業した松井萬と結婚し、幸せの絶頂にあった。そのため文学への情熱をなくしていた。熱心なカトリック信者の萬は、夫の星野が小説執筆に熱中すると家の中が寂しくなると不満を口にするようになり、星野は家庭円満を優先し、一八九六（明治二十九）年二月発行の『文学界』第三十八号に、「熊に喰はれた男」を発表したのを最後に、小説家にな

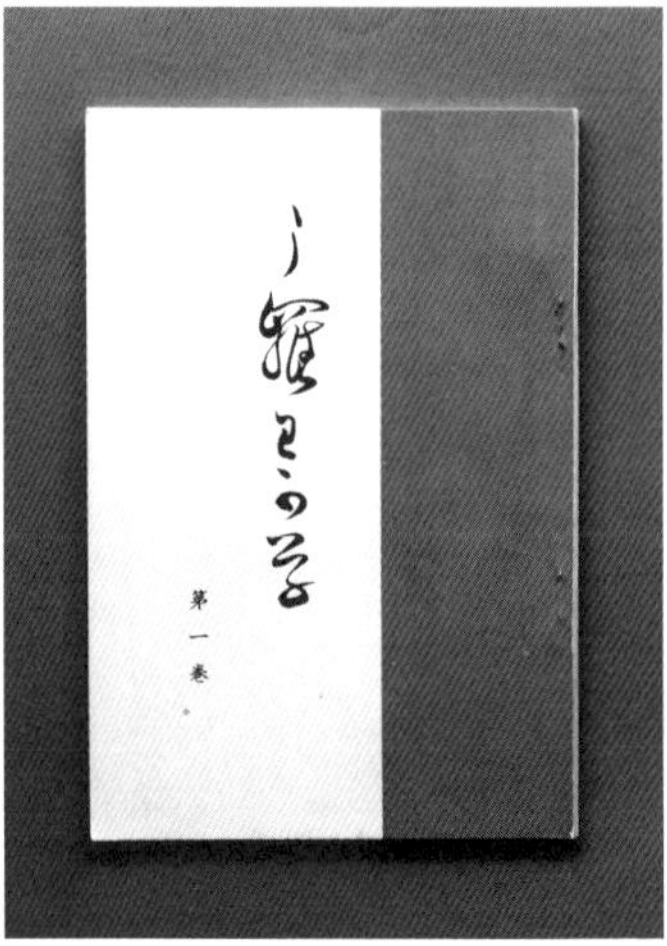

『うらわか草』表紙

るという夢を捨てた。天知が筆を折り、沈黙するようになると、次第に『文学界』も勢いがなくなった。同人たちは、思い思いにそれぞれの道を歩み出した。

　このころ秋骨は、『うらわか草』の発行準備に忙しく、『文学界』まで手が回らない事情もあり、一八九六年の一年間に、『文学界』に執筆したのは、第三十七号（一八九六年一月）の「近年の文界に於ける暗潮」（早川漁郎）と、第四十六号（一八九六年六月）の翻訳「オウィッドと自然界」（秋骨訳）の二編のみである。

　『うらわか草』は平田禿木が発案し、禿木と秋骨の二人が編集人を務めた。従来のキリスト教思想や女性地位向上の啓蒙的な『文学界』に飽き足らなくなり、純文学雑誌を目指したものだった。

　一葉に題簽《だいせん》を頼んだが、体調不良を理由に断られた。その代わりに一葉は歌人の小出粲《こいでつばら》を紹介した。小出は宮内省文学御用掛を拝命し、御歌所寄人として歌壇で活躍し萩の舎を援助していた。一葉の歌才を高く評価し、歌人として独立することをしきりに勧めていた。

　秋骨は、題簽のお礼のはがきを一葉に出した。

うらわか草の題字遣し被下難有奉存候色々御手数の事厚く御礼申上候先生へも宜しく御礼申上被下度願上候委しくは拝眉の上にて萬々
花も散る程になり候御わづらい如何に候やふりしきる雨ごとに侘しく覚候かかる折りに御消息にてもあらばなど思い暮らし申候
明治二十九年四月十九日夕　台町にて　戸川生

『東京朝日新聞』（明治二十九年五月二十二日付け）に、『うらわか草』創刊号が出版されることが紹介されている。

◎うらわか草　青年文士の団体を以て夙《つと》に世に聞こえたる文学界雑誌社にては従来発行の『文学界』の外に『うらわか草』という雑誌を四季に一回ずつ発行し前者には多く通俗体のものを載せ、後者には小説、随筆、論文、韻文等のやや清楚高調なるものを集めんとし、その第一号は本月下旬を以て発行す。一葉、禿木、藤村など之が陣頭にはらはるべし…

『うらわか草』第一号は一八九六年五月二十六日に発行された。体裁は菊判、九十二ページ、定価は十二銭だった。禿木、田山花袋、松岡（柳田）國男、藤村、一葉、三宅（田辺）花圃、そして秋骨らが執筆した。秋骨の「伊太利《イタリア》盛時の文学」は、ダンテ、ペトラルカ、ボッカチオによるイタリア・ルネサンスを紹介していた。秋骨の興味は浪漫《ロマン》主義文学からルネサンス文学に傾き、学究的な態度に変わってきていた。

『文学界』第四十号（一八九六年四月三十日）の裏表紙に『うらわか草』の予告が出ている。

「第一号、五月十五日発行。『うらわか草』は季ごとの刊行にして、月刊『文学界』と相伴うものとす。これを春夏の付録に代わる一小集と見るも可なり。或いは臨時の増刊と見るもさまたげなし。小説、韻文、漫筆、論文等すべて文藝美術に関する製作を収ること、月刊『文学界』に同じ。唯其材を選び、編を整うるの用意に至りては、自ら月刊の草紙と異なるものあるを期す。『うらわか草』の刊行と共に、月刊『文学界』は多く時流の文を論じ、新進文士のために地をなすに至るべし。『うらわか草』は社友諸子の企《くわだて》にいづ、諸子巻ごとに次を以て編輯の労を分かつべく、各其好む所に従って体裁趣向を構えるものとす。もとこれ江湖の一小草、敢えて文壇に一枝の華を添えるものにあらず。唯清楚の一小集を成せば足りれり」

この予告を見ると、発行が十一日遅れている。そして季ごとの刊行を目指していた。『文学界』第四十五号（一八九六年九月三十日）に、「『うらわか草』第二号十月刊行」の社告が出ている。続く、第四十六号（一八九六年十月三十日）には、「『うらわか草』第二号十一月十日刊行」という内容の発行延期の社告が掲載された。しかし、『うらわか草』第二号は刊行されることなく、第一号が出たのみで廃刊になった。

星野天知が事の顛末を語っている。

「池ノ端へ秋骨が下宿してから藤村、孤蝶の旧友も集まり、禿木も往来繁くなったので、自然理想論も高潮してくるのは青年活気の通習である。何れも若い器だ。すなわち純文学の一点張りとなって、誘導精神の雑誌ということも忘れて、一つの不平を捲起《まきおこ》した。（中略）新たに『うらわか草』を創刊して、編集を理想通りにするよう委託して第一号を発行してみた。果たして売れない。何程《なにほど》よい雑誌でも対手《たいしゅ》がなくては成立たない。よしや対手があっても気むずかしい選択をしたのでは草稿が集まらない。第二号の広告はしても発行が容易ではない。たちまち中絶してしまった。これでよい経験を得たはずだが、この頃から元気は取り戻せなかった」（『黙歩七十年』）

『文学界』閉じた秋骨

一八九七（明治三十）年一月、『文学界』第四十九号の表紙デザインが一新した。秋骨が恩師ケーベルに書いてもらったドイツ語のゲーテの詩と楽器ハープのイラストが表紙にあしらわれた。表紙を開けると、半透明の飾り紙が挟み込まれ、ゲーテ詩集の一場面を描いた二色刷りの扉絵が巻頭を飾る。西洋風な色調が濃くなった。この号から秋骨が編集を担当するようになった。

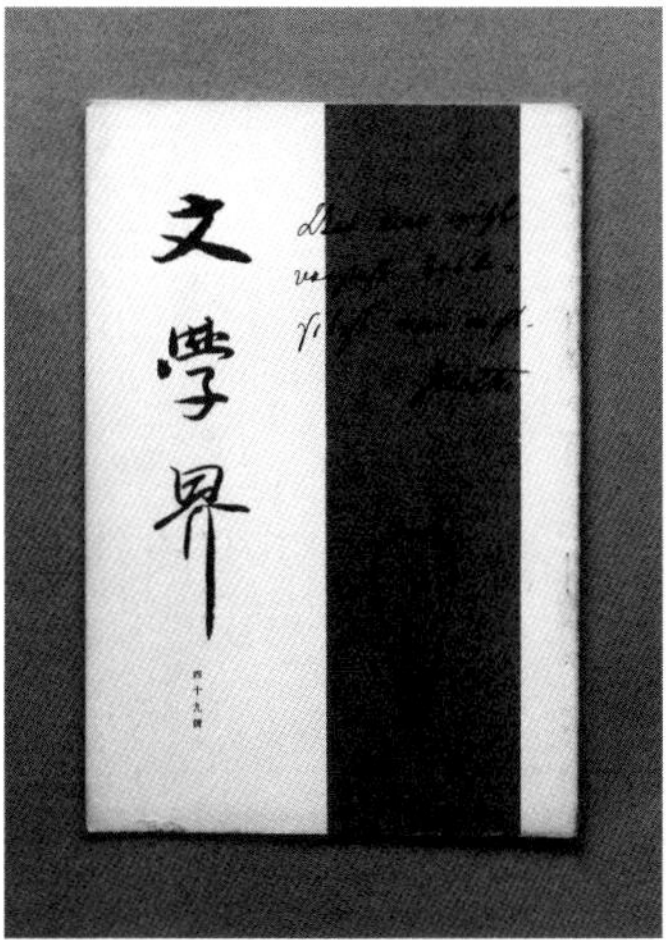

秋骨がデザインを一新した
『文学界』第四十九号表紙

星野天知の『黙移七十年』には、「泰西名画の写真版を載せ始めたので、其頃では豪華雑誌として又評判を持ち直した。美術写真版は、一々写真師小川一眞の手を経なければ鮮明に出来なかったから、読者は珍重したほどであった」とあるように、秋骨が一新した表紙と扉のデザインは好評だった。

禿木は『文学界』における秋骨をこう評している。「『文学界』では、戸川君は実はそう花々しく活躍はしなかった。が、いかにもまめで、随想を書いたり、評論を書いたり、しまいには時文を一人で引き受けてやっていた。その勤勉ぶりは実に驚くほどである」(『文学界前後』)

秋骨が編集人として孤軍奮闘しているとき、孤蝶が彦根中を辞めて東京に帰って来た。再会の喜びもつかの間、孤蝶は土佐出身の政治家千頭清民の推薦で、埼玉県立第一中学校の教員になるため東京を離れた。ところが、孤蝶はわずか半年ばかりたった十一月にそこも辞めて、ふたたび東京に舞い戻った。その後、孤蝶は日本銀行理事の河上謹一、そのころ日本銀行総裁に就任した山本達雄らの口利きで日本銀行文書課に勤務することになった。

藤村も、一八九七年七月、東北学院卒業式が終わると、教職を辞して東京に帰った。藤村は仙台時代に発表した詩集『若菜集』によって、新体詩の第一人者とされ詩人として名声を得ていた。気心の知れた仲間が東京に再び集まったが、孤蝶、藤村の二人から、以前のように情熱を吐き出したような作品が『文学界』で生み出されることはなかった。

秋骨は編集人としての責任感から、同人以外の作家に執筆を依頼し、自分でも毎号のように論文や翻訳を出した。それでも原稿がなかなか集まらなかった。第五十一号(一八九七年三月三十一日)は、秋骨の評論「プローヴァンスの恋歌」、藤村の「詩五編と短歌」、田山花袋の「詩五編」、洒竹選の俳句しか原稿が揃わなかった。八月末発行予定の第五十六号も原稿がなかなか集まらず、刊行が大幅に遅れて九月十六日にずれ込んだ。第五十七号は遅れを挽回しようと十月六日に大急ぎの発行となったが、秋骨の踏ん張りもそこまでだった。ついに十月号が休刊となり、翌一八九八年の一月号を、通常の倍近い七十ページに増やし、『文学界』五十八号をもって終刊となった。

終刊号は、巻頭に「廃刊告別」(星野天知)と「告別の辞」(島崎藤村)、続いて秋骨の「塵窓余談」

が載った。そのほかの執筆者は、大野洒竹、馬場孤蝶、田山花袋、上田柳村（敏）、武島羽衣《はごろも》らだった。『文学界』の浪漫主義文学運動は、透谷を生み、そして藤村の詩、一葉の小説という実を結んだものの、わずか五年間で終わった。その幕を閉じる役目を務めたのは同人のうちでも一番地味だった秋骨だった。

最後になっては一番当たり障りのない陪臣たる私が、妥協の一点張りというよりも何らの主張もなく、漠然と編集をやったこともあったが、その私も大学の修業を終わって、結局は地方へ行かなければならないということになったので、それに先立って『文学界』は終幕を告げた次第である。

——秋骨随筆集『自画像』「四十年前の文学界」

『文学界』残党

『文学界』が廃刊となり、その残党ともいうべき連中が集まっていたのは秋骨の下宿だった。下宿は本郷の菊坂、赤門と大学正面との中間のところを西に行った台町の崖のところにあった。表からは二階建てに見えるが、裏は崖の下の座敷に通じていたので三階建てであった。その最下層の地下室のような部屋は昼間も暗く、集合する連中は秋骨の部屋をサブタラネアン・ルームと呼んだ。その部屋に孤蝶、藤村、禿木、上田敏、斎藤緑雨らがいつもたむろしていた。秋骨と一緒に『帝国文学』を編集していた土井晩翠が川上眉山や緑雨に初めて会うなど、この部屋を中心に文人らが交流した。

一八九八（明治三十一）年二月のある晩、いつもの常連が秋骨の下宿に集まってワアワアとにぎやかに話していた。そのとき孤蝶が厚い毛の洋服を着て寝転んでいると、隣に座っていた秋骨が孤蝶の背中を撫でながら、「こうやっていれば君も可愛いね」と冗談を言った。「僕を熊の子だとでも言うのかい」と孤蝶が振り返った。すると斎藤緑雨がすかさず、「いや孤蝶は猪の弟だ」と言ったので大笑いになった。猪とは、孤蝶の兄で、有名な社会運動家の馬場辰猪のことだった。

斎藤緑雨がそのときのことを、『あられ酒』に「ひかえ帳」の題で書き留めている。

「三菱の有なりける明治義塾に、われの在学せる時、故馬場辰猪氏は其講師なりき。令弟勝弥氏の孤蝶と号し、職務のかたわら物書かるるによりてさる頃よりわれも知る人になりぬ。期せずして人々の打ち寄せる席に、厚き毛織の服着て俯ける孤蝶氏の背を、戯れに一人の撫でつつ君もそうしていると可愛いいねと言えば、僕を熊の子とでも思うのかと振り仰がんとするに、又の一人の隙さず先を折りて、猪の弟だ」

孤蝶は、日本橋の日本銀行文書課に勤め始めたばかりだったが、文学への思いを絶ち切れずに、旧『文学界』の仲間たちと絶えず行き来していた。文書課では邦文を担当し、同僚の北島亙《わたる》が英文を受け持っていた。北島はハーバード大学神学校で学び、妻のリリアンはアメリカ人だった。孤蝶はすぐに仲良くなり、酒好きな北島と一緒によく酒を飲みに行った。孤蝶の勤務ぶりは、ここでもあまり真面目ではなかった。仕事に慣れたころ、大阪造幣局から銀貨を東京へ運ぶ仕事を同僚の北島と引き受けることになった。貨車で銀貨を入れた箱を運ぶ役なのだが、貨車が駅で停まっているとき、孤蝶は持ち場を離れ、貨車から下りて周辺を見物した。それには温厚な北島も驚いて、きつく孤蝶を怒ったという。

堅い職業に就いた孤蝶は、一八九九年春、土方寧《ひじかたやすし》の姪である上村源子と結婚した。土方は孤蝶と同じ高知の出身で、東京帝国大学の教授だった。孤蝶が源子をどこで見初めたのかは分からないが、たびたび土方を訪れ、源子を射とめたようだ。翌一九〇〇年七月、長女照子が誕生した。

『若菜集』によって詩人として世に認められた藤村は、一八九七年、東北学院の教師を辞めて東京に帰った。そして一八九九年四月、函館の魚網問屋秦慶治の三女で明治女学校の生徒だった冬子と結婚した。仲人は巌本善治だった。藤村と冬子の結婚が決まったころ、長野の小諸で塾を開いていた木村熊二から、教師として来てほしいという話があり、その求めに応じた。新婚の島崎夫妻が落ち着いた家はかなり広い家だった。月給は十五円だった。これは夫婦二人がやっと生活できる程度のものだった。

藤村が小諸塾で英語と国語を教えていたころ、一九〇〇年四月に与謝野鉄幹を主宰とする『明星』が創刊された。創刊号には、藤村の詩「小諸なる古城のほとり」で始まる「千曲川旅情の歌」が、「旅情」と題されて掲載されている。鉄幹がロマンチシズムを掲げ、和歌に新風を吹き込もうとするとき、藤村は詩集『落梅集《らくばい》』を出したのを最後に、詩をつくるのをやめた。そして自然主義文学へと移っていった。

第七章　山口時代

山高英語講師就任

秋骨が東京帝国大学文科大学文学科選科を修了し、山口高等学校に英語講師嘱託として赴任したのは一八九八（明治三十一）年九月六日だった。ちょうど一年前、山陽鉄道の広島―徳山間が完成し東海道線と直結した。東京から西日本へ向かう旅行者はそれまで阪神から瀬戸内海を船で通っていたのだが、便利な鉄道ができたので鉄道を利用する者が多くなった。この鉄道は私鉄で、わが国最初の寝台車と食堂車を連結し、大阪―徳山間の三等が四円六十銭だった。

全国に高等学校の数が少なく、大学を優秀な成績で卒業したものは、高等学校の教授になることが立身出世の本筋の一つだった。一八八六年の中学校令により全国を五つの学区に分け、一から五の数字を付けた高等中学校が設けられた。いわゆるナンバースクールで、一高（東京）、二高（仙台）、三高（京都）、四高（金沢）、五高（熊本）である。山口高等中学校はナンバースクールにはならなかった。同校は藩校明倫館《めいりんかん》からの流れをくみ、設立の背景には地元出身者を帝国大学へ進学させることにより官界・政界へ人材を送り影響力を保持しようとした藩閥勢力の意向があった。旧藩主毛利元徳《もうりもとのり》を会長とし地元有力者を中心とする防長教育会が経費を負担していた。そのため山口を学校名に冠することに固執した。一八八七年に設立した鹿児島高等中学造士館《ぞうしかん》も同様に、薩摩藩時代から漢学の中心であった造士館の伝統の上につくられた学校という思いを込めて造士館の称を残すことを希望した。山口では毛利家、鹿児島では島津家が主となり多額の寄付をしたことによって、ナンバースクールでない特例的存在として認められた。日清戦争が始まった一八九四年、山口高等中学校は高等学校令公布により山口高等学校（山高）と改称された。

秋骨が着任したときの校長は河内信朝《こうちのぶとも》だった。実は、河内は山口高等中学校の初代の校長だったのだが、一八九三年十一月に起きた寄宿舎騒動の責任を取って辞職し、一時山口を去っていた。騒動が鎮まり、秋骨が赴任する半年前の一八九八年二月に山高の校長に再び就任した。

寄宿舎騒動

山口高等中学校で寄宿舎騒動が起きたのは、一八九三（明治二十六）年の明治天皇誕生日十一月三日の翌日だった。学校では天長節の祝賀式を挙げた後、糸米白石方面に行軍および発火演習（野外教練）が実施された。学生らは疲労を理由に、翌日を代休にしてほしいと申し入れたのだが、学校側はこれを許可しなかった。

翌四日の朝、登校してきた学生は十数人しかいなかった。井原舎監が授業に出席するように説得して回ったが、寮生はそれを受け入れず授業は行われなかった。その夜、発火演習の責任者だった体操科の池田助教授が授業欠席を理由に夜間外出を禁じる罰則を寄宿生に言い渡した。同夜九時頃、寄宿舎の寝室、自習室などが消灯されると、寮生が騒ぎ出した。それを制止しようとした教員に、消火用のポンプを持ち出して放水するなど暴れたため、河内校長は寮生全員に退去を命じた。寄宿舎から追い出された寮生は、東方の堅小路《たてこうじ》の宿屋に分宿し団結を誓い合った。

六日、寮生から選ばれた机長十九人が騒動を謝すると共に、寄宿舎の自治、学生に対する指導の改善や意思尊重、一部教師の授業などの改善を求める連署嘆願書を提出した。寮生に同情した通学生の総代十一人も同様の陳情をした。学校側はこれに対して、机長十九人を首謀者として全員除名処分とした。

翌七日午前、机長以外の寮生六十九人には十日間の謹慎が命じられた。謹慎処分となった寮生は、机長は首謀者ではないので、自分たちと罰を一つにしてほしいと嘆願書を提出した。通学生総代十一人も同情し同様の願書を出した。

八日午前、教官会議が行われ、寮生八十二人も提出した嘆願書により同じく首謀者として除名、同情した通学生総代十一人も除名という大変厳しい処分が決まった。それを知った、ほかの通学生全員百十四人も同様の処分を要請したため、九日に全員除名処分になった。そのため、学籍簿には事故や病気で欠席していた数名を残すのみになり、学校の存続が危ぶまれた。

山口高等中学校の騒動に驚いた文部省は、本省参事官の岡田良平を現職のまま、河内校長が辞職した後任の二代目校長として派遣した。校長に就任した岡田は、第一高等中学校教授時代の同僚北條時敬《ほうじょうときゆき》を教頭として呼び寄せ、山口高等中学校の建て直しの協力を要請した。岡田は、六歳上である北條を人間的に尊敬し、絶大な信頼を寄せていた。

一八九四年四月二十八日、北條は山口高等中学校から改称された山口高等学校（山高）に赴任するや岡田を補佐して、学生と教師の信頼関係を取り戻し、退校処分となった学生たちの全員復学を認めて事態を収めた。寄宿舎騒動から三年たち、岡田は本省の参事官に戻ることになり、その指名により第三代校長に北條が就任した。岡田はその後、京都帝国大学総長、寺内正毅《まさたけ》内閣で文部大臣を務めた後に東洋大学学長となった。その後、加藤高明《たかあき》内閣、若槻禮次郎《わかつきれいじろう》内閣でも文部大臣を務めた。

山高の校長となった北條が、学校経営の協力者として山高に呼び寄せたのが、秋骨の明治学院時代の恩師である杉森此馬《このま》だった。杉森は一八九四年九月、明治学院を退職すると、故郷に帰り福岡県立尋常中学修猷館《しゅうゆうかん》の教師になり英語と地理を担当した。一八九六年五月、茨城県尋常中学教諭となり、翌一八九七年一月から二カ月間、同校校長事務取扱を命じられた。そして同年九月に山口高等学校英語科の教授になった。

一八九八年二月、北條が乱れた風紀を改善するために四高に呼ばれると、杉森も北條から要請を受け、同年九月に四高に転任した。そのため、杉森の代わりに秋骨が山高に採用されたようだ。

秋骨は、明治学院を卒業してから数年して、恩師杉森此馬から長文の手紙をもらったことがある。それには明治学院を辞職する理由が書かれていた。それを読んだ秋骨は次のような感想を述べている。

アアした宗教学校では、すべて外国人の意見に従わなければならないのである。いやしくも自説を固執するとか強硬な考えを抱くとかすると、必ず衝突が起こってそこには居られなくなる。先生の辞職もそんなことから来たのである。たしか最初に水戸の中学だかに赴任されたのかと思う。そのうちに北條時敬氏に見出されたのである。北條氏は四高におられて、まだ学生であった西田幾多郎氏を愛された人で、しかも西田氏を退学処分にしたという、ちょっと変わったえらい人である。この北條氏の眼識が杉森先生を認めたので、その後杉森先生の行路はまことにスラスラしたのもであったらしい。

——『英語青年』(昭和十一年九月)

秋骨は、北條が「西田氏を退学処分にした」としているが、これは秋骨の思い違いである。北條は故郷金沢の石川専門学校（後の第四高等中学校）教師のとき、教え子の西田幾多郎を書生として寄宿させて非常にかわいがっていた。北條が帝国大学大学院に進学すべく上京した一年後、西田と級友山本良吉の二人は、英語教師本間六郎と授業の内容で衝突し四高を退校した。

その後、西田は北條を追って一八九一年、帝国大学文科大学哲学科に選科生として入学した。西田は四高を卒業していなかったので本科を受験する資格がなく、秋骨と同じ選科に進んだ。帝国大学には本科と選科があった。選科というのは正式に高等中学校を卒業できなかった学生や高等中学校に進めなかった学生が入学した。本科生とは区別され、格の低い扱いを受けていた。例えば、図書館では、本科生は書庫に入って本を探すことができたが、選科生は許されなかった。さらに選科生は図書室ではなく廊下に並べられた机で勉強しなければならなかった。そのうえ選科生の課程を終えても、帝大の卒業生と名乗ることはできなかった。西田はこうした差別への不満を北條に訴えたことがあるが、「（四高に戻って）正式に試験を受けて本科生になれ」と一喝された。

新進気鋭の教授陣

秋骨がいたころの山高教授陣は新進気鋭の顔ぶれがそろっていた。『禅の研究』で知られる西田幾多郎は、一八九七年九月に英語、ドイツ語の嘱託講師として着任した。同じくドイツ語教師の登張信一郎は、竹風という号で、すでに一流の論客だった。帝国大ドイツ文学科に進み、在学中から秋骨らと『帝国文学』の同人であり、日本に初めてニーチェを紹介した。広島県江田島の出身で、山高の卒業生だった。

小柳司気太《おやなぎしげた》は秋骨と同じく一八九八年に赴任し一九〇四年まで、倫理、漢文を教えた。東京堂版の漢和辞典を編集し、大正、昭和のロングセラーとなった。戸澤正保（佑射《こや》）は、一九〇一年から四年間教壇に立った。坪内逍遥と並ぶシェークスピアの紹介者で、学究的な訳本を書いたことで知られる。

佐々醒雪《さっさせいせつ》は一八九九年に国語、歴史の教授として赴任した。毛むくじゃらの大男だったが、見かけによらない文学好きだった。一九〇一年に高等学校教授の地位をふって、金港堂が創刊した『文芸界』の編集主幹になった。醒雪は創刊に当たって、一般から小説を懸賞募集し、そのうちの一つ「地獄の花」を高く評価した。作者は永井荷風という新人だった。醒雪が永井荷風を発掘したといえる。このように山高は賑やかな文壇的雰囲気をつくっていた。

もう一人、上から読んでも下から読んでも同じ名の三輪田輪三《みわたりんぞう》という理学士がいた。秋骨より三日ほど遅れて来た新任者だった。三輪田はそのときの秋骨について話している。

「氏はまだ一面識もない予を尋ねて、三日間の見聞を万事知らせてくれた。誠に親切な人である。二人は共に若く且つ独身でもあったので、直ぐに意気投合し、やがて一ヶ年間同じ室に寝食を共にすることとなり、肝胆相照らす様な盟友となったのである」（『謡曲界』、一九三九年九月）

秋骨は同僚の戸澤と最も気が合った。亀山公園近くの下宿を出て、当時の山口町と湯由温泉との中間の鴻ノ峰南麓の糸米という山里に移り、戸澤と丘の上と下の家に住むようになった。秋骨の住まいは日当たりのいい場所にあり、瀟洒《しょうしゃ》な家だった。動物好きの秋骨は猫を飼っていた。初めは雌猫を一匹だったのが、それが子を生み、孫を生みついには十数匹の猫が家に充満していた。庭には鶏も放し飼いになっていたので、客はまず鶏の間をすり抜けたと思ったら、次に玄関で十数匹の猫の出迎えを受けた。

デンケン先生

西田幾多郎は帝国大学文科大学哲学科選科を出たあと、母校の四高で嘱託講師をしていたが、学内の対立のあおりを受けて失職した。しかも、父得登と妻寿美の折り合いが悪くなり離婚。妻に去られ、西田はすべてを投げ出し金沢を離れ、京都の臨済宗宋妙寺にこもり、ひたすら座禅をした。それを知った北條は、西田を山口に呼んだのだった。

西田は北陸育ちらしく、いたって口が重く、いつも眠たそうな顔をしていた。座禅に凝っており、下宿では座禅を組んで過ごしていた。西田は四高の学生だったとき、すでに北條から禅を学んでいた。帝国大学在学中も、鎌倉円覚寺で禅修行を始めていた同郷の鈴木大拙《だいせつ》を訪ね、管長の今北洪川《いまきたこうぜん》から公案（参禅する人に悟りを開くための課題）をもらっていた。

西田はどんなときも周囲のできごとに、われ関せずといった顔付きをしているので、チットンという外国人教師が、「いったい君は幸福なのか。アー・ユー・ハピー?」とけげんそうに尋ねた。それから同僚たちは西田に、「アー・ユー・ハピー」とあだ名を付けた。一方、生徒らは西田のことを、「デンケン先生」と呼んでいた。デンケンとはドイツ語で「考える」という意味という。生徒はいつも目を閉じている西田を見て、何か考えていると感じたのだろう。生徒の方が、後に日本を代表する哲学者となる西田のことをよく見ていた。

山高に赴任した秋骨は、初対面から西田を「偉い人だ」と思った。西田も秋骨を気に入ったらしく、秋骨の下宿に訪ねて来ることがあった。西田は外から、「戸川君いるか?」と叫んだ。「オオ」と秋骨が返事をして障子を開けると、西田は構わず部屋に入ってきた。部屋に入ると、向かい合いになって茶をすするのだが、西田は二十分でも三十分でもひと言もしゃべらない。黙々としている。突然、「どうだ、外に出んか」と西田が言う。ふたりは亀山公園の小高い丘を登るのだが、西田は風景がいいとも、天気がいいとも何も言わない。

あるとき、いつものように亀山に登ると、頂上にある石の上で西田は眠ってしまった。秋骨は西田を置いて帰ることもできず、そばで目を覚ますのを待っていた。やがて西田は目が覚めるや、「帰ろうか」と言って、さっさと丘を下りた。しかも下りる間も二人はひと言も交わさなかった。そして別れ道に来ると、西田は「失敬」と言って帰ってしまった。秋骨はキツネにつままれた具合だったが、ちっとも悪い気はしなかった。秋骨と西田の交友は、わずかに一年に過ぎなかったが、秋骨は西田に深い印象を受けている。

一八九八（明治三十一）年二月、北條が金沢の四高校長に転任した。この年、西田は父の逝去により、妻寿美と復縁した。翌一八九九年七月、西田は北條校長の要請により四高教授に就任した。同年六月三日の西田の日記には、「午後河内校長ヲ訪フ、余ノ事決ス、夜蛍ヲ見ル」とあり、五日にも、「夜戸川、佐々、松本、渡辺君ト蛍花ヲ見ル」と記されている。西田は四高転任が決まり、秋骨ら仲の良かった同僚を誘ってホタル見物に出掛け、気の合う山高同僚との別れを惜しんだ。

西田君は、当時学校の休暇には、京都の妙心寺に修禅のために行かれた。夏の長い休みに別れる時、『妙心寺に来い、麦めしでも食わしてやるから』と言われたが、私はついに行く機会をもたなかった。京都大学教授の西田君は、偉い人に相違ないが、私はその当時の西田君も、同様に偉かったと思う。

――秋骨随筆集『自然・気まぐれ・紀行』「その頃の人たち」

あこがれの夏目漱石

秋骨は、山口に赴任して一年後の一八九九（明治三十二）年七月二十一日に教授に任じられた。同僚だった戸澤正保は、当時の秋骨について、「同僚や生徒に対しても極めて評判のよい方だった。温厚な中にもどこか凛《りん》とした風骨を蔵《ぞう》しておられた性格が、同僚にも尊敬せられ、生徒にも敬慕された最大要因だと思う」（『英語青年』第十二号）とほめている。

秋骨は英語を担当し、エマーソンやスウィントンなど英文学を教えていた。秋骨から英語の授業を受けた、一九〇五年卒業の青木健作（後に小説家。法政大学名誉教授）は、「先生は早口で歯切れのいい江戸弁だったが、生徒からの質問に即座に明快な説明ができないときは、『この次までに調べてきましょう』と、あっさり兜《かぶと》を脱がれる。そして次の時間に、また同じ質問をすると、たいてい調べてくるのを忘れておられた。その点随分ずぼらな方だったが、しかし先生の淡々なる性格に好感を持っていたので、誰も強いて追及して先生を困らせるようなことはなかった」（『英語青年』第十一号）と言う。

青木が授業で一番印象に残っているのは、秋骨が折りに触れて「シェークスピアがちっとも面白くない」とよく言ったことだった。

「当時、私たちはシェークスピアといえば神様のごとく偉大な存在だと思っていたのに、それがちっとも面白くないと言われたので、一種のショックを覚えた、また同時に先生がいかにも率直に自分の信じるところを表白される、その態度に敬服もしたのである」

青木はもう一つ印象に残っていることを挙げている。

「今の英文学者の中で、最も造詣《ぞうけい》が深いのは、世には余り知られないが、一高教授の夏目金之助（漱石）という人で、坪内逍遥の比ではないと言われた。その頃漱石は既《すで》に『倫敦塔《ろんどんとう》』其の他名文を発表されたはずであるが、草深い田舎者の私たちはもとよりその名さえ知らなかった。これだけでも私達が秋骨先生に啓発されたことの頗《すこぶ》る大きいことに感ずると共に、先生の識見が高邁《こうまい》であったことを思わざるを得ない。先生は単に英学者と言うよりも先覚者であり、独特の文明批評家だったという感じがするのである」

秋骨が授業の中で漱石をほめたとき、坪内逍遥のことを引き合いに出したのには理由がある。一九〇一年のこと、秋骨はこの年六月に刊行された坪内逍遥の『英文学史』を手に入れて読んでみると、イギリスの文学史家センツベリの翻訳のようだが、どうも訳が間違っているように思った。秋骨は、坪内先生に間違いのあるはずはないと思ったが、知り合いの老大家に本を送り確認してもらったところ、老大家はひどい間違いであると言われる。それで、秋骨は自分の考えに間違いないだろうと考えて、批評文「坪内博士の英文学史を読む」を蒼梧洞生《そうごどうせい》の署名で『帝国文学』（一九〇一年十二月十日）に発表した。誤訳と思われる点について、個々にわたり細かい問題点をあげて、自分の考えを堂々と述べて、「博士と江湖に問わんと欲するなり」と結んだ。（江湖《こうこ》とは世の中、社会の意味）

しばらくして、坪内から『英文学史』が送られてきた。その本は再版で、秋骨の批評文がそっくりそのまま転載されていた。

秋骨が授業で坪内逍遥を漱石の比ではないと言ったのは、秋骨が『英文学史』の間違いを発見してから、再版本が送られてくるまでのことだったと思われる。再版本を贈呈された秋骨は大いに恐縮し、その後はすっかり坪内に心服してしまった。

私は学校を出たばかりの一書生であるに老大家がこうした拙文を、しかも先生には不利益とも思われるものを、そのまま収めて転載されたという事は、私自身の名誉もさることではあるが、先生の宏量寛容の徳に至っては正に深大で、深くそれに敬服してしまったのであった。

——秋骨随筆集『自画像』「坪内先生に関する憶出」

秋骨が初めて夏目漱石の名を知ったのは、一八九三年に『哲学雑誌』で発表された「英国詩人の天地山川に対する観念」という論文だった。この論文は、同年一月二十九日に当時帝国大学文科大学三年だった漱石が、外神田の青柳亭で催された帝国大学英文学談話会の例会で講演した内容だった。それは十八世紀末から十九世紀初頭のイギリスの詩人を俎上《そじょう》に載せ、個々の作品と自然観を読み解き、それらの詩人らは自然より人工的なものを重くみていたという評論だった。このときの講演が面白いと評判になり、二回に分けて『哲学雑誌』に掲載された。秋骨が『文学界』に書き始めたばかりのころである。

「自分は、この一篇の論文により、始めて夏目氏の名を知ったのみならず、少なからずその文字と趣意とに敬服してしまって、その時始めて英文学というものについての明確な観念を得たように思った」（『英語青年』一九六六年七月特別号。「文豪夏目漱石」一九二一年、春陽堂より転載）と、秋骨はこのときから漱石に心酔していた。

秋骨が漱石に初めて会ったのは、一九〇〇年の夏だった。夏休みで上京したとき、文部省より英国留学を命じられた漱石と、パリ万国博覧会で開催される商工実業教育万国会議の委員として出席する神田《かんだ》乃武《ないぶ》の送別会が神田学士会で開かれた。秋骨もその会に顔を出したのだが、山口の田舎にいたので、当時の学界の趨勢《すうせい》などは少しも分からず、黙ってみんなの話を横から聞いていた。皆盛んに弁じ立てていたが、中でも会の中心である神田は得意になり、英語の話やその教授法を大声で説いていた。もう一人の中心である漱石は、神田と正反対に黙り返っていた。秋骨は漱石に会うのは初めてだったので紹介されたのだが、挨拶を交わすと漱石はすぐに苦虫を噛み潰したような顔に戻った。それから食事になって席に着くと、隣に漱石が座っていた。思い切って秋骨が話し掛けても、漱石はムッとしているだけであった。

私どもはまあ喧嘩した夫婦同志が膳に向かい合ったような具合で食事をすました。そして食事後ももとより同様でそのうちに会は解散された。夏目氏の私における第一の印象はこんなものであったが、しかしこれは普通ならばはなはだ悪い印象になるはずであるが決してそうではなくむしろ何か深い感銘を受けた。

――秋骨随筆集『文鳥』「知己先輩」

修学旅行と図書主任

一八九九（明治三十二）年には、行軍演習を兼ねた修学旅行が春秋二度実施された。この年の春の修学旅行は、秋骨が学生を引率して三月十九日から六日間、それぞれの学科の特徴に応じて三班に分かれて北九州地方を見学して回った。秋骨は工科の学生を引き連れて、まず千壽《せんじゅ》製紙株式会社小倉工場と八幡製鉄所を見学し、その後久留米を経て大牟田に入り三井三池炭鉱を訪れた。

三井三池炭鉱見学では、ちょうど昼食時にぶつかり、三井鉱山合名会社が修学旅行の接待では珍しいほど豪華な昼食を社宅の広間に用意してくれた。食事前に三井鉱山を代表して挨拶をしたのは、大阪中学校のときの同級生牧田《まきた》環《たまき》だった。

牧田は、一八九五年に帝大採鉱冶金科を首席で卒業すると、同窓生の佐伯芳馬、高城規一郎らと共に三井鉱山合名会社に入社した。一八九七年三月には三井三池炭鉱勤務を命じられる。一八九八年六月、団琢磨《だんたくま》専務理事に同行し、欧米に出張した。同三十二年二月に帰国後、三井三池炭鉱の七浦坑採鉱所主任として着任した。後に牧田は団琢磨の二女めいと結婚する。

牧田の出世ぶりに驚いた秋骨だが、「それでもマキタ氏は私にはマキタ君であった」とまだ中学校のときのおっとりした牧田のままだった。ところが、それからの牧田の昇進ぶりはめざましく、一九〇二年には三井三池炭鉱工務幹事に抜擢され、三井財閥の経営者となった岳父団琢磨に協力して、鉱山部門の近代化と重化学工業部門の多角的発展のために精力的に働き、ついに三井鉱山会長にまで上り詰めた。

その時その昼食の席に出て挨拶をされたのは、誰あろう、マキタ氏であった。私共がからかった―決していじめたのではない、それは堅くことわっておくが―マキタ・タマキ氏であった。恐らく昔からの友誼の上から、特にマキタ氏がこの優良な昼食を供してくれたのだと、私は考えたのであった。然《しか》らざれば、こんな学生の団体を、そんな立派な昼食をもってもてなすというのは、三井といえども当時そう簡単になすべきでなかったと考えられるからである。　――『東京新聞』（昭和十二年三月）

秋骨は、学校では図書主任の仕事もしていた。その模様を書いたエッセイが、一九〇五年七月号の『学鐙《がくとう》』に「村夫子《そんぷうし》の小文庫」の題で掲載されている。このエッセイが秋骨の『学鐙』初登場である。題名の「村夫子の小文庫」とは、田舎教師の本道楽のような意味だろう。秋骨は図書主任の特権を生かして、自分が読みたい新刊本や雑誌を、直接外国から取り寄せたり、東京日本橋の書店丸善に注文したりしていた。秋骨はただの本好きという範疇《はんちゅう》に納まらず、関心は表紙のデザインや紙質、体裁にまで及んだ。

郵便屋が小包を手渡しする。ハテ何が来たのであろう、大きさがサイモンズの『ダンテ研究であろうか、同時に注文した希臘《ギリシャ》神話の書物であろうか、表紙の色はどんなであろう、自分は英訳ドーデーの『小傑作集』のはとば色に似た表紙が頗《すこぶ》る気に入っている。今度のも表紙がよければ良いが。紙質は如何《いかん》、近頃は何という名かきめの粗《あら》い極めて軽いのが流行るようだ。全体自分はあまり華麗な製本は好まぬ。金縁などもあまり有難くない。凡《およ》そ書物は一種の装飾になるというものの、一面は是非実用に適しなくてはならない。

――『学鐙』「村夫子の小文庫」

謡の稽古

「謡《うたい》の稽古に行くので、一緒に行かないか」と秋骨を最初に誘ったのは、同僚の佐々醒雪と氏家謙曹《うじいえけんそう》だった。それに着いて行ったのが三輪田輪三と秋骨だった。

最初の謡の稽古は面白いものだった。先生は資産家で謡は趣味でやっていた。弟子に一人一人口授するのだが、なぜか大勢の子どもたちが左右に座っている。口授が終わると、佐々醒雪、三輪田三輪、氏家謙曹、秋骨の四人の合唱だった。なかなか四人の声が出ないので、先生が「邪険に突っかかるように声を出せばよかろう」と言うと、佐々が「俺はそんな邪険な男ではない」と返す。三輪田は理学士なので、幾何学でもやるように、本に上下仰揚を図にして書いていた。秋骨は妙な顔つきをして身体をいろいろ曲げたりしてみる。左右に座っていた子どもたちがそれを見てドッと笑い出した。

秋骨らは、「笑われるために習いに来たようなものだ」と話しながら帰ったのだが、いったい何のために子どもたちが並べられていたのか、結局分からずに終わった。

そのうち、謡の指南を職業とする本当の先生につくことになった。しかし、この先生もいい加減なところがあり、秋骨はやる気をなくしてしまった。それでも、毎年五月に野田神社という毛利家の神社で能が催され、広島から十河一輝《そごうかずき》が来たとき、十河を招いて、四人で小宴を開いたこともあった。秋骨は、「その席で一人一人謡わされた。それには十河氏も辟易したらしく、『どうか仮名をよくご注意くださって』とか言って帰られたのだけは覚えている。謡は言語道断、箸にも棒にもかからないと言ったところだろう」と話している。

山高の同僚と一緒に楽しむ謡の稽古は長くは続かなかった。まず佐々が一九〇一（明治三十四）年に山口を去り、次いで氏家、三輪田もいなくなった。

秋骨が初めて本物の能を観たのも山口のころだった。喜多流の十四世喜多六平太が山口に出張に来たとき、その歓迎会の席上で「百萬」を舞った。座敷で行われたので、面《おもて》と能装束《しょうぞく》をつけずに舞う仕舞《しまい》だった。


『百萬』のクセの内に『玉水は名のみして、影うつるおもかげ、浅ましき姿なりけり』という処がありますが、其処で先生は二三尺前きの処に眼を据えて自分の水に移る姿を見たような趣を示されました。がその姿が何とも言えなく美しかったばかりでなく、それは広い屋敷で舞われたのでしたが、その座敷が山城の井手の里かと思われ、畳が玉水をたたえたように見えたのでした。その時私はこれはすごいものだと感服してしまい、それから能というものを好むようになったのでした。

——秋骨随筆集『凡人崇拝』「六平太氏の能」

玉子が女子美術学校設立

秋骨が山口で謡に熱中していたころ、東京では叔母横井玉子が長年温めてきた計画を実現しようと行動に移していた。十六年間勤務した女子学院を辞め、女子美術学校の設立の準備に取り掛かったのは、一九〇〇（明治三十三）年九月だった。院長の矢嶋楫子は、強く慰留したが、玉子の決意は固く快く送り出すしかなかった。

玉子は熊本にいたころ、横井小楠の妻つせ子から裁縫、料理、茶道、作法などの婦芸を習い、熊本洋学校校長ジェーンズの婦人ハリエットからは洋裁や西洋料理を教わった。東京に来てからも箏曲《そうきょく》、裁縫、茶道、華道などあらゆる婦芸に磨きをかけ、免許や技術の収得に執念を燃やした。絵を描くのが好きだった玉子は、本格的に絵の技術を学ぶために、本多錦吉郎が主宰する画塾に入門し、一八八六（明治十九）年には洋画家の浅井忠の門下生となり男子と一緒に油絵や水彩画を学んだ。そこで身に付けた絵画の技術と知識を、女子学院の女生徒たちに教えるうちに、女生徒らの中に絵を描く適性を見つけた。

当時は、明治維新後の極端な欧化主義への反動と、国粋主義の流れに乗り、西洋画の排斥運動が起こった。日本画の素晴らしさを訴えるフェノロサの影響もあり、日本の伝統美術が尊重され、一八八七年に設立された唯一の官立美術専門学校だった東京美術学校（現東京芸術大学）には伝統美術の学科しかなく、西洋画を教えていなかった。明治美術会の浅井忠や小山征太郎らは行き過ぎた国粋主義の美術行政に対抗し、西洋画科の設置を訴えた。東京美術学校に同科が新設されたのは一八九六年のことである。入学は男子に限られ、女子に入学を許可したのは一九四六（昭和二十一）年、戦後になってからである。

「どうして東京美術学校は女性を入学させないのか」

玉子は納得いかなかった。実家の原家も婚家の横井家も時代の先端を行く考えと、新しいことを受け入れる柔軟な心の持ち主が多かった。熊本洋学校では女子も学べたし、玉子が信じるキリスト教の教えには「人は平等」とある。

一八九九（明治三十二）年、女性の自立のための職業として美術教師の道を開きたいと考えた玉子は、フランス帰りの洋画家黒田清輝《せいき》、藤島武二、和田英作らが結成した白馬会に入会し、美術女子学校の設立に向けて準備を進めた。校舎を建てる土地から探さなければならなかった。寄付金や出資金を募り、早朝から深夜まで奔走した。このころ、玉子は病魔に侵されており、残された生命の炎を燃やすような日々だった。玉子は親族、知人から寄付を募り、矢嶋楫子の協力もあり、ほどなく出資金の目途がつき、学校建設地候補として本郷弓町（現在文京区）の土地も見つかった。

弓町は玉子にとってもなじみのある所だった。弓町本郷教会の初代の牧師は海老名弾正だった。弾正の妻は横井小楠の長女みや子である。二代目牧師は小楠の長男横井時雄だった。みや子も時雄も一緒に生活し熊本洋学校で共に学んだ縁続きである。横井時雄の口添えで、本郷区弓町二丁目一番地の旧大聖寺藩主前田子爵邸の梅林を借り受けることができた。

「夫れ一国の美術は其国民の文明、知識、信仰、趣味の程度を説明するに足るものなれば、その進歩、発展が一国文明の進歩、発展に相伴髄《はんずい》するや論なく、其製作品の如何が国風の涵成《かんせい》に尠《すく》なからざる影響を与ふるやいう迄もなし」に始まる設立趣旨文に校則と設立願を添えて東京府知事に提出した。

設立願には、百四坪の敷地に一階九十坪（教員室、事務室、応接室、二教室、標本室）、二階八十四坪（講堂、五教室）となっている。設立発起人には横井玉子、藤田文蔵、田中晋、谷口鉄太郎が名を連ねたが、中心的な役割を果たしたのは玉子だった。

一九〇〇年十月三十日に正式に認可され、翌一九〇一年四月一日、私立女子美術学校が開校した。校長は彫刻家の藤田文蔵が就任し、職員十六人でスタートした。校長の藤田は、矢嶋楫子が洗礼を受けた新栄教会の会員だった。玉子もよく知っている人だった。教員に礒野良雄（西洋画）、島田友春（日本画）、土岐栄子（裁縫）、岩村透（美術史）久米桂一郎（解剖学）らがいた。学科は日本画、西洋画、彫《ちょう》塑《そ》、編物、刺繍、裁縫があり、ほかに美術史や解剖学などの教科を設け、カリキュラム内容も講師陣も充実していた。

しかし、初年度の入学者はわずか十一人、学校の運営は最初から困難を極めた。玉子は舎監として母せきとともに校舎の片隅で暮らし、生活のすべてを学校の運営に捧げた。学期中途でも入学できる制度を採用したり、学校の知名度を上げるために第一回展覧会を開催したり、生徒を増やすために身を粉にして奔走する日が続いた。少しずつ生徒が集まり始めたころ、経営方針に不満を持った発起人の谷口、田中の二人が学校を去った。出資金の返納を求められ、経済的危機から廃校するほかに途はない状況に追い詰められた。

それを救ったのは順天堂医院長佐藤進の夫人佐藤志津だった。一九〇二年一月、女子美術学校は佐藤家の経営に代わった。学校経営は佐藤志津に引き継ぎ、玉子は学校に残り学校運営に携わった。そして同年三月、第一回卒業式が挙行された。卒業生は十四人だった。ついで十一月に第二回卒業式が行われた。このときの卒業生は七人だった。

玉子は心労が重なり、病状は進み日に日に痩せて弱っていた。学校のことが心配で診療を拒否する玉子を、佐藤夫人が説得し順天堂に入院させたときはすでに手遅れの状態だった。

一九〇三（明治三十六）年一月四日、横井玉子は息を引き取った。葬儀は女子美術学校による学校葬だった。一月八日、同校より出棺し、谷中斎場においてキリスト教式で行われた。女子美生徒、女子学院生徒、一般会葬者と続きその列は数百メートルにも及んだ。巌本善治、海老名弾正、葬儀委員長の徳富蘇峰が弔辞を述べた。

巌本善治は、「多年の知己横井たま子君長逝す。君素と才を葆《つつ》み光和らぐ、公に其徳を賛美する如きは蓋し必ずや其好み玉はざる所ならん」に始まり、「昔は小楠先生　君が良君の洋行に送りて曰く…（略）君が良君は果たして此の送別の言に負かざりき。而して　君亦終生　亡君の遺志に違うことなかりき。嗚呼、君、表裏を結び新旧を合わせ、技術と精霊とを一つにし、身を以て其の例證とす。茲《ここ》に女子美術学校の建築　新たに成れる時　君が肉体は毀《やぶ》れたり　来学の書生大に増加したる時　君が命数は人盡《つ》きたり」と朗々と読み上げた。横井小楠が、佐平太と大平がアメリカに旅立つとき、二人に贈った「送別の語」にまつわる内容だった。

「送別の語」
堯舜孔子の道を明らかにし　西洋器機の術を尽くす
何ぞ富国に止まらん　何ぞ強兵に止まらん　大義を四海に布かんのみ

小楠の「四海同胞」の思想を夫佐平太から受け継ぎ、生命をかけて、絵画や裁縫などの美術によって女性の自立の道を開く女子美術学校を誕生させた玉子に敬意を表していた。

玉子の遺骨は、夫佐平太が眠る谷中霊園に葬られた。

廃校による処遇を談判

山高は文部省の学校ではあったが、経費は防長教育会が半分出していた。防長教育会は、一八八四(明治十七)年に旧藩主毛利元徳が中学校の整備をするために発案し、井上馨《かおる》らが基金を集めて創設された。基金から出る利子と、県の補助金五千円で中学校を経営し、人材を養い長州の地位の安泰をはかるものだった。そのため、防長子弟は優先的に入学が許可されたり、入学試験科が軽減されたり、入学してからも授業料の半額が補助されるなどさまざまな優遇があった。

ところが、一八九七年前後からの全国的な高等学校大学予科の入学志願者激増に伴い、文部省が入学制度の統一を図ったため、山高の県外入学者が急増した。特に一九〇二年から実施された共通選抜試験制度は、全国一律に実施される試験の成績と、志望の順位によって学校が決められるため、防長子弟といえども優先的に入学することができなくなった。過半数を超えていた県内出身者は一九〇四年には全体の二割まで落ち込み、「防長子弟のための高等教育機関」という主旨に合わなくなった。

さらに学生数が増加したため、防長教育会の財政問題にも大きな影響を与え、校舎修繕や改築などの多大な出費が見込まれたことから、防長教育会は山高の国庫移管を文部省に申請した。国庫移管については鹿児島の造士館も同様だったが、こちらの方は文部省が全部引き受けることになったが、山高は元のままだった。そのため防長教育会の実質上の会長井上馨が文部省に迫って、「造士館と同じにしろ」と要求したのがもとで、当時の文部大臣児玉源太郎と衝突し廃校が決まったと噂された。紆余曲折《うよきょくせつ》の末、政府は実業専門学校の配置計画と大陸に近い山口県の地理的関係を考慮し、その校種を高等商業学校に変更することを一九〇四年十月に決定した。

一九〇五（明治三十八）年二月二十四日、山口高等学校は防長教育会の手から離れると、実業専門学校に改められ、山口高等商業学校と改称されることが発表された。そして同年四月から山高の新入生は採らないことが決まった。山高の廃校が決まると、職員、生徒間の空気は沈痛なものだった。山口高商への転換により、生徒定員が五百人から三百人に減少した結果、教職員定員も半数に減り、教員の更迭《こうてつ》が決まった。松本源太郎校長からは、教員はいつでも転任の口があり次第、山高を辞めていいとの通達があった。これを聞いて大いに憤慨したのが秋骨をはじめとする若手教員四人だった。

「勝手に転任したら現在の生徒はどうなる。二年生と三年生を卒業させるまでにあと二年かかる。二年は短いが生徒にとっては大切な二年である。その間教師は欠員の出来次第辞めていいとは不親切だ。我々は生徒を卒業させるまでは転任の口があっても転任せぬ」と宣言した。そして、「その代わり防長教育会は、学校に必要なくなるまで留まる教職員に対して、退職金のようなものを出せ」と主張した。

秋骨ら若手教員が主張した内容は、

一、残留教員の退官者に特別報酬を給与し、其の標準を各人退官当時の俸給一年分とすること。

二、明治三十九年七月を以て退官すべき独逸《ドイツ》人一名、英国人一名、本邦人（日本人）一名には記念品を贈与すること。

戸澤正保はこのときのことをこう話している。

「これは事実生徒を第一に考え、次に長く奉職している老教職員の将来をも考慮したもので、自分たちのことは念頭に置かぬという若いもののみが持つ義侠《ぎきょう》心から出たのです。その主張者は四人でしたが戸川君もその一人でした。これは戸川君の功績の一つだと信ずる次第です」（『英語青年』第十二号）

松本源太郎校長から当時の防長教育会会長の柴田家行に、秋骨らの主張を伝えてもらうと、実はいやいや取り継いだ校長の期待に反して、会長が大いに賛同し、ついには秋骨らの主張が実行された。ちなみに外国人教師に贈られた記念品は金時計など、秋骨の謝礼金は七百円だった。最終的に山高からの残留教員は横地石太郎教授ただ一人だった。横地は後に校長となった。

一九〇五年五月、山口高等学校は廃止となり、山口高等商業学校として開校式が行われた。なお在学中の旧山高の生徒のため、翌一九〇六年七月の卒業まで大学予科を存続させ、しばらく商業科と大学予科との二部を併設することになった。一九〇五年七月から大学予科は第三学年を残すのみとなったので、同年九月十一日付けで秋骨は依願退官し、まる七年間の山口時代に決別して東京に帰った。

第八章　『欧米紀遊二万三千哩』

『文学界』仲間が見送り

一九〇六（明治三十九）年六月、秋骨は東京府下大久保町百人町（現新宿区大久保）に借家を借り、母や妹と一緒に暮らし始めた。秋骨の家は、信州の小諸義塾を辞めて東京で暮らしていた藤村の家に近かった。

藤村が一家を挙げて大久保の借家に移って来たのは、秋骨が山高廃止問題で学校に対して教員待遇を談判していた一九〇五年四月も終わりごろだった。大久保の家では、小諸にいたころに書き始めた『破戒』の執筆に没入した。当時は、藤村の作家としての地位はまだ低く、本を出してくれる出版社は見つからなかった。そのため『破戒』を自費出版することを決意し、その資金を得るために遠く函館まで、魚網問屋を営む妻冬子の実家の義父秦慶治を訪ねた。藤村は、小諸にいたころ知り合った銀行家の神津《こうづ》猛《たけし》にも資金を頼り、四百円の出版費用を工面した。そして大久保で『破戒』を書き上げ、一九〇六年三月二十五日に刊行となった。

藤村は、自伝的小説『春』の「奥書」で大久保時代を振り返っている。

「大久保には満一年になるほどしか住まなかった。しかし短い月日の割合に、そこには、種々な楽しい記憶をも残した。戸川君が山口の方から家を挙げて移って来たのも、昔馴染みの二人のものが互いに近く住むようになったのも、あの頃であった」

しかし藤村にとって、大久保は非常に辛い地でもあった。大久保に暮らした一年ほどの間に三人の幼い娘を病気で失ったという不幸があった。一九〇六年秋、藤村は辛い思い出のある大久保を離れるため、妻冬子と長男楠雄を連れて浅草新片町に引っ越した。

一方、馬場孤蝶は、日本銀行文書課に勤める傍ら、与謝野鉄幹の『明星』に執筆していた。孤蝶の作品が最初に『明星』誌上を飾ったのは一九〇一年十月だった。その「湖畔の秋」は滋賀の彦根時代を回想し、その中に一葉の死が感慨を込めて描かれていた。

秋骨は職探しを始めるが、なかなか見つからない。いつまでもブラブラしているわけにもいかないと思っていた矢先、上田敏が欧米行きの話を持ってきた。古画商の小林文七が、錦絵などを欧米に売り込みに行くために通訳を探しているという。小林文七は一八六一（文久元）年生まれで、秋骨より九歳年長だった。小林は、浮世絵の真価を世に高めたアーネスト・フェノロサと親交が深かった。一八九八年には二人は協力して上野の伊香保楼で浮世絵展覧会を開催している。そのときの目録は、フェノロサが一点一点解説を付けた。そのころフェノロサと上田敏は高等師範学校の同僚だった。そのため、小林は英語が堪能な上田に通訳を依頼したが、このとき上田は東京帝国大学の講師を務めていたため、ちょうど東京に帰って来た秋骨にその話が回ってきたようだ。

一九〇六（明治三十九）年九月二日、秋骨、孤蝶、藤村、平田禿木、上田敏の旧『文学界』の仲間五人が久しぶりに集まり、秋骨の欧米行き送別会が不忍池弁天境内の笑福亭で開かれた。

秋骨が東京を離れていた間に、旧『文学界』の仲間たちはそれぞれ仕事に就き、家庭に落ち着いていた。禿木は第一高等中学校を中途退学し、一八九五年四月に高等師範学校英語専修科に入学。一八九八年三月、卒業と同時に、同校付属中学校教師として勤務した。このときの同僚にフェノロサがいた。一九〇一年、東京高等師範学校（高等師範学校）に異動になった。一九〇三年から文部省から派遣されてイギリスに留学し、オックスフォード大学で三年間学び、この六月に帰国したばかりだった。

一九〇六年九月十日、秋骨は、それぞれに文学や学問の道を切り開いている旧『文学界』仲間に見送られ、横浜港から旅立った。

捨て台詞吐き出国

「自分ほど愛国心の乏しいのは恐らくないであろうと余はとうから考えていたのであるが果たせるかな、今日本を出立するに際してこれが遺憾なく証明された。あまり名誉なことではないが事実であるから仕方がない。（中略）哀れの感は少しも起らぬのみか日本を去るのが嬉しくてたまらぬ。故国ながら日本には厭な奴がたくさんいる。日本ほど五月蝿《うるさ》いところはあるまいと思われる。この五月蝿い日本を去るのであるから嬉しく感ぜざるを得ぬのである」

秋骨の旅行記『欧米紀遊二万三千哩《マイル》』（服部書店、明治四十一年三月）は、この一節から始まる。日露戦争後、国家主義体制が進み、官憲の取り締まりが厳しくなるなか、過激な書き出しに普通の旅行記とは違う破天荒な旅を予感させる。

秋骨が横浜を発ってアメリカへ向かったころ、日露戦争に勝利したことで、英国最高の栄誉とされるガーター勲章がイギリス国王から明治天皇に授与された。「一等国の仲間入りをした」と単純に喜ぶ人たちが多かったが、その犠牲は多大だった。死亡した兵士が約八万人、総死傷者は三十七万人にものぼった。戦後は不景気で失業者が増え、物価が上昇し、家庭が支払った犠牲も大きかった。天皇絶対主義体制が進み、人々は自由にものが言えなくなり、時代の空気は息苦しくなっていた。そのような時代に、「自分ほど愛国心の乏しいのは恐らくいないであろう」と大威張りで宣言し、「この五月蠅い日本を去るのであるから嬉しく感ぜざるを得ぬのである」と捨て台詞《せりふ》を吐いて日本を脱出した秋骨だった。

「これを空間にすれば二万幾千哩、西遊記にでもありそうな恐ろしい数になるが、これを時間にすれば僅々《きんきん》五ヶ月間、これが余の旅行であるが、これほどの長距離をこれほどの短時間で歩いたのであるから飛脚同様、何も西洋の事の分かる筈はない。只、僅《わず》かに旅中の見聞を心覚えまでに手帳に書き付けておくことが出来たのみである」（『欧米紀遊二万三千哩』のはしがき）

秋骨は、ニューヨークのブロードウェー三十七丁目の小さな店で購入した二十五セントの万年筆で日記を付けた。

「汽車の中に、汽船の中に、旅館に、街路に、注意すべき事、変わった事、面白いと思った事、可笑《おか》しいと思った事、大事小事、公事私事、目にとまり、耳にきこえたもの、悉《ことごと》くこの筆によって帳面に記入されたのである」（『萬年筆の印象』「二萬三千哩の萬年筆」）

帰国後の一九〇八（明治四十一）年三月、秋骨の日記がまとめられて服部書店から『欧米紀遊二万三千哩』が出された。約五百ページの大作で、挿絵は明学時代の友人和田英作、三宅克己《こっき》をはじめ、漱石『我輩は猫である』や藤村『若菜集』などの挿絵画家中村不折《ふせつ》、洋画家の長原止水《ながはらしすい》らが担当している。秋骨の人脈の広さ、仁徳の賜である。

秋骨は、「はしがき」の最後にこう述べている。

「如何に本文が拙劣でも、旅行が短時間でも、この内に書いてある事は一々事実である、実際である、凡《すべ》て見聞した事のみで、少しも嘘偽りのない事である。若《も》しこの本に取得があるとすれば、それはこの事実と挿画の立派な事であろう。若しこの二事を以て此の本の凡ての瑕瑾《かきん》をゆるして貰えるならば、則ち著者の大幸である」

ミッドウェー沖座礁

一九〇六（明治三十九）年九月十日正午ちょうどに汽笛が鳴り、船は徐々に動き出した。秋骨を乗せたモンゴリア号がアメリカへ向けて出帆した。トランク一個、手提げ一個、傘一本それで金は一文もない。人の懐《ふところ》をあてにしていながら、しかも一等船室を専有するというぜい沢な〝乞食《こじき》旅行〟が始まった。

「世の中の旅行というのはたいていい無銭もしくは乞食旅行で、身銭を切ってやるのはかえって珍しいぐらいのものである。欧米に派遣せられる留学生に選抜せられる。その旅行は何れも無銭乞食の旅行である」と秋骨は自分の通訳旅行を国費留学生になぞらえて〝乞食旅行〟と吹聴《ふいちょう》した。

威勢良く日本を飛び出た秋骨だが、すぐに船酔いに苦しんだ。乗船して五日ほどたち、天気が回復し、やっと元気になった。久しぶりに夕食をおいしく食べ、寝床に就いた途端、地震のような異様な衝撃が二度ほど襲った。甲板に出て初めてミッドウェー島付近で船が座礁《ざしょう》したことが分かった。

九月十六日朝、ミッドウェー島にボートで上陸した。秋骨は面白がって、屈強なアメリカ人水夫の操《あやつ》る櫓《ろ》に手を添えて一緒にボートを進める手伝いをした。島はすぐ近くに見えたが、到着するまで三時間ほど要した。座礁という危険な目に遭遇しながら、むしろ喜々として上陸した。島はサンゴ礁でできていて、一面白砂だった。この島は横浜とホノルルを結ぶ海底電線の中継地で、住民は電信技師数人と守備兵十数人だった。建物は木造の二階建てが一棟と納屋があるのみだ。

孤島に上陸させられたのだが、食料には事欠かなかった。座礁した船から日々取り出すことができた。白人が優先され、特に婦人連は島の人たちの住居を占領し、船のときと同じく優雅な暮らしを続けていた。秋骨らはやっとテントを与えられ、不自由極まりない暮らしを強いられた。その不自由さにもすぐ慣れた秋骨は、読書をしたり、海水浴を楽しんだり、島を探検して温泉をみつけたりと、のん気に遭難生活を楽しんだ。

九月二十二日朝、沖合に新しい船が現れた。救助に来た米国陸軍のビッフォードだった。秋骨らはこれに収容され、サンゴ礁から浮き上がったモンゴリア号に乗り込んだ。

九月二十八日、モンゴリア号はハワイのホノルルの港に着いた。ここでは日本人が経営しているホノルルの郊外にある望月という和洋折衷《せっちゅう》の旅館に滞在した。数日後にはロイヤル・ハワイアン・ホテルに移った。ハワイではダイヤモンド・ヘッドを探検したり、汽車に乗って砂糖製造を見学したり、世界一と評判の水族館に行ったり、毎日忙しく島内を動き回った。

十月三日、アラメダ号という小船でサンフランシスコに向かうことになる。日本から一番大きな船を選んで乗り込み、一番小さな船でサンフランシスコ港に着くことになった。その間も船酔いで苦しむ秋骨だった。九日、夜になってサンフランシスコに到着した。サンフランシスコは半年ほど前の四月十八日に大地震に襲われていた。秋骨が着いたとき、まだ道路は泥の海で、壊れた家屋は焼けたばかりの火事場のようにまったく手が付けられていなかった。全市ことごとく壊滅して灰と泥に覆《おお》われていた。サンフランシスコにはただ一夜過ごしただけで、南太平洋鉄道のオーバーランドリミテッドという汽車でシカゴに向かった。

アメリカに失望

シカゴに着くと、頭の上で高架電車が雷のような音を出し、地上には電車と馬車が縦横に走っていた。そして無数の煙突から黒煙が吐き出され、空はどんより暗く濁っていた。群がる人間が機械のように流れをなして動いていく。「サラサラいやなところへ来たものだ」と落胆した秋骨は、すぐにシカゴからデトロイトに移動し、鉄道事業で財を成した、東洋美術品蒐集《しゅうしゅう》家のチャールズ・ラング・フリーアを訪ねた。

古画商小林文七の通訳がこの旅の仕事だったが、そのことは旅行記にはほとんど出てこない。小林のことは「同伴の人」と呼んですませている。仕事関係の唯一の話がフリーア家の訪問である。その膨大なコレクションを見せてもらい、朝九時から夜遅くまで接待された。このときの商談が、秋骨のこの通訳旅行の最大の仕事だった。

ところで、秋骨の英語は初めての海外で通じたのであろうか。フリーアは秋骨本人を前に、「自分は自分の意思をたびたび日本人に語ったことがあるが、未だ君（秋骨）の如くよく余の言葉を了解し、また日本人の意をよく伝えてくれた人に接したことはない。君は英語について天祐《てんゆう》を得ている」と褒《ほ》めちぎっている。秋骨はこれを聞いて得意になるとともに、一種の心細い感じを起こした。

「米国人は日本のことを知らぬが故に、余の如き者の英語さえ口を極めて褒めるのである。日本人にして、これほどにも英語を話すかと頗《すこぶ》る珍しく感じていてこそ、大いに称賛するのである。彼らの賛辞は一面自分らの日本の事情に通ぜぬことを示すと共に、また一面には米国に行く日本人の素養のないことを示すことになるのである」

秋骨が言うように外国人の日本人に対する英語力への理解不足やお世辞も多少あったにせよ、秋骨の英語力は外国人相手にビジネスの会話ができるほど高かったことは想像できる。この年、フリーアは、江戸時代初期に京都で活躍した絵師俵屋宗達の代表作「松島図屏風」を購入している。秋骨の英語がこのとき活躍した結果だろう。現在、「松島図屏風」はワシントンＤＣにあるフリーア美術館に所蔵されている。

フリーアは二度、日本を訪れている。最初は一八九五年だった。このときは日本美術についてはほとんど見識のない観光客だったと自称している。二度目は秋骨がデトロイトの自宅を訪ねた翌年の一九〇七年である。その頃には、フリーアは日本コレクションの大半は収得済みだったという。フリーアは自分の美術館の完成を見ることなく、一九一九年に六十五歳で亡くなった。一九二三年のフリーア美術館開館当時の美術品は約七千五百点に上り、うち日本美術は約二千点だった。

十月二十日、秋骨はニューヨークのブロードウェーと三十二番街との目抜き通りにあるホテルの三階に落ち着いた。ニューヨークでは地上を路面電車が軌道を走り、頭上を高架鉄道が煙を上げ、地下を一九〇四（明治三十七）年十月に開業した地下鉄が往復していた。

「感心なのは電車の運動の激しいのに旗振りの者がいないことである。しかし米国の文明はこれだけである。皮相の判断と笑う人があるかもしれぬが米国は実につまらぬところである」と秋骨は到着したばかりのニューヨークに、ついでにアメリカにも失望した。

十一月三日、ニューヨークからボストンに向かう。四日、ボストン着。ボストンではタオル会社を経営する紳士家族に市内を案内してもらい、夫人の手料理の歓迎を受ける。翌日、博物館と図書館を見物してボストンを去る。

喫煙室の人気者

一九〇六年十一月八日、ニューヨークからヨーロッパに向かって出航する。船はハンブルグ―アメリカ線の大西洋定期航海船カイゼリン・アウグステ・ヴィクトリア号である。船長七百フィート、船幅七十七フィート、四万五千トン。一等船客室が六百六十五、二等が百三十六、三等が百七十五。図書室、婦人室、幼児遊戯室、広大な喫煙室などが設けられているのはもちろんのこと、料理店、花屋、運動室、電気湯があり、甲板を上下するにはエレベータを使う。食堂は六、七百人が入る広大な部屋で、すべてがドイツ式で食事の知らせはラッパ、給仕は燕尾服ではなく海軍の制服のようなものを着ている。夕食の際は音楽隊による演奏がある。

男たちは喫煙室で暇をつぶすのだが、秋骨は大変な人気者だった。秋骨がいるテーブルには日本人が珍しいこともあってドイツ人、アメリカ人、イタリア人、ハンガリー人などがひっきりなしに訪れ、日本がロシアと一戦交え勝利したことを賛美し、日本についていろんな質問をした。

十一月十五日午後六時半ごろ、イギリス南西部プリマスの港に到着した。一週間の船旅で知り合った人たちにそれぞれ別れを告げ、握手をし、再会を約して別れを惜しんだ。ロンドンでは、ファースト・アベニュー・ホテルに荷を下ろし落ち着いた。ホテルの近くを散歩すると、二、三軒先に本屋があった。

少し行くと、本屋ばかりである。東京神田の本屋街の趣がある。

「米国のただ驕奢《きょうしゃ》を尊ぶに反して、ここでは思想上の修養に意を用いていることが知れる」

アメリカの騒々しさに辟易《へきえき》していた秋骨は、落ち着いたロンドンの町で生き生きとした顔つきで本屋巡りをした。ロンドンに着いたら、この本屋に行けと紹介されていたタオリッチいぅ古本屋に入った。間口の狭い、薄暗く薄汚い店であるが奥行はすこぶる広い。ここでは、藤村と孤蝶に頼まれていた本を探して、日本に送ってくれるように店の人に頼んだ。

二十日、馬車に乗ってロンドン市中の見物をした。ロンドン市長官舎や郵便局を見て、セントポール大聖堂を回り、テムズ川のほとりにあるロンドン塔に着いた。翌日には、ビズマジェスター座でシェークスピア劇リチャード二世を観賞した。

ロンドン市電

日本を出発した日は、ちょうど東京市電の電車賃が値上げされる前日だった。そのため、旅行中は電車のことについて注意していた。というのは電車賃値上げ反対運動が起こり、多くの検挙者が出ていたからだ。値上げ反対運動の市民大会が開催されたとき、著名な社会主義者が反対演説で盛んにロンドンの電車賃の低廉《ていれん》なのを例に引き、数字まで出して日本の電車賃が高価なことを攻撃した。その数字が根拠のないことが、後に計算のことに縁遠い文学雑誌から指摘された。秋骨は実際にロンドンに来て驚いた。ロンドンの目抜き道路を歩いたとき、不思議なことにレールがない。ロンドンでは電車が走っていなかった。

「余はこの社会主義先生の乱暴なのに驚いた。計算のずさんはとにかく、その演説の対象なる現物がすでにないのである。よくあんなことを公衆の前で言われたものだと驚かされるのである。（略）余は実に社会主義をもって結構なものと考える。しかし余の結構というのはその主義であって実行ではない」

ロンドンは江戸時代の一八六三（文久三）年一月十日から世界で最初の地下鉄が走っていたので、秋骨が指摘したように路面電車は走っていなかった。

「もちろん地下電車はロンドンにもある。しかし、これは例に取るわけにはいかぬ。これは地上を走る電車のそれとその目的を異にしており、市中の交通機関とすることはできぬ」

電車賃値上げ反対運動は、東京市街鉄道、東京電車鉄道、東京電気鉄道の三つの私営電車会社がそれぞれ三銭だった電車賃を五銭に値上げするというので、堺利彦らが結党した日本社会党や、『文学界』の論争相手だった山路愛山らが創立した国家社会党、市民団体などが共同で起こしたものだった。

一九〇六年三月十一日と十五日に日比谷公園で値上げ反対集会が開催され、十五日の集会後に、電車会社の建物や電車などに投石する騒動が起き、日本社会党の大杉栄や西川光二郎ら十人が検挙された。各社は申請を取り下げたため、反対運動はいったん鎮静化した。

六月になって三社が合併し東京鉄道となり、運賃を四銭均一とすることになり、電車賃値上げ反対運動は再燃した。九月五日の電車賃値上げ反対市民大会開催後、電車への投石や放火など電車焼き打ち事件が各地で起こり、百人近くが検挙された。結局、電車賃は値上げされた。その後、赤旗事件が起こり、一九一〇年の大逆事件へとつながっていった。

感涙のモナリザ

一九〇六（明治三十九）年十一月二十三日、パリのルーブルホテルに到着した。パリでは英語が通じないので、秋骨は、本人いわく「すこぶる怪しいフランス語」を振りまわし、それがけっこう通じた。翌日、秋骨はさっそくルーブル美術館に行った。まずルーブル美術館に行ったら見なくてはならないと覚えていた、ミロのヴィーナスの前に立った。

「なるほど結構な物だとは思われるが、こんなことには素人である余には世界一の大彫刻であるとはいうほどには感じられない。しかし見ていると何とはなく心地よいものではある」

次に、案内人に連れられてルネサンスのところに来た。レオナルド・ダ・ヴィンチの絵画があった。秋骨は、「ウーン、これが…」と絵画の前に立ちすくんだ。日本を出る前にメレジュコーフスキーの『ヴィンチ』を読んでいたので、その絵画がモナリザの肖像だと分かった。秋骨はこの絵の前で茫然《ぼうぜん》としていた。たちまち涙が滂沱《ぼうだ》のように頬を伝わった。

「なぜであるか理由は解らぬ。感極まったのである。なぜ感極まったか、それも解らぬ。しかしヴィンチのジオコンタに対する逸話を読んだ者は恐らく余と感を同じくするであろう。余は何という理由もなくここを立ち去ることができなかった」

しかし、秋骨がそれほどまでに感激していることに気づかない案内人は、次に同じくヴィンチの「聖《せい》餐《さん》」の絵画に進んで説明を始めた。秋骨は帰国後、メレジュコーフスキーの『ヴィンチ』を翻訳し、一九一五（大正四）年に翻訳『先覚』を国民文庫刊行会から出した。

十一月三十日、朝九時発の汽車に乗り込みドイツのベルリンに向かった。ベルリンに来て、第一に受けた感銘はドイツ人の猛烈なことだった。顔の色は赤く、艶《つや》も生き生きしている。立派なカイゼル髭《ひげ》をたくわえ覇気《はき》に満ちている。婦人は美しくて愛嬌《あいきょう》があり色気たっぷりである。秋骨が手袋を買おうと店に入ると、美しい婦人が満面に愛嬌をたたえて迎えてくれた。「ちょっとお手を見せてください」と言われ、寒くてかじかんでいる手を見せるのをためらっていると、汚れた手を取って、指を一本一本ていねいに手袋にはめてくれたのである。これだけサービスがいいので、きっと値段も高いのだろうと思って聞くと、それが反対に恐縮するぐらい安かった。

「独逸《ドイツ》婦人のこの愛嬌とその艶麗《えんれい》とか危険である。恐るべきである。独逸留学生の往々女難に罹《かか》るのは道理である。しかしまた独逸の偉大なるは男子の活動にのみあるのではない。まさに婦人のこの勢力によるところが多いのである」

特大ビフテキ

十二月十三日、ヨーロッパの旅を終え、ふたたびアメリカに向けて出帆した。船はヴィクトリア号に比べると全てにおいて見劣りした。一等、二等の甲板のはるか下にある三等、四等の船室の人々は哀れだった。彼らの多くはドイツからアメリカに移住して職業に就こうという人たちだった。いわゆる移住民で、この船だけでも数百人が乗り込んでいた。一等船客の一人が、上の甲板から三、四等の甲板に降りる梯子《はしご》の中ほどから移住者たちの子どもに菓子を投げ与えた。最初は子どもたちがキャーキャーと騒ぎながら手を出していたが、そのうち大人が出て来て奪い合いになった。それを真似してだんだんほかにも物を与える人が集まった。中には金銭さえ播《ま》いた人もいた。

秋骨はそれを見て、「与える方もこうなっては憐れみや同情の念からではなく、自家の快楽のためにやるのである。鯉に餌をやるように、鳩に豆をやるように、この下等の客が餌に食いつくのがおもしろくてやるのである。これらの人は僅少の品物をもって彼ら下等客の体面と秩序を犠牲に供し自家の娯楽を買う者である。けしからぬ次第である」と怒ってその場を去った。翌日、秋骨が考えた通りのことが船の事務所から船客に通告された。「一、二等船客にして下等船客に品物もしくは金銭を恵與《けいよ》されると秩序を乱す虞《おそれ》があるため何卒お控えください」という内容に秋骨は得心した。

二十二日の夜、ニューヨークの港に到着したのだが、クリスマスが目前に迫っているというのに飾りは所々にあるぐらいだった。家の部屋にはキリスト教では聖木とされるヒイラギが必ず飾られていたが、クリスマスツリーが一つもなかった。

二十七日、世界一ぜいたくな汽車といわれる二十世紀リミテッド号プルマン寝台車でシカゴを目指した。汽車は時速七十マイルでニューヨークからシカゴまで十七時間で達した。ホテルに着くと、横浜から同行であった村田氏を訪ねた。そこに島崎藤村と柳田國男から秋骨宛ての手紙と雑誌が届いていた。秋骨は日本から送られてきた郵便物を受け取り、非常にうれしく感じると同時に、夢破れて幻の世界から現実の世界に戻ったような気がした。

「この手紙と共に余の旅行は終わったといってもよいだろう。故国と余をつなぐ鎖はこれからただ日一日と短くなるのである」

ホテルに戻ると、書信室でさっそく年賀状を書いた。

一九〇七（明治四十）年一月一日、シカゴを出発し大北鉄道でシアトルに向かった。展望車に入り、四方の光景を眺めると山もあり、川の流れもあり、変化に富んだ自然を楽しんだ。その後、食堂車に入り、昼食にビフテキを注文した。

「全体ビフテキには種々ある。サーロイン、テンダロインなどは普通で、肉を叩いたようなハンブルクステーキというものもあるが、献立表を見るとインペリャルステーキというのがあって一人前一ドル八十セントとしてある。ただの一品一人前一ドル八十セントは驚くが、総て米国の一人前というのは二人前のことである―少なくとも余はそう解釈した―夫婦二人で食い得るようにしたものと見える。それで同伴の人と二人でこの一人前をとることにした。注文の後しばらくして持って来たのを見ると一ドル八十セントだけに図抜けて大きい。厚さは曲尺《かねざし》で二寸五分位はある。面積に至っては、その不規則な形状のためちょっと測りがたいが普通わが西洋料理店で出すものの約五倍もあろうか。その上側面に大きい骨が付いているので見たばかりでうんざりしてしまった」

贔屓力士の勝ち

一九〇七（明治四十）年一月九日、日本に帰る船に乗り込む日がきた。乗船する船はミネソタ号で、トン数は二万一千である。残念ながらこの船には美人が一人もいなかったので、秋骨は少なからず落胆した。ところが、しばらくすると紅一点というべき人を見つけた。食堂の秋骨の席からテーブルを一つ置いた、向こうのテーブルの端に秋骨の方に向かって座っていた。この婦人を密かにカイゼリンと命名して注意していた。ところが、はからずも午後の茶の席である人に紹介されて言葉を交わした。それから後は甲板でも茶の席でも会うごとに挨拶した。朝のビュッフェどきにはお茶の一杯を取ってくれ、クラッカーも運んでくれる。秋骨は得意になった。秋骨が一番うれしく感じたのは、この婦人が小泉八雲の書を愛読していたことだった。

しばらくして、カイゼリンが結婚していることを知って秋骨は安心した。

「妙なことに安心したものであるが、これは博覧会で高価な品物が売約済みと札の付いているのを見て諦めたようなものである。（略）元来米国の婦人ははなはだ取り扱いにくい。殊《こと》に処女の場合には頗《すこぶ》る具合が悪い。しかし夫人であれば先方も交際に慣れていればこっちも思うような勝手なことが言えて都合がよい。余の安心と言うのは主にこれを言ったのである」

秋骨の淡い恋心は、夫人と分かり自然消滅した。

一月二十三日、朝十時ごろ水平線に黒点が見えた。黒点はようやくその形を大きくして山となって現れた。伊豆の大島である。横浜はすぐそこである。乗客はほとんど小躍りした。秋骨はまたこの五月蠅《うるさ》い日本に帰ってきたのかと思うとぞっとした。夕方には富士山が思わせぶりに、ほんの頭の先を雲の中から見せていた。

船がついに横浜に着いたときは、午後八時を過ぎていた。市街は暗闇で静まり返っている。日本の物質上の開化はまだ幼稚なものだと考えながら、ぼんやり光景を見ていると乗客は元気旺盛《おうせい》に騒いでいた。

やがて検閲官が来るので、船客は全員食堂に集まれということが伝えられた。ほとんどの人が食堂に集まって来たのだが、まだ一、二人の姿が見えなかった。例のカイゼリンと老婦人だった。カイゼリンが老婦人の手を引いて、階段をしずしずと降りてきた。これを見た集まった船客が一斉に拍手をした。秋骨はそれを見ながら考えた。日本の婦人がこんな場面に立ったならばどうするだろうか、どぎまきして茫然《ぼうぜん》とするか、恥ずかしそうに笑いながらこそこそと席に駆け込むぐらいだろうと思って、固唾《かたず》を飲んで見ていた。

カイゼリンは階段の中間で止まり、あふれるばかりの愛嬌をたたえて、首を左から右に回し、流し目で満場の客を見回し、緩やかに右手を額のところまで挙げて、その手を降ろしながら静かに一礼して席に着いた。これには一同感服してしまった。

「満場の視線を集めた土俵では勝負があった。贔屓《ひいき》力士は勝ったのである」

夜十時近くになり、秋骨は気持ちよく日本に上陸した。

第九章　講壇生活三十余年

大久保文士村

一九〇七（明治四十）年一月、秋骨は欧米の旅を終えて大久保の家に落ち着いた。大久保はツツジの名所として知られ、植木屋が多かった。植木屋と共に多かったのが文士である。近辺には下村湖人、大町桂月、国木田独歩、岩野泡鳴、内田魯庵など多くの文士が住んでいたので、「大久保文士村」と呼ばれた。文士というと聞こえは良いが、当時は貧しい者の代名詞だった。文士村には著名な作家ばかりでなく、食えない無名の文学青年らが好んで住んでいた。藤村はそのような風俗を、「万事下町の江戸気質」と評して自然と人情の豊かさを喜んだ。

同年七月十九日、国木田独歩主催の第一回大久保会が開かれた。その春、国木田独歩は経営していた独歩社が破産し、それまで住んでいた四谷から大久保に移り住んでいた。仲間たちと会う機会がすっかり減ってしまった独歩は、大久保周辺に住んでいる文士らが集まり雑談する会を発案した。場所は独歩の自宅だった。文士村の住人となった秋骨も参加した。独歩が身体を悪くしていたため酒抜きの会だった。五十銭の会費が徴収され、鰻丼が出た。秋骨のほかに、詩人の大町桂月、詩人、心霊現象研究者の水野葉舟《ようしゅう》、ロシア文学者の片上伸《かたがみのぶる》ら面白いメンバーが集まった。

独歩は最年長の大町が登山好きということで、阿蘇山に登ったときの話をしたりして場を盛り上げた。一八九四年一月十一日、独歩が阿蘇山に登ったときの話である。そのときの話が収められた、『忘れえぬ人々』は、一八九九年二月発行の『国民之友』に発表され、一九〇一年に出版された。この本がなかなかの好評で、一九〇四年七月に『独歩集』が出され、独歩の作家としての地歩がようやく定まった。しかし、そのときはすでに病魔に侵されつつあった。大久保会が開かれたときは、肺患の病状がかなり悪化しており、翌一九〇八年二月には神奈川県茅ケ崎の南湖院に入院した。そのため、大久保会はたった二回で終わってしまった。

そのころ大久保会のほかにも、文士たちが集まって親交を深める文学サロンが盛んに開かれていた。中でも、秋骨、藤村、孤蝶の三人がよく顔を出した文学サロンが、「龍土会」だった。龍土会は、一九〇一年ごろから、話し好きな柳田國男が牛込加賀町の自宅に文学者仲間を招いて開いていた会だった。この会は人数が増えたため、会場を外に移すことになり、一九〇四年から、麻布区麻布新龍土町（現港区六本木七丁目）のフランス料理店龍土軒で開かれるようになり、店の名にちなんで「龍土会」と呼ばれるようになった。中心メンバーは柳田國男、国木田独歩、田山花袋、蒲原有明《かんばらありあけ》らで、秋骨、藤村、孤蝶、岩野泡鳴、小栗風葉らも参加した。

漱石に就職相談

東京に帰った秋骨は、留学送別会で初めて顔を合わせて以来、七年ぶりに漱石を訪ねて就職の件を相談した。漱石はあらゆる教職を投げ打って、一九〇七（明治四十）年四月に朝日新聞に入社し、新聞小説家に転身したばかりだった。漱石は送別会のときとは別人のように親切に相談に乗ってくれた。

漱石は、ちょうど俳句を通じて交流があった真宗大学の講師大谷正信（繞石）から英語講師の紹介を頼まれていたので、秋骨を候補として一番目に推薦した。このとき漱石が推薦した二番目は漱石の代わりに就任した五高教授を辞めた名須川良、三番目は漱石の門弟で明治学院教師の野間真綱《まさつな》だった。大谷は、漱石から候補の一番目として挙げられた秋骨を希望した。ただ、秋骨がキリスト教信者かどうかを尋ねてほしいと注文を付けた。漱石は大谷の問い合わせに対して、次のような返事の手紙を出している。

> 拝啓　戸川君の信仰事件は小生も知りませんが一つきいて見ませう。きいて耶蘇《やそ》信者だと云ったら仕方がないが。信者だらう丈《だけ》でやめるのは少々残念ですから。（略）
>
> 以上
>
> 九月十四日　　　　夏目金之助
>
> 繞石兄

大谷が秋骨の信仰を気にしたのは、当時の真宗大学は保守派と改革派との対立があったためだった。真宗大学は仏教系の大学であり、秋骨がキリスト教信者であれば保守派がそれを理由に横槍《よこやり》を入れ、改革派との間に何らかの摩擦が予想されたからだった。

漱石は大谷正信への手紙と同時に、秋骨にも手紙を出している。

拝啓　先日はわざわざ御光来被下ました処何の風情もなくまことに失礼致しました。偖《さて》大谷君から直接に御照会になつたさうですが例の真宗大学授業の件ですが実は小生も大兄を推挙して置いた処、昨日大谷君から手紙で当局者のいふには戸川君は耶蘇教ぢやないだろうか、さうすると京都の頑固連に対して困るといふ返事ださうです。そこで大谷君があなたの信仰の有無を私へ聞き合せに来たのですが私はそんな事は一切知らないから—まあ戸川君に聞いて見るから待つてくれと大谷君に今手紙を書いた所です。

それで大兄があまり御望にならんものを信仰の有無など問ひ正す様なホジクリは不必要と認めますが萬一目下の御事情該校出稼御希望なればだまつて其儘《そのまま》にして置いては却《かえ》つて御不便宜かと存じ入らぬ事ながら一寸《ちょっと》伺ひます。尤《もっと》も直接に大谷さんの方へ御返事をなさつてもよろしう御座います。

先は用事まで。

匆々《そうそう》

九月十四日

金之助

秋骨様

当時、漱石は朝日新聞に連載する小説『こころ』の構想を練っていた。『こころ』の登場人物Kのモデルは真宗大谷派の僧侶清沢満之《まんし》といわれる。清沢は東京大学で西洋哲学を学び、一八八七（明治二十）年に大学院に進み、宗教哲学を専攻した。そのころ哲学を教えていたのはフェノロサだった。清沢はその傍ら第一高等学校（一高）で仏国史を教えた。一高で教鞭をとって一年も経たないうちに、東本願寺（真宗大谷派）が当時京都府から経営を委託されていた京都尋常中学校（後の府立一中）の校長に赴任した。校長を辞めた後、一八九四年に結核と診断され療養する。回復した清沢は仏教の近代化を目指し、渥美契縁《かいえん》を中心とする保守派との対決姿勢を強めていく。漱石が秋骨に書いた手紙に出てくる「京都の頑固連」とは保守派の渥美らのことである。

一九〇一年、清沢は真宗大学の学監に就任した。清沢は近代的な教育をするためには伝統的勢力の強い京都から大学を切り離す必要があると考えていた。同年十月十三日、真宗大学は東京巣鴨に移転した。しかし、保守派にとっては、東京移転は自分たち保守派の存在を否定する行為に映った。

一九〇二年、改革派と保守派の対立がもとで、真宗大学に学校騒動が起こる。漱石が秋骨の就職を大谷に頼んだときは、改革派の中心清沢が亡くなり、保守派が攻勢を強めていたときだった。そのため、改革派の大谷はキリスト教信者を教員に採用することで、保守派に足元をすくわれないように慎重を期したのだった。秋骨は、このころはキリスト教信者ではなかったため、一九〇七年九月に真宗大学の英語講師として採用された。

その後、京都の東本願寺では保守派が実権を握るという事態となり、改革派は真宗大学の運営権を失った。一九一一年十月、真宗大学は高倉大学寮と合併して京都に移転し、真宗大谷大学（後の大谷大学）と改称した。

送別会のだんまり屋はあれは正しく半面で、他面の夏目氏は実に巧妙な談話家である。これは誰でも知っていることであるが、その話の面白いこと、あの書き物にあらわれるユーモアはむしろその談

話において却ってよく見られる。先生と話していると実に飽きることを知らないぐらいである。

――秋骨随筆集『文鳥』「戸山の原の立ち話」

一葉旧家と心中未遂

秋骨と漱石の交流はその後も続いた。一九〇七（明治四十）年九月、漱石から秋骨あてに、適当な貸家が大久保近辺にあったら教えてほしいという手紙が届いた。漱石は前年暮れに本郷西片町の貸家に引っ越したばかりだったのだが、家主が初め二十七円だった家賃を三十円に引き上げ、さらに三十五円に値上げするという。『吾輩は猫である』で華々しく小説家として登場して以降、『坊っちゃん』、『草枕』、『虞美人草』と次々話題作を発表する漱石の懐具合《ふところぐあい》を見込んだ魂胆に、漱石はカンカンに怒って新たな引っ越し先を探していた。

秋骨は、ちょうど近くの家が貸家になると聞いていた。その家賃もおおよそ幾らか耳にしていたので、その家に漱石を案内した。漱石は外から家を見ながら、「君、こんな立派な家がそんなに安く借りられるはずはないよ」（秋骨随筆集『朝食前のレセプション』「漱石先生の想出」）と言って、その家を全然問題にしなかった。九月二十九日、漱石は門下生と散歩がてらに家探しをしていて見つけた、牛込区（現新宿区）早稲田南町の借家へ転居した。この家は「漱石山房」と呼ばれ、漱石は亡くなるまでここで暮らした。

一九〇八（明治四十一）年二月、漱石が秋骨の家を、現金の入った封筒を携えて訪ねてきた。中身は朝日新聞から預かった原稿料だった。朝日新聞の社員になった漱石は、秋骨ら知り合いの作家に執筆を依頼する編集者的役割もしていた。漱石は、朝日新聞に文芸欄を設けることを計画していたので、秋骨に直接会って意見を聞きたいと考えて、原稿料を手土産代わりに持参したのだった。この日は秋骨があいにく留守だったので、家に居た秋骨の妹に封筒を預けて帰った。

　同年十一月、漱石を主宰とする文芸欄が始まった。編集実務は漱石門下生の森田草平が担当し、小宮豊隆がサポートした。森田はそのころ漱石と孤蝶の家の間をうろちょろしていた。東大英文科の学生だった草平が孤蝶宅を初めて訪問したのは一九〇三年ごろだった。この年の末、草平は下宿屋を探して本郷を歩いたとき、本郷丸山福山町にある小さな家を見つけた。そこは六畳二間と四畳半、台所があった。草平は六畳一間を借り、そのことを孤蝶に話すと、孤蝶は障子を開けると小さな池が見えることを確かめ、「そりゃ君、一葉の住んでいた家だよ」ということになった。

　孤蝶は草平の下宿を見に行き一葉の旧居であることを確かめ、それから懐かしくなりたびたび訪ねるようになった。一九〇四年二月、日露戦争が勃発した。そのころ草平の住まいとなっていた一葉の旧居で「一葉祭」が開かれた。出席者は一葉の妹樋口邦子、馬場孤蝶、上田敏、与謝野鉄幹・晶子、劇作家小山内薫《おさないかおる》、岡田八千代（小山内の妹）、詩人河井酔茗《かわいすいめい》、詩人蒲原有明、それに草平とその文学仲間だった。このとき秋骨は山口にいたので出席できなかった。

　孤蝶と漱石は面識がなかったのだが、草平が二人を結びつける事件を起こした。草平が与謝野鉄幹が主宰する閨秀文学講座で講師をしていたとき、聴講生の平塚明《はる》と出会い、草平いわく「恋愛を超越した、霊と霊との結合を期待」し、二人は死に場所を求めて栃木県那須の塩原温泉から奥に入り尾頭峠をさまようが、捜索の警察官に捕まり連れ戻された。この心中未遂事件が起きたのは一九〇八年三月のことだった。新聞、雑誌がスキャンダラスな事件として大々的に報道した。そこへ仲介として入ったのが草平の師匠、漱石と孤蝶だった。このとき二人は初対面だった。場所は一葉の旧居、草平の下宿だった。そこで話し合い、さんざん二人で知恵を絞った結果、草平と明を結婚させて丸く収めることになった。

草平の一高時代の同級生生《いく》田《た》長江《ちょうこう》が使者に選ばれ、平塚明の父親に〝両先生の一致した御意見〟として、二人を結婚させることで解決するという内容を伝えた。草平には未解決の女性問題が二件あり、二人が結婚して問題が収まるはずはなかった。生田の口からこの話を聞かされた明は、漱石、孤蝶が結婚で問題を終わらせようとする旧態依然の考えを持っていたことに呆れた。

明はこの事件のあと、女性解放の先駆者、活動家として歴史に残る女性（平塚らいてう）となる。一九一一年に青鞜社を設立し、女性文芸誌『青鞜』を発刊する。創刊号には、日本の女権宣言といわれる「原始、女性は太陽であった…」を発表した。

草平は心中未遂の後は漱石の家にしばらく厄介になった。漱石はよほど草平の才能を高く評価していたのだろう。草平に心中未遂事件を題材に執筆するように勧め、朝日新聞に連載できるようお膳立てまでした。草平の小説「煤煙」の連載が始まったのは一九〇九年の正月だった。「煤煙」は翌一九一〇年二月まで続いた。

翌一九一一年四月二十七日から、「煤煙」の続編「自叙伝」の連載が始まった。ところが、社内から内容が不道徳という理由で、「自叙伝」を打ち切り、文芸欄を廃止すべきという声が上がった。「自叙伝」は七月三十一日で終了したが、文芸欄廃止問題が社内の勢力争いの絶好の口実となり、ゴタゴタが続き、漱石を擁護していた主筆の池辺三山が朝日新聞を去った。この年十一月末、文芸欄は廃止となった。

漱石の〝明暗〟

留学送別会での「気難しいだんまり屋」が、漱石の最初の印象であったが、その後の漱石の印象はそれとはまったく変わった。漱石が亡くなった年、一九一六（大正五）年十月のことだった。秋骨が自宅近くの戸山の原の射的場辺りを歩いていると、向こうから漱石がやって来た。秋骨はちょうどよいから自宅に寄りませんかと勧めた。しかし、「運動に出たのだから家に入って話し込んでは何のための散歩か分からない」と漱石が言うので、そのまま射的場の土手で立ち話を始めた。

その巧妙なる談話家と土手の真ん中で話を始めたので、話はいつまでも続いた。秋骨がそのころ朝日新聞に連載されていた漱石の『明暗』の批評らしいことを言い出したので、立ち話は二、三十分も続いた。道は狭く細くてかつ悪路である。通行人は二人をよけて歩いていた。ところが若いカップルが通り過ぎようとして、女性が足を取られて、土手の斜面を滑り落ちてしまった。

秋骨はひどく気の毒に思ったが、どうすることもできないので、ちょっと二人の方を見て、気の毒なことをしたという心を顔に見せただけでまた話を続けた。途中で何度も家はすぐ近くなので茶でも飲みながら話しましょうと勧めたが、漱石は一向に動こうとしない。斎藤緑雨の思い出話にまで及んで、話は尽きない。足の方が疲れてきたので、そのうちまたゆっくり話そうと言って別れようとしたとき、先ほど滑って転んだ女性と男が前の茶屋から出て来た。二人は茶屋に入って泥を落として、茶でも飲んでいたのだろう。それほど秋骨と漱石は長時間立ち話をしていたのである。

それから二カ月もたたない、一九一六年十二月九日に漱石は亡くなった。翌十日、秋骨は漱石の弔問に行った。秋骨が漱石に最後に会ったとき批評した『明暗』は、漱石の死で十二月二十四日の百八十八回で未完のまま中断された。

これが私の夏目氏に会った最後で、その年の十二月に先生は亡くなられたのである。初めの夏目氏はその気むずかし屋であり、最後にはその打ち解けた方が出たので、初めと終わりとに先生の両面を見た私は面白い印象としてこの事実を記しておく。

―秋骨随筆集『文鳥』「戸山の原の立ち話」

モデル問題

秋骨と孤蝶が、藤村の家を訪ねたのは一九〇七（明治四十）年五月の初めだった。藤村は、ちょうど秋骨と孤蝶を主人公にした小説を書いていた。二人を前にして決まりの悪そうな顔をして、「時に、髭を剃《そ》るか、頭を円《まる》めるか、しなきゃアならん事があるんだがね」と切り出した。そして書き出したばかりの四、五枚の原稿を二人に見せた。二人はそれに目を通すこともなく、「出来上がったら、うまいものでもごちそうしろ」など言って帰った。

藤村が小説『並木』を書き上げたのは五月も終わるころだった。それから一カ月ほどして、博文館の文藝倶楽部臨時増刊号『ふた昔』に掲載された。『並木』は軽いタッチの短編で、場面は一九〇六年の夏に設定されている。会社でも有名な怠け者である相川（モデルは馬場孤蝶）のところへ、上京してきた原（モデルは戸川秋骨）がこれからの身の振り方を相談するために訪ねたところから始まる。

小説では、秋骨が八年ぶりに孤蝶を会社に訪ねて来て、金沢（山口）の学校を辞めて東京に帰って来るので住む所や仕事の相談に乗ってほしいと頼む。翌日、会社を休んだ孤蝶は、秋骨と共に日比谷公園のベンチに腰掛けて、共通の友人である上田敏や平田禿木、藤村の消息などを語り合った。孤蝶が、東京に帰って来て何をするのかと尋ねると、秋骨は図書館のほうをやってみたいと将来の夢を語った。

「既《すで》に金沢の方で、学校の図書館を預かって、多少其方の経験もあるがね。こう幽静《しずか》で世間の声が聞こえなくって、丁度中世紀あたりの寺院にでも居るような気がする。周囲《まわり》にダンテも居る。ボッカチオも居る。何となく僕の趣味に適するんだね」

小説では金沢になっているが、秋骨は山口で図書主任を務めていた。

孤蝶は、「しかし、それには準備がいる。建築物が出来て、それから君の様な人を要する。こういう順序だから、それを待っているのは容易じゃない。…左様さ、何十年の後だろうよ」と答える。

秋骨は、この当時計画されていた帝国議会図書館のことを知っており、そこで働くことに夢を託していたようである。しかし、帝国議会図書館建設は見送られ、帝国図書館建設の流れと統合して国立国会図書館が開館したのは一九四八（昭和二十三）年六月五日である。秋骨が孤蝶に自分の夢を洩らしてから、四十年以上もたっており、孤蝶が言った「何十年の後だろうよ」の予言が当たった。

二人が茶屋に入り話をしているところに、孤蝶の知り合いの大学生、モデルは森田草平と生田長江の二人がやってくる。

生田は、「中学生のころから『文学界』に載った秋骨の作品を見ていた」と言う。森田は、「自分たちは『文学界』が生んでくれた子どもですよ」と笑う。

そして、森田が出し抜けに、「孤蝶先生、此頃《このごろ》から私は並木ということを考えています」と話し始めた。「同じような高さに揃えられて、枝も切られてしまって各自の特色を出すことも出来ないでいるところは、丁度今《ちょうど》の社会に出て働く人のようではありませんか」

「ふむ、なるほど、…むう面白い」と孤蝶は涙の出るほど笑って、「自分も並木になりつつあるのだ」

としみじみ思う。

やがて、森田らと別れてから、孤蝶と秋骨は時代の変化に嘆息《たんそく》する。

秋骨と孤蝶の中年二人が久しぶりに再会したときの話である。平凡なサラリーマンになった孤蝶と、ひっそりと狭い学究の門に閉じこもろうとする秋骨を、世に流されて、個性を失い、高さを揃えられ、枝を落とされて、並木のように凡庸《ぼんよう》な人間になってしまった、と批判したとも取れる内容だった。

一九〇七（明治四十）年六月、博文館から『並木』が掲載された文藝倶楽部臨時増刊号が発売された。さっそく手に入れてページをめくった孤蝶は、あまり愉快な気分はしなかった。『並木』が発表されて三カ月後の九月、孤蝶は「島崎君の『並木』」と題した、藤村を批判する記事を、雑誌『趣味』に発表した。その中で孤蝶は、「藤村は『並木』の主人公の子どもを四人と書いているが、自分は三人しか子どもはいない。昼飯をおごったと書いてあるが自分は滅多に人におごったことはない」など、半分冗談のような反論を交えながら、「この作品は生きていない。ひと言にして言えば、モデルの扱い方が下手だ」とかなりきつくこき下ろした。

秋骨は、『金魚—島崎藤村氏の「並木」につづく—』と題して、『並木』の主人公らのその後を描いた小説を『中央公論』（一九〇七年九月）に発表した。この小説『金魚』は、「日比谷公園で相川（孤蝶）にわかれた原（秋骨）は、そのまま自宅に帰るのも曲《きょく》がない、旧友を訪ねるか本郷辺りの先輩を訪問して米櫃《びつ》にありつく道を求めようと考えて、すぐに本郷本所行きの電車に飛び乗った」で始まる。孤蝶と別れた秋骨が、電車の中で偶然に旧友の西川（モデルは平田禿木と思われる）に会う。その足で西川の家に行き、近況の報告などをしているうちに藤村のうわさ話になった。

「原（秋骨）は、高瀬（藤村）の小説がほめられるのは一時やむを得ないだろう。（略）それはそうとして、今の悪趣味は退治しなければならない。ばかばかしい小説はこれを処分しなければならぬと、やかましい理屈を言うのが原の癖で、力こぶを入れてこんなことを考えていたのである」

藤村が小説家として世に出て、少しばかり天狗になっているのを、少し毒のあるユーモアを交えて皮肉っている。この『金魚』を読んだ夏目漱石は、「なかなか面白かった」と秋骨に伝えている。漱石は藤村の『破戒』を絶賛していたが、少しばかり神経過敏な藤村のことはにがてだったようだ。

孤蝶と秋骨の『並木』への冗談半分の反論が発表された同じ月の『文章世界』でも、「事実と作品」の特集を組み、その是非を論じた。それにとどまらず、新聞、雑誌が一斉にモデル問題を取り上げ、表現の自由と人格やプライバシーを脅かす作家の責任の問題が文壇の中で論じられ、大きな事件になっていった。

『春』連載始まる

藤村はこのモデル問題事件に大きなショックを受け、経済的にバックアップしてもらっていた神津猛に出した借金の礼状の終わりに、「思うに馬場君の皮肉なる文章は、人をして悶死《もんし》せしむ底のものに候。馬場君の如き友人のある間は、幸に小生に安んぜざることを得べきか、『春』を書きつつある小生は、この文よりて非常なる刺激と勇気とを得申候」と友人の批判にかなりショックを受けたことを吐露している。

藤村は、一九〇七（明治四十）年六月四日に箱根塔の沢から元箱根、三島、沼津にかけて取材旅行に出掛け、秋骨や孤蝶らが登場する自伝的小説『春』の原稿を書き始めていた。

一九〇八年四月から、藤村の『春』の連載が始まった。東京朝日新聞社は、新進作家の藤村を起用して、かねてから社員であった二葉亭四迷、漱石の三人で一年一作品ずつを掲載して、新聞小説というより明治文学に新しい風を吹かせようとしていた。

『並木』のモデル問題は、藤村が執筆していた『春』に影響を与えた。藤村はモデルが分からないように気を遣い、性格描写も柔らかくし、岸本（藤村）中心の物語にした。しかし、連載が始まると『春』の登場人物は、どうも秋骨や孤蝶らしいということで話題になった。

『春』は、岸本（藤村）が関西の漂白の旅から帰るのを、『文学界』の仲間たち、北村透谷、平田禿木、秋骨が東海道の吉原で出迎えるところから始まる。透谷と禿木が東京に帰った後、残された秋骨と藤村に、後から追いついた孤蝶が加わり、箱根塔の沢へ向かった。

塔の沢の温泉宿で、秋骨は野に咲く可憐な野の花のようなお千代を見染める。秋骨の初恋と失恋、透谷との出会いと別れを軸に物語は進み、佐藤輔子との恋に破れたうえ、同人たちに取り残されていく藤村が、東北に旅立つところで終わる。一八九三年八月から一八九六年九月までの三年間のことである。明治維新で解放された明治二十年代の青年たちが美しい夢を追い求め、恋愛に苦しみ、自己と向き合い、新しい道を模索しながら挫折していく姿を描いている。

一九〇八年八月十九日、『春』は朝日新聞に百三十五回にわたって連載され完結した。そして同年十月十五日、『春』は緑陰叢書第二篇として自費出版された。このとき多くの改訂が行われた。これはモデルに対して配慮したものだった。

教え子と『猟人日記』共訳

一九〇八（明治四十一）年一月、秋骨は東京高等師範学校（東京師範）の英語講師に就任した。東京師範の教員室には英語の大家が揃っていた。井上十吉《じゅうきち》、佐久間信恭《のぶやす》、岡倉由三郎らである。阿波国徳島藩出身の井上は、十二歳のとき藩命でイギリスに留学しロンドン大学で学んだ。十年後の一八八三年帰国し、東京大学理学部で実験助手をした後、第一高等中学校、学習院、高等師範学校などで英語を教えた。

岡倉由三郎は一八六八（慶応）四年に横浜で生まれた。兄は美術指導者の岡倉天心である。一八八七（明治二十）年、帝国大学文科大学選科に進学し、一八九六年、東京師範の教授に就任した。一九二六（大正十五）年、NHKラジオ「ラジオ英語講座初等科」を担当し、英語学習ブームを起こした。

佐久間信恭は一八六一（文久元）年、旗本大久保忠恕の二男として江戸深川下町（東京都江東区）に生まれた。一八七二（明治五）年、横浜の同文社に入学、ブラウン塾でも学んだ。一八八二年、札幌農学校を卒業し、内務省に入った。一八八七年三月、熊本の第五高等中学校に赴任し、翌年一月教授となる。同僚のラフカディオ・ハーンと気が合わず対立した。ハーンが熊本を去ったのは、それが原因の一つとされる。

佐久間は、一九〇二年四月に東京師範英語講師に就任した。ここでも岡倉と反りが合わず、しょっちゅう教員室ではひと悶着《もんちゃく》あっていた。秋骨は佐久間からいろいろ面白い話を聞かされたが、その中の一つとして、「私はいつでも辞職のできるように、辞表を懐中《かいちゅう》に用意している」というのがあった。ところが、佐久間が懐《ふところ》から退職届を出す前に、秋骨のほうが先にやめてしまった。佐久間が、大事に温めていた辞表を、英語科主任の岡倉に提出したのは、秋骨が去った五年後の一九一四（大正三）年三月だった。

秋骨が東京師範に在籍したのは一年半だったのだが、その間に教え子との共訳で『猟人日記』（ツルゲーネフ）を出版している。実際に訳したのは、秋骨の教え子である寺田春村、玉井海嶠、加藤荊峰（因）、森下零雨の四人だった。文芸愛好者の同級生四人は、あと一年で学校を卒業するという日に、「在学中の記念に、四人で何か目に見えるものを残そうじゃないか」と黄表紙の英訳本『猟人日記』の翻訳を目標に掲げ、その指導を講師の秋骨に頼んだ。秋骨は四人の計画を聞いて、大いに喜び、「できるだけ相談相手になろう。そうして出来上がったら、出版の労を取ろう」と約束した。

秋骨の言葉に力を得た四人は意気込んで、「一つ会に名を付けよう」と考え合った。

「若い者が新時代の扉を開くのだ」

「ヤンガー・ゼネレーション、ノック・ザ・ドア」

こう叫ぶような気持ちで、「敲戸会《こおどかい》」と誰かが言い出し、この名前に、皆が同意した。メンバーは合宿して翻訳に打ち込み、どうにか卒業前に完成させた。

秋骨は、一九〇八年十二月ごろから敲戸会メンバーが翻訳した『猟人日記』の校閲に取り掛かり、翌年七月まで掛かってまとめた。出版社に最終稿を出稿した秋骨は、心おきなく東京師範を退職した。そして、一九〇九年九月、昭文堂から約八百ページの大作『猟人日記』が出版された。

秋骨が東京師範学校を去った翌年の春、秋骨の故郷玉名中学校（現県立玉名高校）を卒業した金栗四《かなくりし》三《そう》が同学校に入学した。秋の校内マラソン大会で三位に入賞し、嘉納治五郎校長からメダルが授けられ、「一年生の三位入賞は、とにかく素晴らしい」と全校生の前でほめられたことに感激し、二年生になり徒歩部（陸上部）に入部した。金栗は人の二倍練習に打ち込み、オリンピック国内代表選考会（二十五マイル）において、非公式ながら当時の世界記録を二十七分短縮して優勝した。一九一二年七月に開催された第五回ストックホルムオリンピックに日本人として初めて出場し、暑さのため約二十六キロ地点で倒れ、近くの民家に救護された。

一方、秋骨は、早稲田大学の教壇に立ち英語を教えた。早稲田には一九一一年七月頃まで在職していた。一九一六（大正五）年から母校の明治学院に出講するようになるが、三、四年後に何か不服があったらしく一度やめている。同僚には、明治学院の後輩でもあるユーモア作家佐々木邦がいた。英語の講義を受けた宮内彰は、「佐々木邦先生は教室では苦虫をつぶしたような顔をしてニコリともしなかった」と振り返る。渡辺勇助も、「無口な先生で、あの明るい、軽やかなユーモアがどこから飛び出すのか不思議だった」という。佐々木邦の授業は極めて厳しいことで有名だった。

秋骨は、一九二〇年から再び明治学院で講義をするようになり、一九二六年まで続いた。このころ授業を受けた鷲見美雄は、「三年でラスキンの『アントラ・ジス・ラスト』を講義された戸川秋骨先生の授業は風格の高いものであった」と回顧する。同じく教え子の一人、井上武右衛門は、「私はある時、秋骨先生から『洗礼は受けるな』と言われて驚いたことがある。宗教学校の出身で、しかも母校の教鞭を取っている先生から、そのような言葉を聞かされたのは不可思議だった」と語り、秋骨の忘れられない言葉として、「Do not[make]too much of life」（人生を重く考えるな）を挙げている。

秋骨が在校していたとき、ドイツ語を教わったランディス夫人が、このころも授業を受け持っており、学院生らから「おっかないおばあさん」と恐れられていた。サンダム館の周りの芝生には、秋骨、藤村、孤蝶ら第一回卒業生が植えた犬樟《イヌグス》を中心に、各回の卒業生が植えた記念樹がそれぞれ異なる趣を呈して並んでいた。

「日本野鳥会」発起人

一九〇八（明治四十一）年二月二十四日、父等照《ともてる》が亡くなった。等照は、『日本愛鳥家談話録第一集』に取り上げられるほどの鳥好きだった。等照が小鳥を飼い始めたのは愛宕下《あたごした》にいたとき、上京して間もない一八七八年頃だった。このときはウズラを飼い、チャボに卵を抱かせてヒナを生ませていた。その後、横須賀に出奔《しゅっぽん》し、小鳥を飼うのを一時止めた。父等照が横須賀にいた時期、秋骨は祖母に預けられた。

それから築地に戻った等照は、一八九七年頃にカナリアを飼い始めた。一九〇三年、巻毛カナリアをペア七十円で購入してから本格的になり、その子を互選会に参加させたところ横綱になった。秋骨がこのころ勤めていた山口高等学校の月給が六十円ほどのときである。等照は談話を次の言葉で締めくくっている。

「今私方には巻毛金絲雀《カナリア》が二番いるのみですけど、倅《せがれ》は山口高等中学校教官を為し、昨年英国へ参り、商業に従事していますものの、私が今年取りて六十三になりても、鳥道楽の止まないには困ります、アッハハー」

「蛙の子は蛙」というように、秋骨も父に劣らず大変な鳥好きだった。山口から上京する際、飼っていた鶏を汽車の二等に乗せて猫と共に連れてきた。大久保に落ち着くと、同伴者の鶏とそのヒナ四十羽の餌やりと掃除が毎日の日課だった。

私の家には鶏がいる。態々《わざわざ》田舎から五百哩《マイル》を遠しとせず連れて来たものである。（略）さて田舎で無名であった鶏は東京の郊外に来て盛名を博した。種卵を売ってくれというのもある。法外な値で鶏を売ってくれというのもある。そうなると益々手放せない。もとが友情からの鶏であるから益々大事にする。評判はいよいよ高くなった。無名の鶏がオーピントンであったということは分明した。

――秋骨随筆集『楽天地獄』「凡人生活」

一九三四（昭和九）年三月三十一日、「日本野鳥の会」が発足したとき、秋骨は、野鳥研究家の中西悟堂《ごどう》、柳田國男、平田禿木らとともに設立発起人の一人として名を連ねている。鳥好きの秋骨がギルバード・ホワイトの『セルボーンの博物誌』を翻訳し、『英語青年』に一九三二年十月から翌一九三三年七月にかけて十六回にわたって連載したことが縁だった。『セルボーンの博物誌』は、十八世紀後半、ロンドンの南西約八十キロにある小さな村セルボーンに生まれたホワイトが、副牧師を務める傍ら、小鳥を中心にした生態観察を約二十年間にわたり二人の博物学者に送り続けた書簡をまとめたものだった。博物誌の原点となった名著とされ、現在も読み継がれている。

一九三四年六月、富士の裾、須走（小山町）で、日本で初めての野鳥観察会が開かれた。秋骨も発起人という立場上参加した。北原白秋、窪田空穂《うつぼ》、金田一春彦、岡茂雄、若山喜志子ら三十数人が二組に分かれて林に入り、小鳥を観察した。

機関誌『野鳥《やちょう》』も五月に発行され、中西悟堂が編集責任者となるが、実際の編集実務は岡茂雄が担当した。岡は大正から昭和初期、民族・民俗学や考古学専門の岡書店と、山岳書専門の梓書房を経営し、編集者としても学術的に貴重な書籍、雑誌を数多く世に送り出した。岡は自著『本屋風情』の中で、「おそらく鳥学会にはかつてなかったであろう、滋味深い、気品高い、しかも科学性を忘れていない、惚れぼれするような創刊号が、『野鳥』という誌名を背負い、五月の陽を浴びて巣立ったのである。『野鳥』という誌名は、あまり耳慣れなかったせいか、『のどり』と読んだ人が、一人や二人ではなかったことを思い出す」と回想している。

一九二四（大正十三）年六月、秋骨は随筆集『文鳥』を出した。その書名にもなっている「文鳥」の話は、三越に注文していたアメリカ製のウォルサム腕時計を取りに行き、ちょっと立ち寄った屋上の小鳥店で売られていた文鳥がほしくなり、時計のことを完全に忘れてしまい文鳥を買って帰るというものだ。文鳥の話はそれだけではすまない。最後には、自分の不注意で文鳥を殺してしまうという悲劇が待っていた。同書に島崎藤村が序を添えている。

「目まぐるしく、忙しい今の時代にあって、この書の中に書きあらわしてあるような『閑暇《かんか》』を発見した著書はどんな人生の傍観者であるかと言うに、交友には実に義理堅く、職務には勤勉で、一羽の文鳥の死にも涙をそそぐほど優しい心の持主である」

秋骨は、父等照のことを何の取り得もないと言っていたが、鳥好きの血筋を受け継いでいることは素直に認めている。

私には小鳥のことなど少しも解ってはいないが、セルボオンの文字と気分とが非常に気に入ったので、それを紹介したら、それが縁となって、日本の野鳥の会に列なる事となったのである。もっとも小鳥については関心のなかったわけではない。いや父の代からその心持はあっていたのだが、それは主として飼鳥のことであった。

——秋骨随筆集『自画像』「風車小屋から」

結婚と媒介者

秋骨は、東京師範学校の講師をしていたころ、由比友（友子）と結婚した。二人を引き合せたのは、秋骨の家の筋向いに住んでいた世話好きの夫人だった。夫人には出張で留守がちの夫と元気な男の子がおり、そのころ母と妹と暮らしていた秋骨は家族ぐるみで親しくしていた。秋骨と夫人は、一緒に植木屋に花木を買いに行ったり、近所の歯医者に誘い合って治療に出掛けたり、気の置けない友達のような間柄だった。世話好きな夫人が、近くの西大久保に両親と暮らしていた友を、秋骨に紹介し、とんとん拍子に二人は結婚することになった。

自分達夫妻の媒介者《ばいかいしゃ》である人のことを言いたくなった。媒介者というが、特にその夫人に関してである。（中略）失礼な言い方かもしれないが、あまり美人ではない、むしろ世話女房風で、化粧もせず盛装もしない方が似合うといった風であるが、それ故美醜などは問題ではない、そんなものを超越した長所を持っている。即ち所謂《いわゆる》美人以上である。それがこの夫人の強い牽引力となっているので、恐らくどんな人でもその魅力に惹《ひ》きつけられずにはいまいと思う。

——秋骨随筆集『朝食前のレセプション』「女人交遊」

新婚の秋骨と友は、正《ま》ァちゃんという小さい子を背負った媒介者の夫人と、夏の暑さが去ったばかりの九月下旬、近くの植木屋に温室を見に出掛けた。目的地の植木屋に到着し、いざ帰る段になり、秋骨が、「雑司谷の鬼子母神まで行って焼鳥でも食べたい」と切り出した。

世話好きの夫人は即座に賛成だった。友は「行ってみましょう」とは言っているものの少々迷惑な顔をしている。秋骨は友の顔をのぞき見ながら、「鶏に餌をやらなければならない、小犬の居所を掃除してやらなければならない、そんな事を考えているのが見え透くようである」と内心面白く思った。そのようなことで、三人と正ァちゃんは雑司谷の鬼子母神を目指して歩き始めた。

鬼子母神に着いた一行は、焼鳥ではなく、名物の芋団子「おせんだんご」を食べた。鬼子母神は安産、子育ての神様で、子授けにご利益があることで知られている。おせんだんごの名前は、鬼子母神に千人の子どもがいたことにあやかり、子宝に恵まれるように付けられたとされる。参拝したのは、秋骨夫婦に長女エマが誕生する前のことである。参拝の本当の目的は、子授け、安産の祈願だったのかもしれない。

秋骨らが団子を食べた茶屋は、その後いつの間にかなくなってしまった。近年になり、おせんだんごを懐かしむ声が聞かれるようになったため、日暮里の羽二重団子の四つ刺しを小さめの五つ刺しにした「おせんだんご」が復活し、毎週土曜、日曜に境内の大黒堂で味わえるようになった。

おせんだんごを食べ終えた秋骨一行は、帰りは目白の停車場から汽車で帰ることにした。切符を買ってプラットホームに出ようとすると意外な人が立っていたので、秋骨は足を進めるのを一瞬ためらった。それは学習院の女子部長松本源太郎だった。

「何も松本さんなんか少しも恐いのではない。この事はくれぐれも断っておく。同じプラットフォームに立つ以上、挨拶しないわけにいかない。そして挨拶は此方からすべき順序である。挨拶した以上雑談を交えないわけにもいかない。で二、三の談片を交わした。幸いにして忽《たちま》ち汽車が来たので先生は一等室だか二等室だかへ乗り込んだ。僕らは別れて三等室へ入り忽ちに新宿に着き、それから大久保まで戻った」

松本源太郎は、山口高等学校が廃止になったときの校長で、秋骨ら若手教師が退職教員の待遇について談判した相手だった。いきなりの再会で、秋骨も気まずかったようである。松本は越前府中領主本多家の家老の長男で、帝国大学でフェノロサから哲学を学んだ。卒業後、第一高等中学校の教諭となり、夏目漱石や正岡子規を教えた。このとき松本が付けていた生徒らの成績を記した手帳や日記が出身地の越前市に寄託され、二〇一九(平成三十一)年一月にその手帳の中に漱石の成績表が見つかったことが新聞、テレビでも話題になった。その成績表は、漱石が本科一年だった一八八八(明治二十一)年の論理学の試験で、漱石の点数はクラス最高だった。

その後、松本は越前(福井)藩主松平春嶽の孫の英国留学に監督役として渡米し、オックスフォード大学で学んだ。帰国後、第五高等学校教頭となった。そのとき五高の英語教師だった漱石は、教頭松本の推薦もあって英国に留学することになった。漱石の英国留学送別会が東京神田で開かれた際、その席で秋骨は初めて漱石と対面したので、松本源太郎は秋骨と漱石の媒介者《ばいかいしゃ》だった。

一九一一(明治四十四)年十二月十日、おせんだんごの御利益があり、長女エマが誕生した。そのころ『エマーソン論文集』を翻訳していたこともあり、敬愛するエマーソンの名をもらってエマと命名された。

三田に通った三十年

一九一〇(明治四十三)年九月、秋骨は慶應義塾大学(慶應大学)予科の講師になり、その後間もなく本科でも英文学の授業を受け持つようになる。秋骨が本科で教えるようになったのは、当時、慶應大学の幹事だった石田新太郎の推薦によるものだった。石田は、文学科を学問の専門化に伴い、その課程を文学、哲学、史学の三専攻に分かつと共に、教授陣の強化を推し進めていた。文学専攻では永井荷風が森鷗外の推挙で教授に就任した。一八九一（明治二十四）年十月に坪内逍遥が創刊した『早稲田文学』に対抗して、荷風が編集主幹となり雑誌『三田文学』が創刊されたのは一九一〇年五月だった。そのころ文学専攻に秋骨のほか、小山内薫、小宮豊隆らが加わった。

秋骨は、当時のことを「講壇生活二十餘年」（『三田文学』）に書いている。

「たしか忽滑谷快天《ぬかりやかいてん》氏の去られたが為であろう、石田新太郎氏から話があって文科の授業を受け持つ事になったのであった。如何に何事にも無頓着な私でも、自分が文科の教授になり得ない事位は当時といえども知っていたのであるが、ただ書物を読んでいればよい、予科の延長でよろしいという話であったので、こんなお引き受けをした次第なのである」

前任の忽滑谷快天は曹洞宗の僧侶で、曹洞宗大学が駒沢大学に改称されたときの初代学長である。忽滑谷は、慶應大学文学部卒業で、英語が堪能だったので、『Buddhism and its Christian Critics』（ポール・ケーラス博士）を翻訳して出版するなど批判精神による仏教の近代化を図った。一九〇一年に曹洞宗第三中学林の校長に就任。一九一一年には、曹洞宗の命で宗教学術視察のために欧米に留学する。そのため、秋骨に本科教授のお鉢が回って来たということだろう。

秋骨の講義を受けた学生には、久保田万太郎、水上瀧太郎《みなかみたきたろう》、佐藤春夫、小島政二郎《こじままさじろう》、石坂洋次郎ら、後に著名な作家になる顔が並ぶ。秋骨は学生に対して非常に真面目で厳格だった。予科の教え子、演劇評論家で小説家の戸板康二《といたやすじ》は、「英文学では戸川秋骨という先生の講義が印象に残っている。テキストに『ダッタン人の反乱』『阿片常用者の告白』を使った。英文学史も習った。エマーソンだけ、飛ばした。戸川エマという令嬢の存在を学生が知っていて、その前の時間に、余計なことを言ったからである」と『思い出す顔』に書いている。

戸板が慶應の予科にいたのは一九三二（昭和七）年からの三年間である。そのころエマは文化学院でフランス語を教えていた。秋骨はエマと一緒に荻窪から中央線の電車で通っていた。それが「〃中央線の一大名物〃と呼ばれるほど有名だった」（平田禿木『文学界前後』）ので学生たちの間でもエマは有名だった。エマは秋骨と似ておらず背が高く、スタイルもよく、都会的で垢ぬけた女性だった。エマの名前がエマーソンに因んで命名されたことを知っていた学生が、次回の授業がエマーソンというとき、そのことを教室で言いふらしたため、へそを曲げた秋骨はエマーソンをわざと飛ばしたのだった。

一方、馬場孤蝶は教授になってもマイペースだった。秋骨、孤蝶共通の教え子小島政二郎によると、「私の学生時代、一週一度の馬場先生の講義の日は、みんな楽しみに待っていたものだ。鉄無地の袖の着物に対の羽織を着て、『やあー』と言って、教室に入って来られた。そうして講義が始まるのだが、講義をしに来られたのかタバコを吸いに来られたのか分からないような二時間だった。言い直せば、講義なんか一行もなさらないのだ。三年間リテラリー・チャンツに終始された」

秋骨も、そのころの文科の雰囲気について語っている。

「当初の教室の気分はのんきなもので、隣の教室の前を通って、自分の受け持ちのところへ行こうとすると、今言うその隣の教室に馬場孤蝶君が居て、オイオイと呼び込む。何も用があるのではない、話をしに入って来いというのである。その話もあらたまっての話ではない。ただ一同と一緒に雑談の仲間に入れというのである。呼ばれるままに入って行くと、茶菓こそないが、一同団欒《だんらん》をなして煙草をふかしながら談笑している。つまり遊んでいるのであったが、当初の文科というものは、まあこんなものであったであろう」(『三田文学』)

当初はのんびりしていた文科も、だんだん歳月が経つにつれて、秩序も整い規律もできて学校らしくなってきた。それとともに秋骨は居心地が悪くなってきた。あるとき、文科の幹事であり、上司であり、熱烈な『三田文学』支持者でもある石田新太郎に向かって、「文科なんて金ばかりかかって、役に立たないではないか、いっそそんなものは潰してしまったらどうだろう。そしてその代わりに、それだけの金で毎年留学生を外国に出し、学問をさしておいたらどうだろう」と途方もないことを言った。すると石田は憤然と開きなおり、高飛車に文科存続の理由を述べ、秋骨を叱りつけた。秋骨は石田の剣幕に、今のは冗談とも言えなくなり、ただ畏《おそ》れ入り閉口してしまった。

『三田文学』を中心に超現実主義詩論を発表する西脇順三郎など、優秀な英文学者が育ち教壇に立つようになり、秋骨の肩身がますます狭くなってきた。

「自分のような学問のないものが、大学の教授というのは少しおかしい。不都合というよりもいささか滑稽《こっけい》である。少し心ある人がそれを聞いたならば、何というであろう、という感が強くなってきたのである。で少しでも大学の先生らしくするには、教授の方法を改めなければならない、が、改めて教授するだけの学力は私にはない。そう考えはしたものの、やはり私は講座を汚しつづけていたのである」

(『三田文学』、昭和十年六月)

秋骨は、何度か文学部の教授辞任を申し出たが、慶應大学が慰留し、辞任は認められずにそのままになっていた。そのような折り、一九三一(昭和六)年十二月、秋骨は文学部教授を解任された。

「私は願ったりかなったりであるから、簡単にお受けをした。積年の願いがかなったわけである。しかも私から願ったというわがままな形にならず、文学部の会議で罷免されたという、私としては受け身の形になったので、かたがた幸だと喜んでいる」(『三田文学』)

翌年からは、振り出しに戻り慶應大学の予科で英語と英文学を教えるようになり、一九三五(昭和十)年からは本科でも経済学部講師として英文学を教えた。一九三三年一月二十八日には、教え子の随筆家奥野信太郎らによる「秋骨会」第一回が大森サワダヤで開かれ、同年十月には、「秋骨会」から同人雑誌『文鳥』が創刊された。

秋骨は、一九三九(昭和十四)年三月、慶応大学を退職した。一九一〇(明治四十三)年九月から教壇に立つようになり、明治、大正、昭和の三時代、約三十年にわたり三田に通い続けた。

秋骨が三田を去った十年後の一九四九年、秋骨をしのび、その功労を伝える「戸川秋骨賞」が三田文学の主催で始められた。同年五月十五日、第一回受賞者に翻訳部門・青柳瑞穂、評論部門・山本健吉、戸板康二が選ばれ、賞金五万円が受賞者三人に分配された。

第十章　文化学院のころ

長女エマの転校

秋骨は四十過ぎて授かった長女エマを、自由に伸び伸びと育てた。一九一七（大正六）年、エマは四谷にあった雙葉《ふたば》高等女学校付属小学校に入学した。カトリック系の私立学校で、クラスには宮中関係、大臣、実業家、外交官、大学教授など名のある家の子女が多かった。外国人教師はみなシスターで黒い尼僧姿、日本人教師はほとんどが和服であった。ここでの教育は相当厳しく、科目は普通の小学校と同じだったが、一年生のときから外国語の時間があり、英語かフランス語かどちらか決めなければならなかった。秋骨は英語の教師だったが、エマはフランス語のクラスに入った。そのころ、秋骨は日本人が英語を一生懸命に勉強することに疑いを持っていたため、エマに英語ではなくフランス語を習わせたのだろう。エマは、フランス語を始めたことをこう振り返っている。

『お父さまが英語なのに、なぜフランス語をなさるのですか』とよく人に訊ねられる。私がフランス語をやり始めたのは別にこれといった理由はないのだが、よく考えてみると矢張り父の意見に従ったからのような気がする。小学校が雙葉だったので一年生の時から英語かフランス語かどちらかを選ばねばならなかった。確かに私が決めたというより父が決めて私はフランス語組に入ったのだった」

（『学鐙』「父のこと」）

それでも英語をまるで読めないでは困るということで、秋骨は本箱からリーダーを取り出して、夕食後三十分間の英語の稽古をエマに行った。しかし、ひらがなをやっと読めるぐらいの年齢では、秋骨の教え方では無理だった。

「遊び疲れて眠いし、なかなか覚えられないので、いつも『こんなのが解らないのか、馬鹿だナ』と父を怒らせてしまうのだった。（略）父はよく英語は難しいと言っていた。一つの誤訳をしても英語だと皆が大騒ぎだが、そこへ行くとフランス語の方は比較的楽らしいね、などと語ったこともあった」

秋骨は生活を支えるために翻訳の数をこなしていたこともあり、誤訳もそれなりに多かった。それを指摘されても平気を装っていたが、内心はひどく気にしていたようだ。

秋骨は子どもに贅沢《ぜいたく》はさせなかったが、文房具は日本橋の丸善で高価ないいものを選んで渡していた。鉛筆はドイツ筆記具メーカー・ファーバーカステル社の六角形鉛筆、クレヨンはフランスのクレヨンコンテ社の二十四色のものだった。

エマが小学校に入って間もなくのこと、急に引っ越すことになった。住んでいた借家の家賃が上がり、しかも庭先に二階屋が建ったため日当たりが悪くなった。

適当な家があれば引っ越したいと考えていたとき、近くの小泉八雲の家が空いていた。八雲は、一九〇四（明治三十七）年に亡くなり、残された夫人と子どもたちは住居とは別棟の書斎で暮らしていた。書斎といっても大きな部屋が十室以上もある。秋骨が借りたのは隣の住居だった。玄関は大きく尊大にしているものの、間取りは悪くなく決して住みにくい家ではなかった。大久保小学校がすぐ近くなのが決め手だった。秋骨の長男有悟《ゆうご》は慶應の幼稚舎に入ったのだが、体が弱いため通学が大変だった。八雲家の目の前の大久保小学校に転校すれば通学が楽になる。一九二二（大正十一）年三月、八雲邸に引っ越した。

「今度の家は矢張り同じ町内の前より広い家だった。お隣は小泉八雲氏のお家で、それが今度の家の大家さんだった。父の書斎がまず決められた。又四畳半なのである。けれどこの部屋はちっとも陰気くさくなかった」（『父の書斎』）

翌一九二三年十一月十一日、三女エダは八雲邸で誕生した。二男正悟が小学校に入学するとき、秋骨は「兄が大久保小学校で、弟が幼稚舎では具合が悪い」と言って大久保小学校に入れた。

一九二二年四月、エマは付属小学校からそのまま雙葉《ふたば》高等女学校に進学した。女学校には作法の科目があり、裁縫が苦手なエマは面白くなかった。そのうえ制服を着るのが嫌だった。エマは一番仲が良かった友達が転校したこともあり、自分も転校したいと言い出した。エマが転校したい学校は文化学院だった。文化学院は、服装は自由で洋装を薦めていた。東京でもまだ女性の洋装が珍しかったころである。近くのお茶の水女学校の生徒はえび茶の袴に靴をはいて、長袖の着物で通学していた。思い思いの洋服姿の文化学院の女生徒は人の目に立ち、憧憬《どうけい》の的だった。

娘エマの転校に一番辛い思いをしたのは秋骨だった。秋骨は、雙葉高等女学校付属小学校の入学式にエマの付き添いで出席し、その日以来、雨につけ風につけ、六年間毎日学校まで見送った。学校用品の調達は元より、着物や靴に至るまで一切世話した。その結果、エマの同級生と知り合いになり、秋骨にとっても友達のようになっていた。秋骨はエマが転校すると、同級生らに会うことができなくなるのが寂しかった。

重い足を引きずり今やこれを最後に、その門を潜ることになった。左手にある葡萄棚、右の片隅に立っているジャンヌ・ダルクの立像、雨天体操場、塵をとどめぬまでによく掃除の行き届いた廊下、それらは一々みな六年前から今日に至るまでの事を想い起こさせる事であった。(略)私はその時、親と子との考えの相違から生ずる淡い悲しみと寂しさを感じないわけにはいかなかった。

――秋骨随筆集『凡人崇拝』「別れ」

文化学院開校

長女エマが転校をせがんだ文化学院は、西村伊作が文学、芸術の友であった与謝野鉄幹・晶子夫妻と画家の石井柏亭《はくてい》に相談し、設立した学校だった。祖母から山林遺産を受け継いだ西村伊作は、その豊かな資金で東京駿河台《するがだい》の自分の土地に当初は文化人が集まるサロン的ホテルを建設するつもりだった。ところが、長女アヤの高等女学校の進学に当たり、理想とする教育を娘に受けさせる学校が見つからず、伊作自身の手で長女が進学する学校を開校することにした。

一九一二(大正元)年から、公的教育制度の画一主義、権力的管理に反対する自由教育運動が始まった。それと並行して文部省で教育令の見直しが行われ、一九一七年に寺内正毅《まさたけ》内閣が一連の教育方法における統制を緩和する法令を打ち出したことから、成蹊実務学校、成城学園、明星学園などの新学校が各地にできた。しかし、伊作は新教育令さえ否定し、中学校令や高等女学校令に縛られない各種学校として設立することに決めた。文化学院の開校と同じころ、羽仁もと子も、「子どもの頭の中にあるいろいろな働きの芽をのばしていく」ことを主張して自由学園を設立した。自由学園も文部省の規定によらない学校だった。

学院創立の際の「文化学院案内」(「文化学院設立趣意書」)で、西村伊作は学校の方針を示している。

「私の希望の一つを果たす時が来ました。それは私が少年時代から憧れていた生活の一つです。そしてその時が来ました。すべての事がこの『文化学院』を創立するように運ばれ、ひとりで為さねばならぬようになってきたのです。自分一人の力で行うこととしては、この事業はあまりにむつかしいのです。この小さいけれども大きな事業を創るために、私は、石井柏亭先生、与謝野晶子先生の両氏に私の心を打ちあけ、自分の理想と希望とを述べて相談しました。両氏は心から賛成し、非常なる熱意をもって、進んで学監としてこの事業の万事を引き受けてお世話下さることになりました。

石井氏は美術を、与謝野氏は文学を担当して指導されるほかに、戸川秋骨先生は外国文学、与謝野寛先生は日本文学、山田耕筰《こうさく》先生は音楽及び舞踏の顧問となって頂き、なお学監及び顧問は各々専門の主任教師を推薦して下さるのみならず、実際ご自身に生徒を教えても下さるのです」

与謝野鉄幹・晶子夫妻と親交があった秋骨は、文化学院創立メンバーの一人だった。一九二〇(大正九)年十一月、西村伊作、与謝野夫妻、石井柏亭、秋骨、河崎なつの六人が石井の十畳ほどのアトリエに集まり、文化学院創設について話し合った。河崎なつが『愛と反逆―文化学院の五十年―』にそのときの模様を再現している。

「晶子さんの使いで『女学校を作るから』と、石井先生のお宅の二階の十畳に呼ばれました。西村さん、寛(鉄幹)先生、晶子さん、石井先生、戸川先生、河崎の六人でした。『名は、文化学院はどうだろうか』、寛先生に西村さんが賛成され、『それはいいだろう』と石井先生も賛成され、『戸川先生、如何《いかが》でしょう』の晶子さんの問いに、『そ、それはいいですね』と少し早口に戸川先生も賛成されて、

文化学院の教師　最前列右端が河崎なつ。第２列右から２番目戸川秋骨、与謝野晶子、石井柏亭、校長の西村伊作　（日本近代文学館提供）

文化学院の名が決まりました」

文化学院の開校式は一九二一年四月二十四日、日曜日に挙行された。白ペンキ塗りの低い柵のような門を入ると、砂利の小道が真っすぐ玄関まで続いている。芝生があり、スレートの屋根に白い壁、赤い窓縁、瀟洒《しょうしゃ》な校舎は学校というより英国風コッテージの建物だった。木造二階建て、教室の壁には黒板はあるが教壇はなく、普通の机と椅子が黒板の前にあった。設計は建築家でもある西村伊作によるものだった。学院の授業料は、当時最高といわれた慶應義塾大学よりも高く、年額百二十円。授業内容も男子の大学よりも高く、どこの女学校にも一週六時間あった裁縫の時間はカリキュラムになかった。

開校式は講堂で行われ、校長西村伊作、学監与謝野晶子と鉄幹はそれぞれ夫妻揃って、河崎なつ、山田耕筰、荻野綾子、有島生馬ら教職員が、入学したばかりの女生徒四十三人と一緒に来賓を迎えた。秋骨はまだ小学生だったエマら子どもを連れて出席した。エマは二人の弟たちと文化学院の門をはじめてくぐった。その日の出席者は名のある文学者、芸術家が多く、ソプラノ歌手・歌人の荻野綾子や詩人の深尾須磨子も来ていた。
「深尾さんは斬新な洋服とくっきりしたお化粧、それにもまして派手なジェスチャーで、まだ幼かった弟たちをびっくりさせたらしい。二人とも話しかけられて泣きそうな顔をしていた。引出物は従来ののような紅白のお菓子ではなくて、苺のショートケーキを頂いた。この創立記念パーティーの後、私は父と待ち合わせついでに、よく文化学院に遊びに行っていた」（戸川エマ『一期一会抄』）
秋骨が文化学院で講義があるとき、エマは一緒に学院に行き、秋骨の講義が終わるまで学院内で遊んでいた。エマは小学生のころから学院の家庭的で自由な雰囲気にあこがれていたので、中学生になり一学期の途中に転校したいと言い出したのだった。

大逆事件と孤蝶出馬

一九一〇（明治四十三）年五月、文学界や思想界のみならず社会を揺るがす大事件が持ち上がった。長野県で製材所職工の宮下太吉が手製爆弾を所持していたため逮捕された。手製爆弾は観兵式行幸の明治天皇の馬車に投げつける計画のためのものとされ、それを発端に大逆事件が起こった。その実行にあたる共犯者として管野《かんの》スガ、新村忠雄、古河力作が逮捕され、彼らが幸徳秋水派の無政府主義者とみなされ、続いて秋水も同年六月一日に逮捕された。

その後、次々と数百人の社会主義者が捕まり、そのうち二十六人が起訴され、被告として法廷で裁かれた。一九一一年一月十八日、大逆罪で二十四人に死刑、二人に爆発物取締罰則違反で十二年と八年の懲役刑が下った。翌日、死刑判決の二十四人のうち天皇の特赦で半数が無期懲役に減刑された。死刑となったのは、幸徳秋水、管野スガ、森近運平、宮下太吉、新村忠雄、古河力作、奥宮健之《おくみやけんし》、大石誠之助、成石平四郎、松尾卯一太《まつおういった》、新美卯一郎《にいみういちろう》、内山愚童《ぐどう》の十二人で、その多くは冤罪で、無実か不敬罪ですむべきものだった。

この事件で死刑になった松尾卯一太と新美卯一郎の二人は熊本県人だった。松尾は一八七九年一月二十七日、玉名郡豊水村（現玉名市）の世襲士族の家に生まれ、かなりの田畑を持つ地主だった。尋常中学校済々黌を卒業後、上京して東京専門学校文科に学んだ。新美は済々黌のときの同級生だった。松尾が資金を出し、新美が発刊の辞を書き『熊本評論』を一九〇七年六月二十日に創刊した。二人は社会主義者だったというだけで、天皇暗殺計画にはまったく関わっていなかった。一九〇八年十一月、松尾が『熊本評論』の負債整理のために上京し、幸徳秋水に会っていたことで嫌疑をかけられた。このとき幸徳から聞いた「革命ばなし」が共同謀議とされた。新美に至っては、松尾の土産話を聞いただけだった。

この大逆事件は文学者に深刻な衝撃を与えた。中でも、その作品にはっきり影響を受けたのが『明星』、『スバル』などの浪漫《ろまん》派とされる。『明星』が百号で終刊したのは一九〇八年十一月だった。終刊号には新詩社社友の平野万里、茅野雅子《ちのまさこ》、平出修《ひらいでしゅう》、石川啄木《たくぼく》らに加えて客員として森鷗外、島崎藤村、馬場孤蝶、大塚楠緒子《なおこ》、上田敏、鉄幹と晶子の仲人でもあった木村鷹太郎らの参加や石井柏亭、和田英作の挿絵などが見られる。

一九〇九（明治四十二）年一月、『明星』の後継雑誌として若い詩人を中心に、『スバル』が創刊された。雑誌名の命名は森鷗外、発行所は平出修の自宅、財政上の負担も平出が引き受けた。後に、弁護士の平出は大逆事件の弁護を担当する。平出は、被告の大石誠之助が与謝野鉄幹の知人であったため、鉄幹に依頼されて私選弁護人になった。三十二歳の無名の弁護士だった。

『明星』の先輩格にあたる『文学界』は、旧制度を打破し、新しい世界を生みだそうと、明治の浪漫主義文学を牽引《けんいん》した。その同人だった秋骨、藤村、孤蝶、禿木、上田敏らは、大逆事件のとき、直接的な反対行動に出る者はいなかった。ただ孤蝶は幸徳秋水が捕われると同時に、公開処刑される死刑囚の姿を克明に描いたツルゲーネフの『断頭台』を翻訳し始めた。秋水と孤蝶は共に土佐出身であり、秋水は孤蝶の兄辰猪を敬愛していた。孤蝶は無実の罪で投獄された秋水に、同じように投獄されたことがある兄辰猪の姿を重ねていたのだろう。

大逆事件に衝撃を受けながらも、次第に厳しさを増す思想、言論の抑圧を受けて、多くの作家が沈黙していくなかで、孤蝶は芸術や学問の自由を訴えるために政治的行動に及んだ。大逆事件から五年たった一九一五（大正四）年三月二十五日、第十二回衆議院選挙に立候補した。その年の一月、孤蝶の弟分で遊び仲間である安成貞雄と和気律次郎が市ヶ谷の孤蝶宅を訪れて、立候補を求めた。孤蝶は与謝野鉄幹を誘い、二人はこの選挙に出ることになった。孤蝶は東京から、鉄幹は京都からの立候補だった。孤蝶自らが立候補に積極的だったわけでなく、周りから祭り上げられたかっこうだった。

もともと孤蝶を担ぎ出そうとしたのは、漱石門下の生田長江、森田草平ら文芸評論雑誌『反響』のグループだった。『反響』は一九一四年四月に創刊され、堺利彦ら社会主義者、伊藤野枝《のえ》ら婦人活動家、岩野泡鳴ら自然主義者らも参加し、次第に勢力を増していた。『反響』の寄稿者だった孤蝶に、衆議院議員選挙への出馬を最初に勧めたのは生田長江だった。それを知った堺利彦が、孤蝶を訪ねて政治的主張を聞き、一九一五年一月二十三日付の『萬朝報』に孤蝶を推薦する広告を出した。

衆議院議員候補に推薦す

孤蝶馬場勝弥君

東京社会主義者有志

この三行広告が、出馬をためらっていた孤蝶の背中を押し、孤蝶は立候補の決意を固めた。そして、選挙資金を集めるために、孤蝶の後援会を組織し、文壇有志の寄稿による文集の発行が決まった。孤蝶が立候補を表明してから、ちょうど一カ月後、実業之世界社から『孤蝶馬場勝弥氏立候補後援現代文集』が刊行された。寄稿者は第一部四十七人、第二部三十四人、合計八十一人だった。原稿を無料で寄せた作家は、夏目漱石、大町桂月、与謝野寛（鉄幹）、与謝野晶子、堺利彦、野上弥生子、田山花袋、佐藤春夫、北原白秋らで、当時の主たる文壇人のほとんどが名を連ねた。旧『文学界』のメンバーでは平田禿木の名があるぐらいで、秋骨、藤村、上田敏らの名前がなかった。

藤村はこのとき渡仏中だった。一九一三（大正二）年四月十三日、藤村は、神戸からフランス船エルネスト・シモン号に乗り込み、身を隠すためにパリに旅立った。藤村は妻冬子を失くし、幼い子を抱えていたので、子どもたちの世話をするために姪が住み込みで来ていた。ところが、その姪こま子と男女の関係になり妊娠させる。その現実から逃避するために日本を離れたのだった。そして密かに帰国したのは、三年後のことである。

一九一六年七月、藤村は帰国すると、東京朝日新聞に姪との関係を題材にした『新生』の連載を始める。近親相姦《そうかん》の新聞小説は社会に一大センセーションを巻き起こした。藤村は、自分の恥ずべき秘密を暴露しても作品のためには構わないという強い信念があった。そのためにはこま子の人生さえ犠牲にしてもいいという冷徹さも持っていた。藤村は自らで起こした問題で、窮地に立たされていたため、孤蝶を支援するどころではなかった。『文学界』の仲間だった上田敏は、一九〇八（明治四十一）年に欧州留学から帰国すると、京都帝国大学文学部教授となり、以来京都で暮らしていた。

秋骨の名前も、『孤蝶馬場勝弥氏立候補後援現代文集』に出てこない。秋骨がそのころ病気だったとか、旅に出ていたというような記録は残っていない。秋骨の義理堅く、誠実な性格を考えると、孤蝶の支援は何よりも優先させたはずである。

孤蝶が立候補を決意したのは二月十二日、文集の発行日は三月十二日である。編集、印刷、製本の時間を考えると、原稿執筆に充てられる時間は極めて短期間だった。第一部と第二部を合わせると、千百ページを超える大作だったため、分冊にして、別々の印刷所で刷り作業時間を短縮したほどである。

多くの作家は別の仕事を抱えていただろうから、掲載をやむなく断ったり、原稿の締め切りに間に合わなかったりしたこともあっただろう。秋骨は真面目で不器用なため、間に合わせのものは書けないだろうし、原稿を書くのも遅かったと想像できる。これまでも、ここ一番という大事な局面でしくじることが多々あったので、このときもおそらく締め切りに間に合わなかったと考えるのが順当であろう。

孤蝶と鉄幹の選挙結果は、多くの作家たちの応援があったものの両候補ともに落選の惨敗だった。孤蝶の得票数はわずか二十三票、鉄幹は九十九票だった。東京市定員十一人のうち、候補者は二十九人、孤蝶は下から五番目だった。宮武外骨も大阪から立候補し、見事落選した。

創設者西村伊作

文化学院の創設者西村伊作と、その協力者である与謝野夫妻を結んだのは、大逆事件で処刑された伊作の叔父大石誠之助だった。大石誠之助は同志社に学び、アメリカに留学して医学を修め、一八九五（明治二十八）年十一月に帰国。翌年、郷里の和歌山県東牟婁《むろ》郡新宮《しんぐう》町（現新宮市）に「ドクトルおほいし」と門柱に掲げた。誠之助の留学に力を貸したのは伊作の父大石余平だった。

一八九一年の濃尾大震災で伊作は両親を失い、母方の祖母もんに引き取られた。そこでは山林地主の西村家を継ぐことになり、名前も西村伊作となった。その後、アメリカ留学から帰って来た大石誠之助が、相談なく伊作を西村家の養子にしたことに怒り、伊作を連れ戻し一緒に暮らすようになった。このとき誠之助は二十八歳、十一歳の伊作は高等小学校に通っていた。誠之助はアメリカ留学中にコックもしていたので、洋食の料理が得意だった。伊作も料理が好きだったので、アメリカの料理や家庭生活、考え方などを誠之助から学んだ。

誠之助が家の前の空き地に洋食屋を開店したときも、伊作は共同経営者となり店を手伝った。アメリカの片田舎にあるような素朴な雰囲気の店で、「太平洋食堂」という店名だった。誠之助は、店で出していた洋食のレシピを、堺利彦が主宰する『家庭雑誌』に寄稿していたことから、誠之助と堺の間に文通が始まり、やがて誠之助は社会主義者の一人に数えられるようになった。「太平洋食堂」の方は、あまりに新しすぎて、お客がついてこなかったため一年足らずで閉店した。

『家庭雑誌』は、一九〇三（明治三十六）年、堺が創刊した社会主義の啓蒙雑誌だった。同年十月、堺は幸徳秋水と平民社を設立し、『平民新聞』を創刊する。創刊号で、平民社は反戦の立場を宣言し、非戦論を展開していく。こうしたなかで、堺が新宮を訪れて、誠之助に平民社運営の資金援助を求める。このとき誠之助は大金を寄付し、伊作も幾らかの資金を提供した。

一九〇五年、伊作は徴兵を逃れるためにシンガポールに脱出した。日露戦争の終結後に帰国し、一九〇七年に津越光恵と結婚すると、伊作は自らの家庭を洋風のスタイル、洋食や洋服によるハイカラな生活にすることに熱中する。平穏な家庭生活を送っていた伊作に大きな衝撃を与えたのが、一九一一年に起きた大逆事件だった。叔父の誠之助が紀州グループの中心人物として逮捕された。このとき誠之助と交流があった与謝野鉄幹が、平出修に弁護を依頼した。

大逆事件後、紀州グループを出した新宮の町は政府ににらまれ、厳しい空気に包まれた。伊作の家は家宅捜索され、伊作には刑事の尾行がついた。そのため伊作はそれから数年間沈黙した。その後、新宮町を中心とするそれまでの人間関係から、広く大阪や東京から芸術家や文化人を新宮の自宅に迎え入れるようになる。一九一三（大正二）年に洋画家の石井柏亭や与謝野鉄幹を自宅に招待したのを皮切りに、多くの文化人と交遊し始めた。与謝野鉄幹は小説家有島武郎《ありしまたけお》や賀川豊彦ら数十名の文化人に伊作を紹介する会合を東京で開いたりしている。秋骨もそのころ鉄幹から紹介されて伊作と知り合い、文化学院の創設のときに協力者として声が掛かった。

新校舎焼失

文化学院の玄関わきに小さな部屋があり、応接間兼事務所になっていた。誰でも自由に出入りできたので、秋骨は講義の空いた時間はその部屋をのぞいた。生徒や先生が集まると、お茶ノ水の菓子屋から和菓子を買って来てお喋《しゃべ》りが始まった。

大石誠之助の妻栄子が学院のハウスマザーだったので、先生の昼食の世話などもやっていた。ある日、秋骨が部屋をのぞくと、大石栄子が英文の編み物の本を持ってやって来て、「先生、これはどういうことですか」と尋ねられ、秋骨は、「私は英文学はやりますが、編み物の記事は分かりません」と、苦笑したこともあった。

文化学院が創立三年目を迎えた一九二三（大正十二）年七月、新しい木造校舎が完成した。この半地下室の上に三階建ての校舎は伊作自ら設計した。屋上からの見晴らしが素晴らしくよかった。夏休みが終わり、生徒らは新校舎で勉強できることを楽しみにしていた。ところが九月一日に関東大震災が起こり、新しい校舎は一度も生徒らが入ることなく焼けてしまった。

校舎が焼失したため、文化学院の生徒らは東中野にあった日本女子高等学院（現昭和女子大学）の校舎を借りて授業を受けた。一方で、伊作は紀州の財産を惜しげもなく傾けて、校舎再建に取り掛かった。使わないままに焼けた校舎の半地下室のレンガの壁がそっくり残っていたので、その上に急ごしらえの木造二階建て校舎を建て、同年十一月に急造校舎で授業を再開した。その急造校舎を、口の悪い生徒らはバラック校舎と密かに呼んでいた。伊作は学校経営を縮小することなく、カリキュラムも変えることはなかった。しかし、震災後は学院の環境は一変した。山田耕筰、高浜虚子、野崎勝太郎ら創立当時の講師が学院に来なくなった。ハウスマザーの大石栄子も一家で引っ越した。震災のとき、与謝野晶子のほぼ完成していた源氏物語の現代語訳原稿数千枚も焼失してしまった。学院事務を一手に引き受けていた玉置真吉は、校舎と晶子の原稿を守りきれなかった責任を取って学院を去った。

玉置は伊作の出身地である新宮の近くの天満小学校の教師をしているとき、新宮教会の礼拝に出るようになり、牧師をしていた沖野岩三郎と親しくなった。それから沖野の紹介で伊作の叔父大石誠之助と交際するようになる。玉置と小学校の同僚イマとの縁談をまとめたのは大石だった。その恩人の大石が大逆事件で逮捕され、玉置は小学校にいられなくなり、沖野の紹介で、沖野が明治学院神学部で共に学んだ賀川豊彦の助手となった。その後、玉置も神学を学ぶために、賀川の推薦で明治学院神学部に進学し、卒業後は与謝野鉄幹に頼まれて文化学院の事務を引き受けた。

文化学院を辞めた玉置は日曜学校教会副主事を依頼され、大震災で倒壊したり、焼失したりした教会にオルガンや聖書を補充する仕事に就いた。この仕事が一段落すると、山田耕筰のもとで各種音学会のマネージャーを務めた。その後の玉置は社交ダンス一筋に進み、「日本のダンス王」と呼ばれた。

一九二五（大正十四）年三月、文化学院中等部の第一回生卒業生を無事に送り出し、大学部（本科、美術科）の創設が決まった。学生は両科合わせて百人が募集された。四月に大学部の本科は文学部、美術科は美術部とそれぞれ改称され、文学部長に菊池寛、美術部長には石井柏亭、女学部長には与謝野晶子が就任した。秋骨は英文学の講義を受け持つことになった。

大震災と円本ブーム

一九二三（大正十二）年九月一日正午前、大地がグラグラ動き、旧小泉八雲住居の秋骨家が揺れ出した。そのとき庭で子どもたちと一緒に遊んでいた八雲の二男稲垣（小泉）巌が、八雲家の竹林に逃げるようにしきりに言うので、秋骨一家は小泉一家と共に裏手の孟宗竹《もうそうだけ》の中に飛び込んだ。大きな揺れは収まったが、強度の揺り返しが何度もあり、新宿方面に火の手が上がった。八雲家に逃げ込んで来た近所の人たちも一緒に孟宗竹の中で一夜を明かした。

関東大地震は関東地方南部に甚大な被害をもたらした。地震による家屋の被害は倒壊より出火によるものが大きく、東京は焦土と化した。死者・行方不明者は十万五千人にも上った。町には、「朝鮮人が井戸に毒を投げ込んだ」、「社会主義者が政府の転覆《てんぷく》をたくらんでいる」といったデマや風評が飛び交い、自警団や警察の手によって朝鮮人の虐殺が行われた。それが社会主義者やキリスト教徒の拘束、アナーキスト大杉栄と内妻伊藤野枝、甥の少年の惨殺へと導火していった。

そのころ不況に陥っていた出版業界は、震災によってさらに大打撃を受けた。この苦境を乗り切るため、改造社の山本実彦は賀川豊彦の『死線を越えて』の大ヒットで得た資金を元手に、廉価《れんか》版の全集刊行に社運をかけた。新聞広告を出し、予約金一円で予約会員を募集し、毎月一回配本する新しい販売方式だった。一九二六年十一月、『現代日本文学全集』全三十八巻（菊判、約五百ページ）の予約を開始すると、当初三万部ぐらいを想定していたのが、なんと予約申し込みだけで二十五万部に達した。

改造社の成功で、新潮社『世界文学全集』、平凡社『現代大衆文学全集』、春秋社『世界大思想全集』が相次いで出版された。ほかにも岩波書店、中央公論社、小学館、講談社などからも廉価本が続々出された。この出版の活況は〝円本ブーム〟と呼ばれた。

一九二七（昭和二）年八月、『中央公論』に藤村の小説『分配』が発表された。円本ブームによって、思いもよらない収入を手にした藤村の実体験を題材としていた。藤村こと「私」が、印税収入の大金の使い方に悩んだ末、子どもたち四人に分けるまでが淡々と描かれている。その中に藤村が得る予定の金額、印税収入が出てくる。

「この大量生産の結果で、各著作者の所得をなるべく平均にするために、一割二分の約束の印税の中から社預かりの分を差し引いても、およそ二万円あまりの金が私の手にはいるはずであった」

藤村の手元には印税収入額から出版社への借金を差し引いても二万円が残った。このころの公務員の初任給は七十五円（『値段の明治大正昭和風俗史（上）』、週刊朝日編）なので、年収にすると九百円である。藤村が得た印税収入は公務員初任給の二十年分以上の大金だった。円本によって、それまでとは比べものにならない収入を得た小説家や翻訳家は、円本成金よろしく外国旅行に出掛けたり、家や別荘を建てたり、車を買ったりした。

秋骨も円本ブームの到来に両手《もろて》を挙げて賛同した。

「翻訳の大量生産は資本家と文人に幸福を与えるのみならず、また世界の大思想大文芸を極めて低廉《ていれん》な値をもって万衆に頒与《はんよ》するのであるから、文化のためにも至大な貢献であるに違いない。天の恵みは二重である、とはシェークスピアの句にあるが、この事業たるや、かくして三重の恵みとなっているのであるから、あに大したものではなかろうか。果たして天下をあげてかくの如《ごと》き挙に賛意を表しているる」

秋骨は、『現代日本文学全集第三十六篇・紀行随筆集』(改造社)や『世界大衆文学全集三十九巻・「永遠の都」』(改造社)、『世界大思想全集第七十二巻・マコーレ論文集』(春秋社)などの円本に執筆している。ひと財産を築いたと思われるところだが、実際は円本成金に成り損なったばかりか、それがもとで借金取りに追われるようになった。

エマがその事件についての顛末《てんまつ》を『一期一会抄』に書いている。

「その頃、月に一度くらい得体のしれない人物が来るのに気がついた。いつも父の留守に来た。母の身内の借金の保証人として、母が父に無断で実印を押したらしい(略)当時は〝円本〟といって一冊一円のシリーズものが出版界で流行していて、父のような翻訳家たちにも、その恩恵が多少はめぐってきていたときであった。だから、お金を用立てる人のほうでも、保証人としての父の名前を聞けば、大丈夫と考えたにちがいない」

その後、秋骨は債権者から訴えられて裁判沙汰《ざた》になったが、秋骨の人柄の良さが裁判官の心証をよくして裁判は無事おさまった。

荻窪移住と秋骨老の講義

一九二六（大正十五）年七月、長女エマが文化学院中学部三年のとき、秋骨は一家で荻窪《おぎくぼ》に移った。大震災による東京の壊滅状態を目にし、秋骨は子どもらのために郊外への転居を決めた。

「父の話によると、与謝野家が荻窪に土地を借りたけれど、少し広く、二百坪ぐらいどうですかとすすめられたので、借りたのだそうである」（『一期一会抄』）とエマは秋骨から聞いた。

秋骨も、「私の現在地たる荻窪に、地所の一部を割いて、私に使用さしてくれられたのがその一である。かくして私は朝夕与謝野氏及びその一家の方々に接するようになったのである」（『自画像』）と荻窪の土地は与謝野家の斡旋としている。

ところが、与謝野家の長男光によると、「戸川秋骨先生が『荻窪にこういうのを借りることになったから、与謝野さんも一緒に乗りませんか』っていわれたんです」（与謝野光『晶子と寛の思い出』）と記憶している。

戸川家と与謝野家では言い分がまるで違う。荻窪移住の先導役は、秋骨なのかそれとも与謝野鉄幹なのか。当時、荻窪は原野と桑畑が一面に広がり集落も少なく、一九三二（昭和七）年に杉並区に属するまで地名は井荻村下荻窪だった。鉄幹は荻窪に移るのを嫌がったため、慶應大学医学部の学生だった光と弟秀の二人が、一九二四（大正十三）年にまず荻窪に移り、小さな家を建ててそれぞれ大学に通っていた。

「初めは父が荻窪に行くことをいやがってねえ。（略）その頃は田舎ですからねえ、いっぺん中野で乗り換えないといけない。だから、本当に郊外って感じだった。うちの父は門人の人や友人が訪ねて来ないだろうってねえ」（『晶子と寛の思い出』）と光は回想している。

与謝野鉄幹が荻窪移住を渋ったため、鉄幹と晶子が引っ越してきたのは母屋が完成した一九二七年九月になってからだった。秋骨家が引っ越して来てから一年以上たっていた。

荻窪移住の先導役がどちらだったかはっきりしないけれども、家庭菜園や動物好きの秋骨は荻窪の田舎暮らしを喜んだ。庭にナスやキュウリ、トマトを植え、エンドウ豆の種をまいたり、裏に竹林があったので、文化学院の学生たちを招き、筍《たけのこ》掘りをしてみんなで筍ご飯を食べたりした。

一九三〇（昭和五）年三月、鉄幹は校長の伊作と意見が衝突し文化学院を辞した。それから五年後の一九三五年三月二十六日、鉄幹は肺炎のため慶應病院にて死去。葬儀は文化学院で行われた。多くの追《つい》悼《とう》がされたなか、秋骨も悼辞を述べている。

「この文化学院へ私を導き入れ、校長西村さんに私を引き合せて下さったのも、実に先生なのでございます。この一事が私の進歩の上に一つの転換を与え、これによって幸にして私は今日なお幾分の進歩をなしていられるのでございます」

与謝野晶子は、夫鉄幹の死後も文化学院に残り、古典文学を教えた。一九三八年には、荻窪の家で『新新訳源氏物語』六巻を完成。関東大震災で現代語訳「源氏物語」の原稿を焼失してしまった以来、一からやり直し、さらに十七年かけて書き上げた執念の書だった。その後、脳溢血《のういっけつ》で右半身不随となり、一九四二（昭和十七）年五月二十九日、荻窪の自宅で死去。多摩霊園の鉄幹の傍らに葬られた。後に、知人や門人らが建立した三角屋根の明るい二墓同型の夫妻の墓は、西村伊作の設計によるものだった。
一九三一年、満州事変が勃発し、十五年戦争と呼ばれた第二次世界大戦に向かって歩み始めた。文部省は国家主義の傾向を強め、勤労奉仕、体育訓練などを取り入れ、個々の学校への統制を強めていた。しかし、文化学院は文部省の学校令によらない各種学校であったため、カリキュラムも従来通りに英語、フランス語、音楽、美術などの授業を行った。当時の秋骨の教え子、後に児童文学者となる木村不二男は、秋骨の講義についてこう話している。木村が授業を受けたのは、秋骨が還暦のころである。
「英文学の秋骨老はいつもにこづいていたが話がまことにへたで、美学の柏亭の吃《ども》りと対をなすものがあり、『一葉日記』に出てくる往時恋慕のさまを回想させるとひそかに笑わせた。これで迫られたらさすがの清少もたじたじだったろうと」（『愛と反逆—文化学院の五十年—』）
西村伊作の長女で、文化学院二代目校長の石田アヤは秋骨の思い出を話している。
「戸川秋骨先生は私の知る限り、いつも白髪の小柄なお爺さんだった。お顔が能面のようで長寿の相と人が言うように白い眉毛が長く庇《ひさし》のように眼の上につき出ていた。講読ではホーソーンのリップ・ヴァン・ヴィンクルをとにかく、あの長ったらしい文章をコツコツ読んでいった」（同書）
戦争の影が忍び寄る中、何も変わらない文化学院は、秋骨にとって居心地が良かったのだろう。学生らからあきれられるほど老いさらばえても、亡くなる年の一九三九（昭和十四）年三月まで英文学の講義を続けた。

その後の文化学院

一九四〇（昭和十五）年三月、文化学院の学内誌『月刊文化学院』に掲載された「数学と偶像」と題した伊作の論文が検閲《けんえつ》にかかり削除を命ぜられた。石井柏亭は、このままでは学院が国家権力によって潰されるという危機感を持ち、学院を国策に合わせた方向に持って行こうとして、ことごとく伊作と衝突した。そして石井柏亭は「辞職」の二文字の辞表を残して文化学院を去った。その年の暮れには、在校生、卒業生の代表数名が校長室に入り、「校長の辞職決議書」を突き付けた。このときは伊作のあまりの剣幕に、学生らは逃げ出してしまった。翌一九四一年、学院創立二十周年記念式典の当日に、伊作は校長をやめ、校主に退き、校長は長女アヤが引き継いだ。

一九四一年十二月八日、日本軍はハワイ真珠湾を空襲し戦争に突入した。そして一九四三年四月、伊作は不敬罪の疑いがあるとして、特高課の刑事に連行され拘禁された。同年九月一日、文化学院は強制閉鎖となった。

終戦を迎え、伊作の不敬罪は解かれ、陸軍に徴用されていた校舎も戻り、文化学院が再開したのは一九四六年四月二十五日だった。院長に伊作、学監に石田アヤが就任した。美術科、日曜美術科、英語科が創設され、伊作による無宗教の教養講座「文化教会」を立ち上げ、伊藤道郎、羽仁五郎、神近市子ら各方面の識者による講義が始まった。

文化学院の創立メンバーの一人だった河崎なつは、学院内でただ一人の教員経験者で、国語の授業を受け持っていた。生徒との交流は一番多く、学院のお母さん的存在として生徒らに慕われた。戦後は学院から離れ、社会党国会議員となり、母親大会などを指導し、女性のために大いに気を吐いた。一九六六年十一月十六日、七十七歳で死去した。

一九三一（昭和六）年春に文化学院を卒業した戸川エマは、文部省令によらない学校のため、大学受験の資格がなく、両国にあった中村高等女学校の最上級に編入した。女学校卒業後は、女優の長岡輝子、金杉惇郎、森雅之らが一九三一年に設立した、劇団『テアトル・コメディ』の広報誌の編集、原稿依頼、広告取りなどをやっていた。一九四〇年、文化学院時代の二級下だった高木一郎と結婚。翌年、長男行《こう》一《いち》が誕生した。一九四四年、夫一郎が会社の命令で外地に船で赴任する途中、フィリッピン沖で攻撃を受け行方不明となる。一郎を東京で見送った三カ月後の十一月三日、長女が生まれた。

一九四八年には、文科主任を務めていた伊作の四女ソノが結婚のためアメリカに渡るということで、戸川エマがその代わりをすることになった。エマが文化学院に勤めるようになったのは、長女の幼稚園送迎の合間にたまたま文化学院に立ち寄ったからだった。

エマは文化学院に勤めるようになると、執筆活動を始め、新聞や雑誌に随筆を書くようになる。一九五五年からは読売新聞婦人欄の身の上相談の回答者を二十八年間担当した。一九六三年には文化学院文科科長に就任。映倫管理委員や東京都青少年健全育成審議会会長などを歴任。一九八六（昭和六十一）年六月二十九日、七十四歳で亡くなった。

文化学院は戦後も、西村伊作や与謝野晶子の一人一人の個性を大切にした教育の伝統を守り続け、特に芸術や文学、映画・演劇の分野に感性豊かな人物を輩出した。その中に、デザイナーの植田いつ子がいる。秋骨と同郷の熊本県玉名市出身の植田いつ子は、一九四九年に開設したばかりのデザイン科に学び、日本を代表する服飾デザイナーとなった。

一九七二（昭和四十七）年、文化学院は専修学校となって文学や美術を教え続けた。だが、経営は次第に苦しくなり、二〇一八（平成三十）年三月三十一日、九十七年の歴史に幕を降ろした。

○各界の主な卒業生

〈作　家〉野口富士男、飯沢匡《ただす》、三宅艶子、辻原登、渋沢華子、大沢在昌《ありまさ》、金原ひとみ
〈映画監督〉亀井文夫、松山崇（映画美術監督）、石田基紀（映画プロデューサー）
〈デザイナー〉植田いつ子、平田暁夫、石井かおる、田中千代、鳥居ユキ、水野正夫
〈俳　優〉入江たか子、木村功、北沢彪《ひょう》、寺尾聰、犬塚弘、すまけい、前田美波里、とよた真帆、水谷八重子、南田洋子、長岡輝子、中嶋朋子、高峰秀子、十《と》朱《あけ》幸代《ゆきよ》、入江若葉
〈政　治〉山東昭子
〈建　築〉松井雅美、徳川宜子《ことこ》
〈音楽・芸能〉小林麻美、カールスモーキー石井、中原昌也（小説家、三島由紀夫賞受賞）
〈バレリーナ〉折原美樹、酒井はな、貝谷八百子《かいたにやおこ》、谷桃子
〈作　詞　家〉山口洋子、吉岡治、安井かずみ

終章　翻訳、随筆、能楽のしごと

三時代にまたがり翻訳

秋骨の仕事は翻訳をもって始まる。明治、大正、昭和の三時代にまたがり、英語ばかりでなく、ロシア語、ドイツ語、フランス語などの小説、歴史文学、伝記、詩、論文…と多国籍、多分野にわたって翻訳している。仕事として翻訳に取り掛かったのは、「翻訳でもしたらどうか」と藤村に勧められ、一八九二（明治二十五）年にアメリカ誌の短い記事を訳して『女学雑誌』に出したのが最初だった。

その後、博文館の大橋乙羽と知り合いになり、『少年文集』に「英詩評釈」を一八九四年五月から一八九八年五月にかけて十六回にわたり、「グレーの春の歌」、「シェレー及び其の西風の歌」、「ミルトンの救世主降誕生」などを連載した。『文学界』が始まると英国文学を中心に翻訳を次々と発表した。さらに帝国大学に入学するや、『帝国文学』にも英国文学に関する論文や翻訳を出すようになった。

山口時代も、藤村や緑雨ら知人に頼んで、東京の雑誌社や新聞社の翻訳の仕事を受けたり、売り込んだりしていた。一九〇三年三月には、大手出版社博文館と東京堂（出版物取次トーハンの前身）からスティヴソン『世捨人』が出され、翌一九〇四年には電報新聞に翻訳「寒薔薇《かんそうび》」が掲載された。

秋骨が本格的に翻訳の仕事に打ち込むようになったのは、欧米の旅から帰り、東京大久保に住むようになってからだった。一九〇七年五月、佐久間書房から秋骨初めての単行本、翻訳『西詞余情』が出版された。帰国して約三カ月の短期間で、発刊できたのには、秋骨が旅行をしている間に編集が進められていたからだった。同書の「はしがき」に、秋骨は次のように書いている。

「余は今ここに次の諸君に謝意を表さなければならぬ。第一佐久間書房主細川君は病床にありながら、余の不在中に代わって本書の校正の労までとられたのである。和田英作君も同様余の不在中のため挿画を揮毫《きごう》してくれられた。島崎藤村君に至っては此書の出版につれて終始斡旋《あっせん》の労を惜しまれなかったのである」

同書に収録されているモーパッサン「従卒《じゅうそつ》」は一八九八年六月、読売新聞に掲載されたものだった。藤村らが、秋骨が書きためていた原稿をまとめて本にすることを出版社に掛け合って刊行が実現したようである。『西詞余情』は、明治学院の同窓生、藤村や和田の友情から生まれた本だった。

一九〇八（明治四十一）年になると、『文章世界』の「英詩評釈」に四月から十二月まで、「オアズ河を下る記」（スティブンソン）、「ドーヴァ海岸の歌」（マシュウ・アーノード）、「キングスレーの三漁夫の歌」などが六回にわたり掲載された。一九〇九年の夏からは、『学鐙』に英国十八世紀の小説『トム・ジョーンズ』が五回続けて出ている。

まったく自分が翻訳をするために生まれて来ているようなのを、私は呪《のろ》いはするが、また考えなおして見ると、自分の文学に関する考えは先《ま》ず翻訳書をもって始まったのであるから、それがいつまでも付きまとうのは、あるいはやむを得ない事かもしれない。

—秋骨随筆集『凡人崇拝』「翻訳者の愚痴」

翻訳不可能論

秋骨が『エマーソン論文集』上巻（玄黄社）を上梓したのは、一九一一（明治四十四）年二月だった。同書の「序言」に秋骨はこう記している。

「エマーソンは千八百何年に生まれしか、アメリカの何処に居住せしか、斯くの如きは余の全く知らざるところなり。況《いわん》やエマーソンの頭の大きさ幾何なりや、またエマーソンは昼飯を何杯喰《く》いしか、等の事実に至りては、全然余の感知するところにあらざるところなり」に始まり、「いえどもエマーソンの教えに至りては、余の深く心酔せるところにてして、従って又大に関知するところなりとす」と結んでいる。

エマーソンの個人的なことはさておいて、その作品は素晴らしいということを、秋骨独特の言い回しで表している。しかし、この「序言」が新聞の書評では、「あまりに翻訳者として無責任すぎる」と評判が悪かった。

一九三八（昭和十三）年十一月に岩波書店から再版された『エマスン論文集Ⅰ』の「序言」では、前回のときとは一変してエマーソンについて生真面目に紹介している。

「幼年少年時代の極めて質素な、むしろ貧困の生活から、ハアバアド大学を出て牧師になり、やがて後援者となり、その講演が集められて、その幾多の作物となったというぐらいがその一生に過ぎない。要するにエマスンの一生は静かなものであった。別に誇るべきこともなく、人の目をひく程のこともなく、いわば平凡なる生涯であったことは、まったく私の意に適しているところである」

秋骨はエマーソンの生涯をたどり、エマーソンの作品ばかりでなく、そのおいたちや誠実な人間性など個人的なことに共感していることを表明した。これは好意的な書評を書いてもらおうと意図したのではなく、秋骨の本心だろう。エマーソンの文章はとても難解といわれていたが、それについても、秋骨は「それほど難しくは思わない」と事もなげに言う。

「翻訳不可能論」を公言する秋骨だが、エマーソンの翻訳については、「原文の趣とか味わいを翻訳するのは難しく不可能だけれども、書いてある事実をそのまま説明しただけだから、ただ原文にはこんなことが書いてあると紹介することはできる」と解説する。

「ひとたびその筋道が掴《つか》めれば、すなわちエマスンの考えについていくことができれば、するすると総てが解訳されるから、あとはそれを日本語にするばかりであるから割に楽である」と明快である。エマーソンについては知り尽くしているという自信の表れであろう。

大正に入ると、秋骨はフランス、イタリア、ロシアの文学作品を手当たり次第に重訳した。一九一四（大正三）年八月、ヴィクトール・ユーゴー『レ・ミゼラブル』の翻訳『哀史《あいし》』上巻が国民文庫刊行会から出版された。秋骨が英訳書を土台として、フランス語の原書を参照しながら訳したものだった。「哀史」という書名は〝翻訳王〟の異名をとった森田思軒が翻訳した書名をそのまま使った。思軒の『哀史』は一八九七年に本人が急死したため、未完に終わった。その後、黒岩涙香《るいこう》による翻案『噫《ああ》無情《むじょう》』が一九〇二年から翌年まで『萬朝報《よろずちょうほう》』に連載された。〝翻案王〟黒岩涙香の『噫無情』は翻訳といっても原作の本筋を保持しながら、日本人の感性に合うように表現などを大胆に改変したものだった。

『帝国文学』で編集委員を秋骨と一緒に務め、詩人であり英文学者の土井晩翠《ばんすい》は、「秋骨君の事業としてはやはり欧米文学の翻訳が重なるものであろう。健筆無類で訳出の書物は何十種あるやらとんと分からぬ。『レ・ミゼラブル』を英訳からの重訳ではあるが完全に訳したのは秋骨君が最初であろう」（『謡曲界』、昭和十四年九月号）と賛辞を呈している。

> 原文の味とか文の趣を出すなんて事は考えたこともない。私は翻訳するに、ただ解るという事だけ主眼としていた。どんな名訳でも、読んでわからなくては仕様がないと、それだけを考えていた、その結果、これはずッと後のことであるが、翻訳不可能論を公表した。
>
> ——秋骨随筆集『自画像』「翻訳四十年」

学究的態度を嫌う

一九二四（大正十三）年九月一日、秋骨は『文芸春秋』に随筆「首括《くく》り綱渡り」を発表した。「私はイギリス文学を勉強して居るものでありながら、イギリス文学が嫌でならない」で始まり、「イギリス文学はさておき、『第一英語なんぞやるのが馬鹿馬鹿しい、あんなもの、よしてしまえ』と言うのが私の考えである。これは外国語を重用するのが善いとか悪いとかいう、立派な愛国の精神とやらから言うのではない。あの難しい割の悪い英語をやめてしまえと言うのである」と続けた。

これを読んだ大和資雄《やまとやすお》が『文芸春秋』に抗議の投書を出した。大和は東京高等師範学校卒業後、香川県師範学校教諭になるが、当時は学校を辞めて東京帝国大学英文科に入り直して英文学を学んでいた。

「戸川秋骨氏の『首括り綱渡り』を拝読して私は嫌な気がしました。（略）あなたが『幻の人』の中でなすったお勧めによって、『プリンス　オットウ』を読んだ一人です。あなたさえ見切りをつけようとなさる英文学を私はこれから始めようと言うのです。しかも私はその畑で育った者ではありません。首括り綱渡りの愚痴は、犬に投げ与えなすったがいいです」

そして、最後に『幻の人』十頁の誤訳を指摘した。

大和は、『文芸春秋』に抗議文を投書した十五年後、秋骨が亡くなった一九三九（昭和十四）年の夏に、「英文学者としての戸川秋骨」（『文学の交流』）と題して寄稿した。

「二十余年前に一人でこうも広範囲にわたる系統的研究を遂げた功績においては、漱石を除いて彼に及ぶものがあるまい。しかも官立大学の比較的完備した研究室や図書館を控えているのとは異なり、所謂《いわゆる》『町医者』のような境涯にありながら読書三昧《ざんまい》に没頭したことを思い、その一見断片的に見えた研究が民衆と広い接触面をもつ新聞雑誌にあまた幾十年にわたって現れて、英文学を普及せしめたことを考量してみると、彼は上田敏や厨川白村《くりやがわはくそん》おろか、漱石をさえ凌《しの》ぐ大きな影響をわが国の英文学に与えたと言っても余り過剰でないと思えるのである」

大和はこれ以上ないほど、秋骨の英文学者としての功績を褒《ほ》めたたえている。ただ、その後に、「彼の屍《しかばね》に鞭《むち》打つようなことは致したくない」としながらも、「誤れる瑣事《さじ》な頻出《ひんしゅつ》は彼の学風に何とはなしに雑駁《ざっぱく》な感じを懐《なつ》かしめるであろう。これも彼が学者であるのに学究的態度を嫌ったことから生じた欠点と思われる」と付言している。

大和は東京帝大卒業後、高野山大学教授となり、ブロンテ三姉妹の真ん中エミリー・ブロンテの『嵐が丘』を一九三二年に翻訳し、日本に初めて紹介した人である。

秋骨は、大和が指摘するように学者的態度をとるのを嫌い、学者と言われるのを照れくさく感じていたと思えるほど、文人であろうとしていたようなところがあった。

一九二四（大正十三）年六月、アメリカは移民法を改正し、日本からの移民をすべて禁止した。そのため日本人の対米感情は極度に悪化した。日本人は英語まで憎くなり、英語排斥《はいせき》論が盛んになった。

「排日移民法」と呼ばれた新移民法案が決定したニュースが伝えられると、朝日新聞の記者だった杉村楚人冠《そじんかん》が「英語追放論」を紙上に掲載する。国語学者の福永恭助が「米国語を追払え」、杉村の同僚で随筆家でもある渋川玄耳《げんじ》が「何を恐るゝのか日本」を続けて発表し、報復論的な勇ましい英語廃止論が展開された。その中に、どういうわけか秋骨の論文「看板の英語と中学の英語」が交じっていた。

杉村の「英語追放論」はこうである。

「今の中等学校の英語教育ほど無用なものはない。中学校を卒業しても、話も出来なければ手紙も書けない。読むほうにしたところで、小説が読めるじゃなし、新聞が読めるでもなし。卒業後、たいてい三、四年のうちに忘れてしまうのが落ちだ。世の中にこれほど馬鹿々々しいことがあるものでない」

秋骨は、杉村の「英語追放論」に同感して「看板の英語と中学の英語」を発表した。

「世界の何処《どこ》にこんなに外国語に夢中になっている所がありましょう。これはどうしても明治以来の識者なるもの為政者なるものが幻想に捉われていた為のほかありません。英語の出来るものを重く用いたり、英文の書けるものを学者と思ったりしたのがついにこんな風を招致して自然こんなに英語がノサバツて来たに相違ありません。若い人の発育期を苦しめるとなると、これは大いに考えなければならないことです」

英語追放論に対抗して、英語学者の市河三喜《いちかわさんき》や哲学者の帆足理一郎《ほあしりいちろう》、英語学者の岡倉由三郎らは「英語学習擁護論《ようご》」を展開した。秋骨は当然、こちら側にいるはずの人間なのに、どういうわけか「英語追放論」の味方に入っている。こういうところに、秋骨が英語学者と一線を画していたのと同時に、熊本生まれの肥後もっこすの顔がかいま見える。

私は九州の僻地に生まれたものであるが、父祖代々江戸で育ったものであり、私とても幼年の頃か

ら東京に来て、僅かの歳月を外にしては、東京と終始しているのである。そんな理由から私の一身には都会の気が染み込んでいる。併し何事にもそうであるが、私はいつも中途半端なところに居る。都の風に浸っているに拘わらず、江戸っ子にはなれず、東京ものにもなり切れないで、何処かに田舎臭いところを存していると、自ら考えている。

——秋骨随筆集『都会情景』「序言」

エッセイスト秋骨

二〇二〇（令和二）年一月十三日、評論家の坪内祐三さんが亡くなった。六十一歳だった。坪内さんは、秋骨のエッセイの中から人物ものだけ集めた、『戸川秋骨　人物肖像集』（みすず書房、二〇〇四年三月発行）を編集している。同書のあとがき「『秋骨船』上船案内」に、秋骨を紹介している。

「明治三年に生まれて昭和十四年に亡くなった戸川秋骨は、英文学者で評論家で翻訳家で随筆家だ。随筆家というよりもエッセイストといった方がぴったりくる。その若き日に北村透谷や島崎藤村らと共に『文学界』の同人だったことでも知られる。その他の『文学界』の同人には、馬場孤蝶や平田禿木がいたけれども、明治文学史にその名を輝かせている透谷や藤村よりも、私は、晩年になって滋味あふれるエッセイや回想文を発表していた孤蝶、禿木、秋骨の三人組の方が好きだ。中でも一番、私の体質に合っているのが秋骨のエッセイだ」

重ねて、秋骨の文章は独特のリズムがあり、「言い知れぬ妙味がある文章世界にはまってしまうことになるだろう」と坪内さんは秋骨のエッセイの面白さを保証している。

島崎藤村は、「英文学者としての君の業績は今更わたしなどの言うまでもないことで、その翻訳の仕事だけでもおそらく積んで等身のたかさに及んだであろうとは平田君も言われたことである。（略）七十年の生涯の間にいつ開拓するともなく、君が開拓して行った諷刺《ふうし》文学は更に面白い」（『英語青年』第十二号）と、秋骨の随筆は、秋骨自身の手で新しい領域を切り開いて作りあげた諷刺文学であるとし、英文学や翻訳よりも諷刺文学のほうが本領を発揮しているとする。

そして、秋骨が諷刺の効いたエッセイを書くようになったのは斎藤緑雨の影響が大きいという。

「緑雨君から一番多くいろんな影響を受けた人は平田君でもなく、馬場君でもなく、またわたしでもなく、性格から何から一番遠そうな戸川君であった。戸川君の諷刺文学を緑雨君の発展と言ってしまうのは、言い過ぎかもしれないが、緑雨君時代はまだ軽かった諷刺をもっとずっと内容のあるものに深めたのが戸川秋骨君だという風に私は考えたい」（島崎藤村『英語青年』「戸川秋骨君の思い出」）

秋骨の随筆集

秋骨の最初の随筆集『そのまゝの記』は、一九一三（大正二）年七月に発刊された。秋骨が山口から東京に帰り、大久保での暮らしを感じたままに、書名の通り、淡々とそのまま記している。引っ越しのとき荷物を運んできた車夫とのやり取りや山口から連れてきた鶏の自慢などを軽妙に描いた「凡人生活」から始まる。巻末には藤村の『並木』の続きを描いた短編小説『金魚』も収録されている。

一九二四年六月には『文鳥』を出している。序は藤村が書いた。その中に、「この書のどの頁を開いても友達がいる。私たち友情が結ばれはじめた日から三十六年も続いて来た古い馴染みの友達がいる」とあるように、秋骨の思い出に残る人たちを描いたエッセイが詰まっている。

『文鳥』までの秋骨のエッセイはほのぼのとしたものが多かった。続く、『凡人崇拝』（大正十五年二月、アルス）から、秋骨独特の諷刺や皮肉が交じった言い回しが随所に見られるようになる。

「馬場さんは、座談や教壇で言い捨てられることは随分と過激であるが、書かれることは案外に穏やかである。戸川さんは、お話は如何にも穏やかであるが、筆を執るとまるで別人のような激しい事を書かれる。これは実に不思議な対照であるとは、三田の某氏の話であった」と平田禿木が『禿木随筆集』「エッセイスト秋骨君」の冒頭で指摘している。

秋骨の随筆の魅力は警句なり、諷刺なり、皮肉なりで読者をはらはらさせ、最後はユーモアをもって煙に巻くようなところにある。

昭和に入って、円本ブームのさなかに現代ユウモア全集の第五巻として、『楽天地獄』（昭和四年四月、現代ユウモア全集刊行会）が刊行された。この全集の発行所は現代ユウモア全集刊行会とされているが、その所在地は東京神田の小学館・集英社内となっている。全集は一九二八（昭和三）年に十二巻、翌年に続編十二巻が刊行され、全二十四巻に及んでいる。秋骨のほか、坪内逍遥、堺利彦、長谷川如是閑《はせがわにょぜかん》ら社会派、個性派の執筆者がひしめいている。新聞広告を積極的に展開し、著者を講師として講演会〝ユウモアの夕べ〟を開くなどして販売部数を伸ばした。『小学館五十年史年表』には、「大正十四年以来好調な発展を続けてきた本社がこの全集の成功によって経営基盤はいよいよ強固なものになり、社の知名度も一挙に高揚、社業発展上記念すべき大企画であった」と記されている。

『自然・気まぐれ・紀行』（一九三一年五月、第一書房）は、豪華な装丁と造本で知られる第一書房から出版された。第一書房は、長谷川巳之吉《みのきち》が一九二三（大正十二）年に創立し、苦しい経営状態にもかかわらず、豪華な造本の文学書を刊行し続けたことで知られる。唐草《からくさ》模様の表紙、背革金箔《せがわきんぱく》押しの美本が愛書家を喜ばせた。円本ブームでは『近代劇全集』を出し好評だったが、営業的には失敗し、債務の返済に追われた。一九三五（昭和十）年にパールバックの『大地』を刊行し、大ベストセラーになりようやく経営が軌道に乗ったという。

『自然・気まぐれ・紀行』が発刊されたときは円本ブームだったためか、造本は大量生産の仕様のようだ。並製本、無線とじ、表紙も鳥をあしらった定型の図案で色も本紙と同じで味気なく、紙質も悪く、これが第一書房の本なのかと疑いたくなる。『文鳥』が上製本、糸かがり、布製の表紙には花の絵が描かれ、とても上品な本だけに、比べると相当見劣りする。第一書房の本の出来栄えに、装丁に一家言《いっかげん》もつ秋骨はさぞがっかりしたことだろう。

それ以降も秋骨の随筆集は第一書房から出された。続いて刊行された『都会情景』（一九三三年十二月、第一書房）からは上製本になった。続いて、『自画像』（一九三五年十月、第一書房）、『朝食前のレセプション』（一九三七年十二月、第一書房）と刊行された。秋骨最後の随筆集となった『食後の散歩』（一九四三年二月、第一書房）は、亡くなる直前までに書いた随筆をまとめ、秋骨の死後に刊行された。同書に収録されている「雅号の由来」が秋骨の絶筆になった。

二十代は半分を学生、半分を文学界に費やした。文学界は他の同人のおかげで記憶されているが、私自身としては恐らくこの時に考えの向き方だけを教えられたのだと思っている。三十代が学校の先生、これは今日まで続いている。さて四十代が翻訳時代、この時代にたくさんの翻訳を公にした。五十代になって少しずつエッセイを試み、それが六十代にまで及んでいる。いずれの時代もつまらないから、取り立てて言うべきでないかもしれないが、それでも私には五十代から以後が一番気楽で現在好い心持でいる。

――秋骨随筆集『自画像』「四十代、五十代」

能楽礼賛

晩年の秋骨は取り憑《つ》かれたように能舞台に通った。山口時代に始めた謡の稽古を東京でも続けたが、大変な音痴だったので稽古を積んでもまったく上達しなかった。それもあり謡の稽古よりも舞台観劇のほうに情熱が傾き、いかなる用事も繰り合わせ、少々体調が悪くても喜多《きた》流の能会には毎月欠かさず出席した。

「何一つ心を託すに足りるもののなかったような君の晩年に、君が唯一の慰めは能楽であり、殆《ほとん》ど寺《てら》詣《まい》りでもされるような心持で喜多氏方の毎月の例会に欠かさず足を運ばれていたということも、今は思い出の種である」（島崎藤村『英語青年』）

藤村には、いそいそと能会に通う秋骨の姿を、寺社にでも足を運ぶような厳粛な宗教的な行為に見えていたようだ。

秋骨自身もそれと同じようなことを自分でも感じていた。

「少々病気でも能の会には出席する。そして見ているうちに、自分は全く芸術の世界に入ってしまい、世事はことごとく忘れて、清浄な心になってしまう。大抵の病気、風邪引きぐらいであるが、能を見ていると治ってしまう。どうしても能は私の宗教である」（戸川秋骨『能楽礼賛』）

能は舞と音楽とが一体となった演劇で、音楽の謡《うたい》と囃子《はやし》を伴奏に舞踏的な所作でストーリーが展開する。室町時代に観阿弥《かんあみ》、世阿弥《ぜあみ》父子が大成させ、現在に至るまで六百五十年以上にわたり一度の断絶もなく上演され続けてきた。それは世界にも類がなく、二〇〇八（平成二十）年にユネスコの無形文化遺産に選ばれた。

江戸時代には、豊臣秀吉のころの大和四座である観世《かんぜ》、宝生《ほうしょう》、金春《こんぱる》、金剛《こんごう》の四つの座に喜多《きた》流を加えて、四座一流が幕府の式楽（儀式用の芸能）に定められ手厚く保護されていた。明治維新による社会の大改革で、能楽は存続の危機に陥った。幕府や大名の庇護《ひご》を失った能楽師は生活にも困窮するようになった。

秋骨が著した能楽の論評・随筆集

素人の習い事として盛んに行われていた謡は、明治以降は一時衰退したが、すぐに人気は回復し、師匠について謡を稽古する愛好家は多かった。秋骨が謡の稽古を始めた山口では、喜多流謡曲が藩公の御用謡であったため、秋骨が稽古したのは喜多流だった。

秋骨は喜多流とは不思議な縁があり、叔父四郎は、明治維新の直前に喜多流の能楽師の家に養子に出されたが、維新で復籍した。秋骨は幼い頃、この叔父から漢文の聖書を無理やり読まされて泣かされた。そのとき謡の稽古も強制的にやらされた。秋骨にとってにがい記憶だが、これも当然、喜多流だった。

熊本の能は、加藤清正とともに秀吉の家臣で金春流武家能役者中村靫負《ゆきえ》が肥後に入国したのが始まりとされる。加藤家改易《かいえき》後も、肥後藩初代藩主細川忠利と長男の二代藩主光尚が、北岡神社に奉仕する喜多流友枝家の本座と、藤崎八播宮の金春流櫻間家の新座を御流儀として抱え、能楽を広く奨励した。そのため肥後藩は、北陸の加賀藩とともに能楽が盛んだった。

熊本では喜多流友枝家が有名だが、叔父の四郎が継ぎかけたのは友枝家ではなかったようだ。友枝家は、一八五二（嘉永五）年に幸流小鼓方の岡田又三郎の三男三郎が十歳のとき養子に迎えている。友枝家を継いだ三郎は熊本を拠点に活動し、地元で絶大な人気を誇った。一方、金春流の櫻間伴馬《さくらまばんま》（左陣）は肥後から江戸に出て、「明治の三名人」と称されるようになったが、地元熊本における名声では三郎にかなわなかったという。

明治の初め、喜多流は廃絶の危機にあった。十二世喜多能静《のうせい》の死と維新期の混乱により、当主不在が続いていた。一八七九（明治十二）年、当時七歳だった千代造（後に六平太襲名）を十四世宗家に立て、喜多流は流儀の再興を図った。このとき十四世喜多六平太を支えた一人に熊本の友枝三郎がいた。

十四世喜多六平太の弟子で、人間国宝の能楽師後藤得三は、「（友枝）三郎さんに至っては、これは、これはもう自分の師匠以上の存在で、尊敬の念以外に何ものもなかった。（略）この人は金春流の有名な櫻間左陣さんとは同時代の人で、左陣さんは中央に進出して縦横に活躍し、明治の三名人の一人といわれたが、三郎さんは田舎に隠遁して生涯を終わられたため、不遇であったがもし左陣さんと同じように中央に進出しておられたら、おそらく明治の三名人と同列に推奨されたことと思う」（『後藤得三芸談』）と証言している。

雑誌『文芸春秋』（一九三八年二月号）に、秋骨が六平太にインタビューした記事「喜多六平太閑談」

が掲載されている。その中に六平太がいろいろな師匠に稽古を受けた話があり、その中に友枝三郎の名前が出てきた。

「その時分に稽古は松田から受けました。それから分家―文十郎が稽古をしてくれました。しかし、これじゃあどうもいかんというので、福岡に梅津という人があるので招いてはどうかという話がでまして、しっかり稽古して貰うことになった。そのあとへ友枝が来て稽古してくれました。友枝はその前に一辺来ましたが、帰ってから右の梅津が来て稽古してくれました」

六平太の稽古は、最初は元老の松田亀太郎、分家の喜多文十郎、文十郎が亡くなってからは紀喜和がつけていたが、もっと本格的な稽古に入ることになった。誰に稽古をつけてもらうかという話になり、最初に三郎の名前が上がった。しかし、三郎はこれを固辞し、先輩格に当たる福岡の梅津只圓《しえん》を推薦した。しかし六平太によると、三郎にも教えてもらっている。

「それは初めて四国の松山で能を舞ったとき、私は東京から、友枝は熊本から、一緒になって、しばらく稽古を受けました」（『六平太芸談』）

一九一五（大正四）年、大正天皇即位を祝う演能会が宮中で催され、六平太が「羽衣」を舞うことになった。六平太はこれまで指導してもらった三郎に感謝の意も込めて後見を依頼した。三郎は喜んで上京し、侍烏帽子《さむらいえぼし》に素袍《すおう》の姿で舞台に上がった。

六平太礼賛

秋骨は能が大好きだが、もっと好きなのが六平太だった。秋骨が書いた能の論評と随筆をまとめた

『能楽礼賛』の「はしがき」に、「私のは能楽礼賛ではなくて、ややもすると六平太礼賛になりそうである。まったく他流の演能を見ないというわけでもないが、主として喜多氏のを見、その卓越したところを認め、且《か》つそれに陶酔しているからである」と白状している。

秋骨は単に六平太の能を礼賛しているばかりでなく、その人間性に傾倒している。秋骨と六平太の性格に相通じるところが多く、秋骨は熊本生まれなので生粋《きっすい》ではないが二人とも江戸っ子、せっかちで短気なところがある。エマが父秋骨の性格を表したエピソードを紹介している。

「父には学者とは思えないほどそそっかしい面や気が短いところもあった。文化学院の旅行で熱海へ行った帰り、発車間際に宿の人が『これ、どなたのコートでしょうか、お部屋に残っていました』と、列車の窓から父に渡した。父はそのコートを持って、与謝野先生や石井柏亭先生のところを回ったが、だれも忘れた人はいない。石井先生が『裏にM・Tとネームがありますよ』と言ったところ、父は自分のコートを持って持主を探していたのであった」(『一期一会抄』)

そして英雄ぎらいの秋骨の好みに最も適《かな》うのが六平太といえる。

「私は喜多六平太氏を凡人と見ている。極めて平凡な人だと考えている。取り立てて世人の模範とすべき人物でもなく、渇仰《かっこう》すべき聖人では勿論ない。それが私の氏を好む所以なのである」

そして何より秋骨が六平太に共鳴したのは、酒が飲めないのに酒の肴《さかな》を好むことだった。

「六平太氏は酒が一口もいけないに拘《かか》わらず、食物は上戸の口だという。私も同様で平素から自分のような趣味の人があるかと怪しんでいたのであるが、六平太氏も左様だと聞いて、さてはこの一事だけは同型だと、何という理由もなく喜ばしい感を得た」

秋骨は六平太の「道成寺」を三度観ている。最初は一九一〇（明治四十三）年五月、場所は芝公園の能楽堂だった。このとき道成寺を演じた六平太は、乱拍子の充実した足どり、その後の急速の舞から鮮やかな鐘入り、その姿は美しく、秋骨はいつまでも忘れられずにいた。そして、いつかもう一度、六平太の道成寺を観たいと切に願った。しかし、その後、六平太は今後もう決して道成寺を演じないと伝えられた。それは単なる噂ではなかった。

ところが大震災後、六平太が一度限り演ずるということになった。一九二五（大正十四）年十月十五日、場所は同じ芝能楽堂だった。このとき、もうこれが最後になると思った秋骨は、能楽に興味を持っている徳富蘇峰を誘った。蘇峰は六平太を見たのはこのときが初めてだった。蘇峰は六平太が舞台に立っている姿を見て、「あの人が立っているのは、まるで立木のようだ」とうなった。そして、舞台が終わると、蘇峰はホッと一息ついて、「天下かくに如く緊張したるものまたとない。こういうものを度々見せられては寿命が縮む」とため息をもらした。その言葉を聞いた秋骨は、「六平太氏の技は全く局外の人にでも、それほどの感銘を与えるだけの魅力と精巧を持っている」と改めて感心した。

三回目は、一九三六（昭和十一）年四月二十八日に水道橋の能楽堂で演じられた。秋骨はこのときも、もう六平太の道成寺はこれが最後だと聞かされて、知っている限り、能楽に関心を持っている人に伝えて来館してもらった。秋骨を能楽の師と仰ぐ英文学者、随筆家の福原麟太郎は、満員の見所（観客席）に秋骨の白い頭を見つけたので、大急ぎで道成寺の謡本を買ってきて、秋骨に何か書いてほしいと頼んだ。秋骨は、「お預かりしましょう」とそれを取り上げてしまった。

舞台が始まり、六平太が道成寺を舞い、それは実に壮観だった。ところが、あまりに感激してしまった秋骨は最大の見せ場である鐘入りの瞬間を見損なってしまった。

観るべき急所を見逃してもいるために、ただ漫然たる感銘を持っているにすぎないのである。（略）

がそれについての私の感銘はこれまでの心象を覆すものでなかった事は勿論《もちろん》であるが、特に演者の鐘に対する執着をあらわすところが、強く感得された。それでこそアノ大袈裟《おおげさ》な鐘《かね》という作りものを、舞台に持ち込む理由が成立するのだと了解された。

——戸川秋骨『能楽鑑賞』

それから一カ月ほどして、郵便で福原麟太郎の家に道成寺の謡本が返送されてきた。謡本の中扉の白い紙のところに

白拍子の舞の手凄し道成寺　　秋骨

と書いてあった。

謡曲翻訳不可能論

「君が能楽について書いたものの中に、『猩々《しょうじょう》』一篇は殊《こと》に光ったもの。あの『猩々』の乱れなるものに君の見い出した『赤い美』の説はおそらく先人未発の卓見《たっけん》で、君が能楽の愛もそこまで行ったかと思わせる」と藤村は『能楽礼賛』に収録されている「猩々」の拝観の記を絶賛している。

拝観の記は、一九二二（大正十一）年春に六平太の五番目物の曲「猩々」を観て、秋骨が暗示を受けて急いで書いたものだった。

「私は『猩々』を拝見して、能なるものが、倒底言葉や説明を以てしては、その気分を伝え得べから

ざるものだと感じました。（略）これを外国の文字になおして、少しでも、その心持を伝えようとするのは、全然不可能の事です。それから逆に考えて、私はすべての謡曲を、外国の文字になおす事が、全然徒労に属しはしないかと思いました」（『喜多』、一九二二年五月）

能楽をすぐれた舞台芸術として世界に紹介し、謡曲の翻訳に最初に着手したのはアーネスト・フェノロサだった。一八九八（明治三十一）年十一月、再度来日したフェノロサは能楽研究を思い立った。その手助けをするようにと、高等師範学校校長の嘉納治五郎に頼まれて、当時同学校付属中学校講師だった平田禿木はフェノロサに伴って梅若実の稽古に通った。さすがに舞ではなく謡を教わったのだが、そのうち「羽衣」の稽古となった。フェノロサは音楽の素養があったので、すぐ楽譜に取っていくのだが、禿木はついていくことができず、禿木の稽古はそこまでで終わった。それから一年あまりの間、フェノロサと禿木は毎月欠かさず舞台に出掛けた。その結果がフェノロサによる謡曲の英訳および研究ノートとなった。

フェノロサは一九〇八年にロンドンにおいて客死《かくし》した。未亡人メアリーは若いアメリカの詩人パウンドにフェノロサが遺した謡曲の英訳、研究ノートを託した。フェノロサが着手し、パウンドが完成させたのが、謡曲の英訳を収めた『能または堪能―日本古典演劇研究』である。その同じ年、一九一六（大正五）年四月二日、能楽の影響を受けた、アイルランドの詩人で劇作家でもあるイェイツがロンドンで「鷹《たか》の井戸」を上演した。

秋骨はイェイツと親交があったカズンスと知り合いになり、一緒に能楽を観たことがあった。そのときの演目「半蔀《はじとみ》」の筋を聞かれ、「まあ筋というほどの筋はない、話という程の話もない」と答えた。すると「ストーリーのないのは非常に面白い、この曲の翻訳をやろうじゃないか」とカズンスが言い出した。

秋骨は、謡曲を物語としないで、音楽として扱い、その翻訳をしようというのに同感して、手伝うことを約束した。しかしカズンスが間もなくインドに旅立ったので、この翻訳の仕事はそのまま断ち消えになってしまった。その後、これも知り合いのアメリカ人女性が、同じく謡曲翻訳を思い立ち、秋骨はまたその相談に乗った。そのうち秋骨は「猩々」が舞台に上っているのを観て、「謡曲は読むものではなく、演じられたものを観るものである」ということに思い至った。秋骨は、それに気付いてからは、謡曲の翻訳に大した意義はないと思うようになり、英訳を試みることはなかった。

ターナーとラスキン

一九二三（大正十二）年四月一日、雑誌『喜多』復刊第一号が刊行され、秋骨は編集委員として名を連ねた。同年五月から一九二八（昭和三）年九月まで、秋骨は参加した能の合評会記録「品紫評紅録」を『喜多』に連載している。一九三一（昭和六）年一月には『能楽礼賛』を大岡山出版から出した。これは慶應義塾大の同僚横山重が懇意にしていた大岡山出版に刊行を働きかけて実現したものだった。秋骨が同書の「はしがき」に書いているように、能楽礼賛というより、六平太礼賛の内容になっている。

徳富蘇峰は同書を評して、この秋骨の六平太への心酔《しんすい》ぶりを、イギリスの画家ターナーを批判した美術雑誌に反撃するかたちで、『近代画家論』を著したラスキンとの関係にたとえた。秋骨は『文学界』のころ、北村透谷からラスキンと呼ばれ、うれしいようなくすぐったいような一種の光栄を感じた。それから四十五年後に再び蘇峰からラスキンと比べられ、『文学界』当時とは少し違うように感じた。

一九三七（昭和十二）年一月、秋骨は『能楽鑑賞』を上梓した。その中の「喜多六平太論」に、前作『能楽礼賛』を読んだ蘇峰が六平太と秋骨の関係をターナーとラスキンになぞらえたことに対してこう答えている。

「私にラスキンほどの批判力も学殖も信念の抑もまた気概もないのは勿論《もちろん》言うまでもない事であるが、六平太が果たしてターナーに比べられるべきであるか、どうか。（略）ターナーの画よりも六平太氏の芸の方が遥かに生命のあるもののように思えてならない」

秋骨はどこまでも六平太礼賛だった。

六平太は、『六平太芸談』の中で秋骨を語っている。

「三十年、四十年の長い間ほとんど批評がましいことは一言も言わずに、終始一貫能を愛し続けてこられた。まったくその鑑賞の態度というものが批評的じゃないんだね。ちょうどお宗旨《しゅうし》の信者という風だった。悪口一つ洩《も》らされなかったが、ああいう人が忌憚《きたん》のない批評をされたら、それこそ演者の胸にぐっとくるような鋭い言葉が出たろうと思うね。演者としてはああいう人が一番恐ろしいんだよ。（略）無我という言葉があるね、その無我で、シテ（主演者）の気持ちの中に自分の眼や耳、いやもっともっと魂までも置いてしまう。だから演者と殆ど一心同体に融合している。恐ろしいというのはそこだよ」

秋骨が、能楽について生前最後に書いたのは『謡曲物語』「殺生石《せっしょうせき》」だった。これは下書きしてあったのをエマが原稿用紙に清書して、秋骨の枕元で読み合わせしたものだった。秋骨は、「謡曲物語は子どものためばかりでなく、大人が読んでも面白いものにしたい。少し自惚《うぬぼれ》た話だけど、ちょうどラムがシェークスピア物語をかいたように」とエマに向かって笑いながら言った。『謡曲物語』は秋骨の死後、一九五〇（昭和二十五）年十二月に筑摩書房から出版された。

「九日会」に仲間入り

一九三九（昭和十四）年五月、秋骨が腰の痛みを訴えるようになった。これまでもぎっくり腰を何度か繰り返し、神経痛の持病を持っていた。寝ていればそのうち痛みも引くだろうと自宅で療養していた。だが思ったより長引いたため、慶應義塾大学の同僚や教え子、奥野信太郎、西脇順三郎らが大勢で見舞に押しかけた。藤棚に長い房がぶら下がり、日差しの薄い四畳半に秋骨は寝ていた。

そのころ公開された東宝映画「樋口一葉」（監督並木鏡太郎、一葉役山田五十鈴）の話で盛り上がった。病床に届けられていた宣伝用スチール写真の中に、若き日の秋骨と孤蝶が初めて一葉を訪ねた場面があった。秋骨役の俳優が、一葉の前で胡坐《あぐら》をかいていた。秋骨はその写真を見ながら、「僕は初対面の女性の前で、こんな無作法はしないよ」と苦笑した。

映画公開前の一九三八年十月二十四日、東京に初めてできた中華料理店「偕楽園」（日本橋亀島町）を会場にして、公開に先立ち、関係者による記念座談会が開かれた。秋骨、孤蝶、劇作家長谷川時雨《しぐれ》、小説家久保田万太郎と、一葉役の山田五十鈴《いすず》が出席した。山田五十鈴に会った秋骨は、「一向に一葉の感じがなかった」と少し落胆した。しかし、試写を観たという秋骨は、「完成した映画を観たら違ったよ。映画の中では見違えるほどその人に成りきっている」と、山田五十鈴の扮装ぶりに大層ご満悦だった。このとき奥野らは病気のことを慮《おもんぱか》って早く辞去しようと思っていたが、秋骨の話が楽しくて、つい時を過ごしてしまった。

一九三九年七月五日、腰の痛みがなかなか治まらず、一度精密検査を受けるために慶應病院に入院することになった。入院後、秋骨が待ち焦がれていたものが届いた。ずいぶん前のこと、書家の大八《だいはち》（宮島詠士）が、「秋骨」という筆名の出典である杜子美の「画鶻行《がこつこう》」という詩の題をそのまま斎号に使ったらいいと進言し、その揮毫《きごう》を約束した。その「画鶻山房」の遍額《へんがく》だった。

秋骨は自分の家を荻窪に初めて建てたとき、二階の日本間を書斎にしたが、明るすぎて旅館の部屋のようになってしまった。それで、階下の応接室に椅子と机を置き、二階には座るところを設け、両方で仕事をするようになった。自分の書斎にも敬愛する夏目漱石の「漱石山房」をまねて、「画鶻山房」の遍額を掲げるのを楽しみにしていた。

八日、「どうも病院へ来たのは失敗だった。何もかも悪くなった」とエマにもらし、どんな場合も皮肉交じりの冗談を言う秋骨が黙り込むようになった。

入院して四日後、一九三九（昭和十四）年七月九日、急性腎臓炎を併発し、秋骨は息を引き取った。この日は日曜日だった。日曜日は妻友が病院に行く日だった。友がそばにいてくれたのが、せめてもの慰めだった。病院からの知らせで、子どもたちが駆け付けたが、父の死に目には間に合わなかった。

自分がまだ死ぬとは考えていなかったようで、家族に特別なことは言い残していなかった。秋骨は若いときキリスト教徒だったが、その後キリスト教から離れ、無宗教を標榜《ひょうぼう》していた。亡くなる一年ほど前、仏教学者の友松圓諦《えんたい》が編集している『真理』に、「未見への憧憬」と題して仏教への思いを次のように告白している。

「仏教の経典だけは、終始座右に置いて読んでいたいと考えているのです。恥ずかしいことですが、実行してはいません。少し難しいからかもしれません。実はその難しいところが、良い考えの結晶している大きなところで、また私の憧憬する所以なのです。但しそんなに敬慕しているのですが、どうも菩《ぼ》提心《だいしん》と言いますか所謂《いわゆる》宗教心は得られなくてこまります」

葬儀については、「無宗教だから簡単にするのがいい」と生前の秋骨が言っていたので、とにかく仏式でいいだろうということになった。
告別式は七月十一日、青山斎場で行われた。多くの弔問者の中に、藤村、孤蝶、禿木ら旧文学界の仲間の姿が見られた。その顔は心なしか悲しげであった。学校関係や出版社、新聞社から贈られた花環《はなわ》の中に、「透谷会」の名が並んでいた。
葬儀では、与謝野晶子が秋骨を悼《いた》む歌を詠んだ。

み棺にむほやけごとを謝してのち　涙流るゝ私の恩
眉白き長者の相もうつつには　見がたき君となりにけるかな
御病の苦は昨日になりぬとも　安くしづけく今在ますとも

喜多六平太の代理喜多実は、秋骨が日頃愛誦していた謡曲「実盛」の一節を朗々と謡い上げ、最後の別れをした。

独りなお仏の御名を尋ねみん〱
各々帰る法の場、知るも知らぬも心引く誓の網に洩るべきや
知る人も、知らぬ人をも渡さばや　彼の國へ行く法の舟
浮かむも安き道とかや　浮かむも安き道とかや

エマは何年か前に、秋骨が独りごとのように言っていた言葉を思い出した。

「二人とも暑い日に死んで…」

二人とは森鷗外と上田敏のことである。二人の命日は七月九日だった。

毎年、二人の命日の夕、故人をしのぶ集まり「九日会」が催されてきた。秋骨は欠かさず列席していた。しかし、世話役の与謝野鉄幹が亡くなってから中絶のままになっていた。秋骨はそのことを気にかけていた。その秋骨が、一八六二（文久二）年生まれ五十九歳の森鷗外、一八七四（明治七）年生まれ四十二歳の上田敏との間に割り込んで逝ってしまった。

火葬場から帰って戸川家にみんなが集まったとき、このことが一種の感激をもって話題になった。

「いやとんだ日に死んだものだ。森さんや上田君も僕と同じ日では定めし迷惑されるだろう―こんなことを言って秋骨先生は笑っているだろう。先生はしんから謙譲《けんじょう》な人であったから…」と、慶應義塾大学の教え子亀井常蔵らはしんみり話し合った。

「自然院英明釈秋骨居士」の戒名が授けられ、秋骨の遺骨は東京の多摩霊園に納められた。

エマが、葬儀の日のことを思い返している。

「父の亡くなった時、お悔やみの方々の中に、白髪の島崎さんがお見えになりました。門を入って二、三歩歩かれて、折りから咲いていているさるすべりの樹を見上げるように、そこでしばらく立ち止まられるのを、私はガラス越しに気がつきました。そして島崎さんは小説の書ける方なんだと、妙なことを考えました。小説は野暮《やぼ》にならなければ書けないのではないでしょうか。野暮も野暮、大野暮になって、始めて偉大な作品が生まれるようにも思います。父はそれに気がついていながら、身をかわしていたのではなかったのかとも思います」（「父のこと」『学鐙』）

一九四〇（昭和十五）年六月二十二日、孤蝶が秋骨の後を追うようにして亡くなった。秋骨の死後一年もたっていなかった。この年の春、体調を崩した孤蝶は日本橋の矢尾板病院に入院し、自分では癌《がん》だと思っていた。癌ではないという診断がおりて、自宅に帰ったものの病状は回復しなかった。次から次に見舞客が訪れた。藤村が来たときは長話をし、その帰りには起き直って見送った。孤蝶の墓は谷中霊園にあり、墓石はフィラデルフィアで客死した兄辰猪のものと同じ型に作られた。文字は藤村が書いた。

一九四三（昭和十八）年八月二十二日、神奈川県大磯に疎開していた藤村は、「東方の門」を執筆中に「涼しい風だね」を最後のことばに帰らぬ旅についた。ただ一途に文学に打ち込み、死ぬまでペンを離さなかった。

秋骨最後の翻訳は、ラムの『エリア随筆』だった。秋骨はラムの愛読者であり、憧憬《どうけい》者を自認していた。秋骨が岩波書店から最初にラムの随筆集の翻訳を頼まれたのは二十年近くも前のことだった。そのときは、ラムの翻訳が難儀なことが分かっていたので断った。再び岩波書店から翻訳の依頼があり、これには秋骨の方から進んで引き受けた。

「約二年前それに着手したのであった。単に難しいというのではなく、不可能であるという事がいよいよ明瞭になってきた。けれどももう何とも仕様がない。出来ないながらも、終局まで邁進しなければならない。そんなわけで、まあようやく訳了だけは果たした」（昭和十四年三月二十五日、秋骨記す）

本が出来上がる前に、秋骨は亡くなった。

秋骨の死後、刊行された『エリア随筆』（岩波書店）の「序」を、秋骨に代わってエマが書いた。

「ラムの校正を自分で見られなかったことはきっと心残りだったことでしょう。父の大好きだったラム、今でも何処《どこ》かで『ラムはね…』とうれしそうに話しているのが聞こえてくるような気がします」

秋骨は亡くなる直前まで、「英文学に於けるユウトピア思想の展開」に関する研究論文を書き進めていた。同時に、「サミュエル・ピープス日記」の翻訳や「英文学一千年史」の執筆に取り掛かる準備も始めていた。

◆秋骨、玉子の思い紡いだデザイナー植田いつ子

晩年の植田いつ子
（高島慶氏撮影、玉名市立歴史博物館こころピア提供）

デザイナーへの第一歩

一九四九（昭和二十四）年四月、西村伊作の二女坂倉ユリが、文化学院の教室で毎週土曜だけの二年制のデザイン科を始めた。ユリは建築家坂倉準三と結婚する前、パリに渡り応用美術の学校に通った。帰国後は女学部の作業科で洋裁を教えていたこともあり、縫ったり裁ったりする技術ばかり教えてもいいものはできないことに気づいていた。そして、デザインの勉強、色や線、形などの訓練が必要なことを痛切に感じていた。

デザイン科の授業は、日本における抽象画の先駆者である村井正誠（文化学院美術科一期生）と、同じく美術科卒の画家小川孝子によるクロッキー、高島屋のコスチュームデザイナーだった戸沢夕三（美術科卒）のモードの時間が毎週続き、美術服装史、色彩の講義、美容や帽子の話など専門の講師を招いて行われた。伊作の文化教会がちょうど土曜日の午後にやっていたので、岡本太郎や富田惣一の美術講話などのときはデザイン科の授業に取り入れられた。

土曜日だけの授業なので、服装関係の仕事をしている人たちや、戦後の潤いのない時代に何か新しいものを吸収したいと思っている意欲ある人たち、学生もいれば、地方の洋装学校の校長や先生、主婦もいるというふうで、年齢も職種もさまざまだった。その中に、熊本県玉名市から上京して間もない、植田いつ子の姿があった。

植田いつ子は、平日の昼間は太田区田園調布の東急多摩川園駅（現多摩川駅）にほど近い、多摩川洋裁学院に通っていた。

「学校（多摩川洋裁学院）での授業以外に、土曜日はお茶の水にある文化学院のデザイン科に通って、坂倉準三夫人ユリ先生の、自由で広い思想のもとでの、のびのびとしたデザイン教育理念を勉強しました」

一九四八年春、多摩川洋裁学院は前方に多摩川を眺め、緑に囲まれた自然の美しい丘の上に建つ洋館の一室に誕生した。学院といっても生徒数は十数人で、二階の畳敷きの和室に机を並べ、ミシンも一、二台しか置いてなかった。桑沢洋子が院長を務め、授業の内容は裁断や縫製を教えるのみでなく、服を身につける人間の体を知るためにデッサンなどに重点が置かれていた。講師は彫刻家の佐藤忠良、画家の朝倉摂《せつ》、グラフィックデザイナーの亀倉雄策など、後に日本を代表する芸術家となる顔ぶれがそろっていた。

「桑沢学院は、当時、洋裁学校というより、デザイン塾という感じで、今、思い出しても錚々《そうそう》たる立派な先生がたが名を連ねていらっしゃいました。その中心に、すべてが破壊された日本という荒野に、新しい時代のデザイン教育のくさびを打つという真剣勝負をされる桑沢洋子先生の姿がありました。その情熱と人間的魅力に力を寄せ合い、集う芸術家たちも多く、私はその草創期の余波を体ごとかぶった幸せな生徒でした」

戦後混乱期に上京

一九二八（昭和三）年十月二十日、植田いつ子は、玉名市高瀬から菊池川上流一キロほどの川辺に広がる河崎で生まれた、父光治、母キト、六人きょうだいの三女、下の弟は生後一週間目に亡くなった。弟が亡くなった夜、座敷にぽつんと置かれた小さな棺の前で、いつ子は一晩中泣きじゃくっていたという。いつ子が数えで三歳のときだった。

父はトラックやタクシーを抱え、運送業のようなことをやっていた。車を入れるため、家の土間はだっ広く、昼間は空いていたので、土間をキャンパスにして絵を描いていた。小学校に上がる前、父親が高瀬駅（現玉名駅）前に自転車店を開業し、一家で引っ越した。小学生になったいつ子は、店舗兼自宅から北に一キロほど歩いて、秋骨が通った自明堂が前身の弥富尋常高等小学校（現玉名町小学校）に通学した。このころ弥富尋常高等小学校は図画、音楽教育が盛んだったこともあり、小学生低学年のころは繁根木八幡宮によくスケッチに行ったり、人形に着物を着せつけたりして遊んだ。

年の離れた一番上の姉が、当時珍しかったシンガーミシンを持っていて、その姉に手伝ってもらい初めて自分のブラウスを縫ったのは小学四年生のときである。それは、パフスリーブに白い襟、襟元にリボンを結ぶオーバーブラウスで、白地に花柄模様の、かわいらしいものだった。

高等小学校を卒業し、高瀬高等女学校（現県立玉名高校）に進学したが、その年の冬、一九四一（昭和十六）年十二月八日に太平洋戦争が始まった。戦局が日増しに苛烈《かれつ》になり、身近な人や学校の先生にも戦地に赴《おもむ》く人たちが増えるにつれて、女学校でも生徒らが真心こめて一針一針を縫い継ぎ、縫い継ぎ千人針を作成した。いつ子が女学校のときの句がある。

千人針さし出す人の手は荒れて　　いつ子

乳呑《の》み児を背負ったモンペ姿の女性が、高瀬駅前を行き交う人々に、一針ずつ白い布に赤い糸玉を縫いつけてもらっては、ていねいに頭を下げている姿を詠《よ》んだものだった。

一九四三（昭和十八）年六月、東條内閣は学徒戦時動員体制確立要綱を閣議決定し、男子は軍事教練、女子は救護訓練と農村、工場への勤労奉仕動員が行われるようになった。翌年四月、旧制玉中四年生は荒尾の東京第二陸軍造兵廠《しょう》荒尾製作所（荒尾二造）に学徒動員に駆り出された。八月からは、いつ子ら高瀬高女の四年生も荒尾二造近くの宿舎に住み込んで手榴弾などに使用する黄色火薬の製造を命じられた。宿舎から歩いて十五分ほどの山の中の工場で、黄色い火薬の粉を、数百度の高温で熔填《ようてん》する作業を一日中黙々と続けた。引火の危険と製造工程に発生する有毒ガスにおびえながら、異様な緊張の中での重労働が来る日も来る日も続いた。はじめは卒業の三月までの予定だったが、翌一九四五年四月以降も工場にとどまることになった。

いつ子は勉強を続けたいという思いが強く、唯一動員がなかった女子師範学校を受験し、高瀬高女からの合格者八人の中の一人に入った。女子師範学校での学生生活が始まったのは一九四五年の春だった。学校は熊本城裏の千葉城町にあり、寮生活だった。その年の七月一日未明、熊本市はB29による大空襲を受け焼け野原となった。

同年八月十五日終戦、国民誰もが虚脱状態になった。いつ子は茫然自失《ぼうぜんじしつ》の中で、「このままではいけない。どういう生き方をすればいいのか、なんとかしなければ…」と混乱の中でもがき悩んだ。翌一九四六年、いろいろ真剣に考えた末、女子師範学校を退学した。

「直観的に『このままではいけない』と思ったからです。このまま流されてはいけない。学校という枠にとらわれず、自由な空気の中で、自在な勉強をするしかない」

戦後、熊本で若き画家たちを指導していた海老原喜之助や久留米生まれの坂本繁二郎などの絵に出合い、清冽《れつ》な衝撃を受けたのもこのころだった。旧制五高（現熊本大）の教授や文化人を囲んだ勉強会や催しに積極的に出掛けた。その中から、自分の進むべき道を探しだすための曙光《しょこう》が見えてきた。それは、「何か、美しいものを創《つく》る仕事をしたい」という、まだ漠然としたものだった。

一九四九（昭和二十四）年秋、いつ子はやっと手にした割り当ての切符を握りしめて、そのころ東京と鹿児島間の運行が復活したばかりの夜行急行列車（昭和二十五年に「きりしま」と命名。昭和三十五年「霧島」に表記変更）に乗り、終戦後の混とんとした東京へ向かった。いつ子が家を出る朝、母キトは黒砂糖を持たせてくれた。父光治は見送るのは嫌だといって出掛けて姿がなかった。光治は明治生まれの頑固な父親だった。「女の子は愛嬌《あいきょう》があり、優しければそれでよし。学校に行ったらだめになる」とよく言っていた。いつ子はそれが不服だった。そのため、光治が見送ってくれなくても、「相変わらず頑固でしょうがないな」とそう気にしていなかった。ところが、博多駅に着くと、先回りした光治がホームに立っていた。娘の顔をもう二度と見られないかもしれないという悲愴《ひそう》な思いで駆け付けた、光治の気持ちを察すると、親に心配をかける自分が情けなかった。

いつ子は父親の反対を押し切り、確たるあてもなく、怖い思いをしてまで東京に向かった理由をこう説明している。

「美しいものへの飢餓《きが》感、切ないくらいの緊迫した日々の連続。これは戦争時代に青春をすごした私たち同世代に共通の体験のようです。私自身、なにか胸の底から突き上げてくる、言いようのない感覚をじっと抱きしめて、どう自分の人生にぶっつけたらいいのかわかりませんでした。デザインに限らずとも、『美しいもの』を創ることであれば何でも良い…と、切羽詰《せっぱつ》まった思いにかられ、ひとり上京したのです」

玉子の〝美術で自立〟の志引き継ぐ

植田いつ子がこれから学ぶべき洋裁学校を探すため、熊本からたったひとりで下調べのために上京した一九四八（昭和二十三）年には、花嫁修業として洋裁を習うことが流行し、空前の〝洋裁ブーム〟が始まっていた。この年、洋裁学校の看板を掲げて約七百校が全国に開校し、どこも若い女性であふれていた。翌一九四九年には約二千校にまで膨れ上がった。なかでも東京・目黒を拠点とするドレスメーカー女学院（院長・杉野芳子）と新宿に拠点を置く文化服装学院（院長・原田茂）は装飾界の双璧《そうへき》をなしていた。

「熊本で集められるだけの情報は集め、学校のありかたと創立者の生きかたに共感した伊東茂平先生か、桑沢洋子先生のもとでと、ひそかに心に決めていました。ともかく最短コースで勉強することしか許されない身ですので、直接じかにぶつかりながら、自分の目で確かめ、学校を決めたかったのです」

そして翌年秋、いつ子はドレメと文化の二大勢力ではなく、雑誌『婦人画報』に洋裁記事を書いていた桑沢洋子にデザインを学びたいという思いを胸に抱いて玉名を旅立った。

いつ子は東京に着くと、すぐに桑沢洋子を訪ねた。

「凛《りん》とした気迫を内に持ちながら、さっぱりとした爽快さは、都会的な知性に裏づけられ、田舎から出てきたばかりの私にとって、素晴らしい魅力にあふれる先生でした」

桑沢洋子は、小学生時代からスポーツ選手か絵描きになるのが夢だった。神田高等女学校時代に教師の熱心な勧めで、一九二八（昭和三）年、横井玉子が設立した日本で初めての女性のための美術学校、女子美術学校（現女子美術大学）師範科西洋画部に入学する。現在、女子美術大学は、神奈川県相模原市、および杉並区にキャンパスを持つが、桑沢洋子が入学したときは、東京大学近くの本郷菊坂町にあった。玉子が最初に建設した本郷弓町の校舎は、一九〇八（明治四十一）年十月十三日に火災によってその大半を焼失し、翌一九〇九年七月に弓町校舎の近くの日蓮宗栄山本妙寺（後に現在の豊島区巣鴨に移転）の一角を借りて新校舎が建てられた。

　桑沢洋子は、横井玉子が開校した女子美術学校の門を叩き、画家を目指した。しかし、絵の道で食べてゆくには地方の女学校か小学校の絵画教師になるしかなかった。どうしても東京にとどまりたかった桑沢洋子は、とりあえず昼間はカフェでアルバイトをしながら、アトリエ社という出版社からペン画仕上げの仕事をもらい、当時の教員の給料と同じぐらい稼いだ。そのころ、建築家川喜田《かわきだ》煉七郎《れんしちろう》の主宰する新建築工芸学院という夜学の存在を耳にする。ドイツ・ワイマールにあった工芸、デザイン、写真を含む美術と建築に関する総合的な教育を行ったバウハウス流の学校だった。桑沢洋子はそこで近代デザインを学んだ。

　一九三七（昭和十二）年、東京社（婦人画報社）に入社し、編集部で装飾デザイン、住宅関係を担当した。一九四一年、装飾デザイナー伊東茂平の下で洋裁技術の修業をしたのち、桑沢装飾工房を設立したが戦時の衣料統制で閉鎖となる。戦後は、復刊された『婦人画報』を中心に装飾デザインと女性地位向上のための執筆活動を始めた。

　いつ子は、桑沢洋子が書いた『婦人画報』の記事を通して、横井玉子が美術と裁縫によって開いた女性自立の道を受け継ぎ、服飾デザイナーへの道を志した。

銀座の高級店で修業

いつ子は、戦後の裁縫技術主体の時代に、桑沢洋子に創造性を学び、文化学院で西村伊作独自の教育により感性を磨き、夜は美術研究所で前衛画家阿部展也や益田義信にクロッキーを教わった。さらに美術だけでなく、文学のグループにも加わった。洋裁の技術の習得に留まらず、美を創造するもの全てを自分の中に吸収したいという意欲にあふれていた。

一九五一（昭和二十六）年、多摩川洋裁学院卒業を前に、縫製技術者に向かないと自覚していたいつ子は、進路に思い悩み桑沢洋子に相談した。

「あなたはデザイナーになるほうが向いていると思いますよ。日本一贅沢な店に行きなさい。それにふさわしいところを私が探してあげましょう」

そのころ最もおしゃれな銀座の高級オートクチュールの店「ビジョン」にいつ子を紹介してくれた。そして、ビジョンの主任デザイナーだったジョージ岡に、いつ子のデザイナーとしての将来を託した。その後、岡は同じく銀座にあった高級ブティック「レインボウ」に移ることになったが、桑沢との約束を守り、いつ子を一緒に連れていった。「レインボウ」では、財界や政界の婦人たちのために、いつ子の給料では一メートルでさえ買えないような高価な生地でドレスをつくっていた。

一九五三年、クリスチャン・ディオールやカルダンが相次いで来日した。芸術作品のようなオートクチュール・コレクションや魔術のような立体裁断を目の当たりにし、「布、服で、人間をこんなに美しく表現できるものであろうか…、私はこのままの服づくりを続けていいのだろうか」という疑問と同時に服飾デザイナーの仕事の可能性にかけてみようという意欲が突き上げてきた。

一九五五年の暮れ、いつ子はあまりの忙しさに体調を崩したこともあり、「レインボウ」を退職した。翌一九五六年六月、体調が回復したいつ子は赤坂のアメリカ大使館に近い二階家の一室に「植田いつ子アトリエ」の看板を掲げて独立した。

そのころ、日本のファッション界は欧米に必死に追いつこうとしていた。いつ子の師匠であるジョージ岡は国外にいち早く目を向け、アメリカやフランスのファッションシーンにおいてジャパネスク（外国人に受ける日本の雰囲気）を引っ下げて活躍した。晩年は東京デザイナー学院長として、若いデザイナーを育成することに専念した。一九八八年一月十五日、日本のファッション界に刺激を与え続けたジョージ岡が亡くなった。同年二月五日、千日谷会堂で行われたお別れの会で、植田いつ子が弔辞を読んだ。

「思えば、私のこの道での師と仰ぐかたは、先生と桑沢先生とのお二方です。その桑沢先生が学校を巣立とうとする私に、是非、岡先生のところで修業するようにおっしゃったのです。夢中で飛び込んだ銀座の

玉名に里帰りした植田いつ子〈昭和25年頃〉

（桑野英子さん提供）

先生のもとでしたが、ほんとうになんと贅沢《ぜいたく》な店で華やかな先生だったことでしょう。白と黒の大理石の広い空間に噴水までもほとばしり、薔薇《バラ》の花に囲まれたなかで、貴重な素晴らしい布地をふんだんにお使いになる…。戦後まもなく九州の片田舎から出てきて、まだ戦争の傷跡も残る東京で、ファッションデザインという新しい分野を学ぶ私には、文字通り息をのむ日々の連続でした」

欧州旅行で日本人に目覚める

一九六三（昭和三十八）年、初めてのヨーロッパ旅行がいつ子の大きな転機となった。当時は外貨持ち出し年一回五百ドルの制限があり、この年、職業や会社などの都合による渡航が認められたばかりで、個人の海外旅行はまだ認められていなかった。いつ子は五十日かけてヨーロッパの街々を回った。フランスでは連日美術館巡りをして過ごした。西欧の文化に直接触れ、そのあくことなき技巧と精微な描写に圧倒され、日本の文化との大きなへだたりに疲れつつも、西欧文化に心をひきつけられるという不思議な体験だった。

「何千年もの歴史に裏打ちされた、西欧の文化が育んできた西欧のオリジナルな服を東洋の僻地でどう生かしていけるのだろうか」

その事実に打ちのめされ、もう洋服をつくるのをやめようとまで思いつめた。洋服は、日本人がつくり出したものではなく、西欧に生まれ育ったもの、それを日本という土壌に植え付けることができるのだろうか、その疑問を絶えず繰り返し、答えを探し求め、黙々と美術館巡りを続けた。そうしているうちに、心の中に一条の光明が見えてきた。「私は日本人なのだ。日本人でしかありえないんだから、日本人であることから出発すればいいのだ」という、それは当たり前のことだった。表面だけの形のつくろいではなく、凛《りん》とした服づくりをしたい。そのためには日本人が大切に築きあげてきた文化とその心を知ることが大切だと感じた。

帰国すると、仕事の合間を縫《ぬ》って日本に古くから伝わる織りや染めの技術を学ぶため京都や奈良に足を運んだ。東北の山の奥まで織り手のお婆さんを訪ねたこともあった。古くから伝わる日本の技術や日本人の美意識に感動し、ますますのめり込んでいった。日本の伝統と日本人の心を再発見していく中で、ヨーロッパと日本の文化を徹底的に対比する作業を行った。そのようにして日本の文化、風土に目を注ぎ、ひたすら日本人の心と体を包む洋服づくりを求めていくことになる。

一九六五年八月、「ヒザ小僧まる出しのかわいいモード」というキャッチフレーズでテイジン・エルが膝上十センチのミニを発売した。ツイスト族やみゆき族など若者のファッションも話題になっていた。日本中にファッション情報があふれ、働く女性たちも流行の化粧と服を身につけ、流行に踊らされていた。そんなとき、いつ子は古くからの友人がやっているＪＵＮで「Ｊ＆Ｒ」の仕事を手伝うことになり、いつ子という名前を一切出さない顧問デザイナーとして、働く女性を対象にした既製服を手掛けることになった。流行を追うばかりでなく、日本女性にふさわしいファッションを広く提案したいという思いだった。オートクチュールと既製服、いつ子にとってはどちらもかけがえのない仕事だった。

一九七四年には桑沢デザイン研究所の講師に就任した。桑沢洋子が校長を務めていた多摩川洋裁学院を卒業してすでに二十年以上が経っていた。同研究所は桑沢洋子が、一九五四年四月に港区青山に設立し、ドレスデザイン科とリビングデザイン科があった。いつ子が通った多摩川洋裁学院が前身だったが、以前の畳敷きの和室とは大きく異なり、建物は木造モルタル中二階吹き抜け構造で、正面の外壁に

〈KUWAZAWA　DESIGN　STUDIO〉と当時では珍しい横文字の表記がなされ、そのモダンな雰囲気は新鮮だった。バウハウスの教育システムを取り入れた都会的な研究所から、将来のデザイン界を担う多くの才能あるデザイナーたちが巣立っていた。

いつ子に講師就任を依頼したときの桑沢洋子は痛々しい車椅子姿だった。

「どうしても、あなたに来てほしいのよ。毎日、デザインの現場で生きているあなたに研究科の生徒に教えてほしいのよ。私がそれまで教えたことを、否定してくださってもいいのよ」

桑沢洋子の言葉に、いつ子は涙が止まらなかった。病に倒れても、なお激しく生徒のこと、学校のことを思い続けている深い心と気迫に感動した。

その後、桑沢洋子は手足や言語の機能障害を来す難病と闘いながら、デザイン関係の著作の執筆に打ち込んだ。「このあたりで私たちは、もう一度、落ち着いて、日本人のための、日本の風土・生活に適した服飾とはどうあるべきか？　何をどのように作り、着るべきか？　を根底から率直に見なおすべきときではないだろうか…」というような一文が著書には記されていた。

一九七七年四月十二日、桑沢洋子は、『桑沢洋子の服飾デザイン』と名付けられた本の完成を目にすることなく、この世を去った。

いつ子は桑沢洋子が亡くなった後も、二十数年にわたり桑沢デザイン研究所の講師として卒業前の研究科を教え続けた。

「それは後に続く人びとへの指導などという大それたことではなく、ささやかながらでも桑沢先生へのご恩返しになれたらと願ってのことなのです」

秋骨と共通する能への思い

忙しい日常の仕事の合い間を縫って、いつ子は舞台衣装を手掛けた。最初に舞台衣装の話が来たのは一九七四（昭和四十九）年だった。演出家の芥川比呂志が赤坂のアトリエに突然訪ねてきて、オペラ「サド侯爵夫人」を上演することが決まったので、衣装を担当してほしいという申し入れだった。わざわざ芥川が来てくれたことに感激したいつ子は、以前から舞台衣装に興味を持っていたこともあり即座に引き受けた。「サド侯爵夫人」は同年五月、東京・紀伊國屋ホールを皮切りに大阪、名古屋で上演され、高い評価を受けた。

この一作で舞台衣装と舞台づくりの魅力に取りつかれてしまったいつ子は、シェークスピアの「マクベス」「オセロ」「ハムレット」などの翻訳古典、玉三郎扮する「マクベス夫人」などの舞台衣装を担当し、その作品は四十本以上に上る。

「シェークスピア時代のヨーロッパの貴族の衣装と比べると、色の合わせ方は日本のほうが上です。私たちの祖先がどれほど高い美意識を持っていたか、よくわかります」

日本における衣装の歴史を知ると、美しさや繊細さでは決してヨーロッパに劣っていない、むしろ勝っていると、いつ子は自信を深めた。

作家の水上勉との出会いから、「越前竹人形」「はなれ瞽女おりん」「五番町夕霧楼」「雁の寺」など水上文学作品人形劇のすべての舞台衣装はいつ子が担当した。いつ子が原作からイメージをふくらませてつくった人形の着物は六十を超える。

「越前竹人形」の衣装を見た梅若和子が、夫の観世《かんぜ》流五十六世梅若六郎（現梅若玄祥）の新作能の装束を依頼した。一九九七（平成九）年、サントリーホールで梅若六郎が演じた新作能「細川伽羅奢《ガラシャ》」の舞台衣装を担当した。さらに二〇〇〇年三月三日と四日に千駄ヶ谷の国立能楽堂で上演された新作能「夢浮橋」でも衣装デザインを手掛けた。「夢浮橋」の演能は梅若六郎、作は瀬戸内寂聴《じゃくちょう》だった。

初めてのヨーロッパ旅行のとき、自分の中に脈々と流れている日本人の血を自覚して以来、常に日本と西洋の違いを問いながら、懸命に仕事を続けてきた。それからというもの、『徒然草』、『源氏物語』などの古典文学や能楽を大成した世阿弥《ぜあみ》の『風姿花伝』を繰り返し読むようになった。能の秘伝書『風姿花伝』はいつ子のバイブルだった。

日々の仕事に忙しく追われているときほど、逃げるように能楽堂に駆け付けた。

「能楽堂の舞台空間にくりひろげられる緊迫した空気の冴え、幽玄の極みの面《おもて》、抑制された所作と声、魂を一瞬に切り裂くようなお囃《はや》し、目に見えぬ気韻《きいん》が一種の香気とともに見物席を領します。こうした空気にふれることで、私はひとときにもせよ、よみがえる幸せを感じるのです。日本人の生み育てた手厚いこころの文化にふれるとき、私はいつも身の引き締まる思いと畏《おそ》れを感じるのです」

いつ子は聖域のような空間に身を置き、不思議な安堵《あんど》感にほっと息をつき、心にうるおいと均衡《きんこう》を取り戻した。

秋骨は日本と全く異なるヨーロッパの文化や歴史を前にして、日本人が欧米の文学を翻訳することは不可能だという考えに至った。同様にいつ子も、外国の衣装をそのまま取り入れることに疑問を持ち、日本人の美意識を大切にした服づくりを目指すようになった。秋骨といつ子の二人が最終的に行き着いた先は、世界最古の舞台芸術とされる日本伝統の能だった。

秋骨は、古今の芸術で、能ほど緊張したものはなく、無動静止の舞踏であると主張した。

「無動静止は、ただの存在とは異なります。その背後に非常な力が動いているのです。その動作は、一々快い線を描いて、衣装の形や、色彩と共に、幾多の画面、もしくは彫刻の、連続となり得るのです。こうした静止を演じて、観者に深い印象を与える演者は、実に立派な芸術家です」

いつ子も、能における幽玄の世界は、豪華な装束と抑制された舞いの緊迫した両極の美の表現と力を込める。

「絢爛《けんらん》豪華な色彩と技術の衣装を身にまといながら、簡素な舞台の上でもっとも強く抑制されたからだの動きで舞うという、見事な芸術表現です」

秋骨が日本の文化とは対極にある西洋の文化の壁にぶつかり、能に救いを求めたように、いつ子も日本人に合う洋服づくりの答えを能に見い出そうとしたのかもしれない。

「私はしばしば能の舞台を観ますが、そのたびに、いつも、その見事な抑えかた、誇張と抑制の絶妙なバランスに感動します。豪華な衣装の演者が、簡素な舞台の上で、動きも声も極端に抑えて舞う…。なんと見事な線の引きかたでしょうか。なんと素晴らしい表現法でしょうか」

いつ子はデザイナーの個性は、誇張と抑制のバランスの取り方にあり、ファッションは誇張と抑制のバランスの歴史であると明言する。秋骨といつ子の能に対する見かた、感じかたが見事に一致している。

秋骨は能について話し始めると時間を忘れたという。秋骨といつ子が能楽について語り合ったらどうだっただろう。いつまでも夢中で話し続ける二人の姿が目に浮かぶようだ。

皇室専属デザイナーに

　いつ子は、日本女性を美しくすることが自分の仕事だと思っていたので、その仕事の場は日本だけでよいと考えていた。だが、一度だけ海外でショーをしたことがある。一九七五（昭和五十）年、パリでファッションショーを開くと大きな反響が巻き起こった。日本の伝統の技術と感覚とをさりげなく取り入れた江戸小紋の縞《しま》や格子《こうし》の粋《いき》なものと、最も西洋的な技術であるドレープの服との二面から構成したショーだった。そして、その年の冬に第一回ＦＥＣ（日本ファッション・エディターズクラブ）賞を受賞した。受賞の理由として、「一貫して優雅で安定したデザインとそれを裏づける高度なテクニック。Ｊ＆Ｒの既製服、舞台衣装、三島由紀夫『サド侯爵夫人』の衣装は好評であった」というコメントが添えられていた。

　翌一九七六年、ＦＥＣ受賞のときよりもっといつ子を驚かせる出来事が起こった。当時の皇太子妃殿下美智子さまの専属デザイナーがやめ、その後任に選ばれたのだ。「ロープ・デコルテのできる方」という美智子さまの希望で、装飾雑誌『装苑』編集長の今井田勲と、婚約内定後のデザインを担当した越水金治の推薦だった。

　躊躇《ちゅうちょ》していたいつ子に、「一度お目にかかって、その上で気持ちを決められたら…」と御所方が美智子さまに面会する機会を設けてくれた。初めて美智子さまに会ったいつ子は、すっかり人となりに打たれてしまった。

「この時の、皇后さまの深いご洞察と、透明に澄んだあたたかなお眼差し、お優しさに感動し、このかたのお役に立とう、少しでもお喜びいただけるような仕事をしようと、心の底からうなずきお引き受けいたしました」

以来、二〇一二（平成二十四）年までの三十六年間、美智子さまを支えた。その間、美智子さまは国際ベストドレッサー賞を三回受けられた。

美智子さまは、海外訪問や国事行事の際には、日本の文化や技術を生かしたドレスを希望された。いつ子も、日ごろから日本の美意識が生んだ着物の技術を大事にした服づくりを心がけていた。振袖や留袖の絵羽の感覚でデザインし、ぼかし染めをしたり刺繡をしたりした。佐賀錦や疋田《ひった》鹿の子絞りの布地を使ったものや、日本の伝統技術の粋《すい》を集めた織地《おりじ》を使ったローブ・デコルテなど、決して日本調だけにとどまらず洋装に溶け込むようつくった。

いつ子は顧客一人一人との対話を大切にしている。ファッションショーもその延長という考えから、それまでホテルを貸し切ってするような大きな会場でのショーはやったことがなかった。初めてホテルで開いたショーが、一九八六（昭和六十一）年十月にホテルオークラでのデザイナー活動三十周年記念のファッションショーだった。このとき、美智子さまがお忍びで姿をお見せになった。紀殿下がファッションショーに出席されるのは例のないことである。ショーが終わって開かれたパーティーにも顔を出され、「たいへんだったでしょうね」といつ子をねぎらわれた。

一九九六（平成八）年にサントリーホールで開催されたデザイン活動四十周年記念ファッションショー、さらに二〇〇八年に草月会館で行われたデザイン活動五十周年特別記念展「植田いつ子の仕事『布と影と夢』」にも美智子さまは姿を見せられた。

二〇一一年十一月、いつ子は美智子さまの仮縫いのために御所に参内した。いつ子は晩年、運動機能に障害があらわれ、歩行も困難になっていた。そのとき付き添ったスタッフによると、「あのとき、身を引かせてくださいと、美智子さまにお伝えしたのではないでしょうか。『長い間ご苦労さまでした。日本の職人の技を絶やさぬよう、着物地などでお洋服を作っていただいたけれど、そういう伝統を継承していってください』と美智子さまはおっしゃいました」という。

高瀬しぼりが原点

女子美術大学建学百十周年の記念すべき年に出版された『二つの星─横井玉子と佐藤志津　女子美術大学建学への道─』（山崎光夫著、二〇一〇年）には、横井玉子の美との出合いとして、菊池川河口から見える明るい海とそのころ玉名で生産されていた高瀬しぼりが描かれている。

数日前、玉子はセキや兄弟と一緒に有明海を望む場所まで出かけていた。川沿いに少し歩いて下れば海だった。その海は鉄砲洲で毎日眺めていた海とは異質だった。飛び交う鳥の種類も変わっていた。同じ海でもこうも違うものかと感じた。熊本の海は明るい青に輝いていた。

（略）

玉子は布を広げて高く掲げた。模様は青地に朝顔の花のような白い丸い柄で、模様の中に蜘蛛の巣を張ったような細い筋が放射状に描かれていた。糸かがりの跡である。

「玉子、これは高瀬絞りです」

肥後・高瀬に伝わる藍染めの絞り木綿だった。伝統文化である。

高瀬の絞り木綿が日本最古の絞り木綿と言われる。

玉子はその源流の地に偶然転居してきたのだった。

幼いころのいつ子の家は菊池川の川辺にあり、朝も夕も、川の流れを見て育ち、玉名の自然と歴史、文化を誇らしく思っていた。いつ子が、日本の染めや織地を、服の素材に使用したり、新作能の装束を手掛けたりしてきたのも、生まれ育った玉名の自然と文化が根底に流れているためではないだろうか、そして幼いときに見た高瀬しぼりの影響ではないだろうか。いつ子はこう話している。

「日本には、長い年月をかけて磨き上げられた伝統の織りや染め、絹や木綿があります。どれもが、いきいきとした生命の息吹と、深い味わいを持っています。私たちの先祖は、どんな小さなものにも、知恵と愛情をそっと織り込んで着ていたのではないでしょうか。その原点にもう一度立ち戻ってみたいと思うのです」

文献や関係者の話から、高瀬しぼりは〝日本最古〟とされる。一六三八（寛永十五）年編集の俳諧作法書『毛吹草』に、「高瀬絞り木綿」と「豊後絞り木綿」の二つの絞り木綿が出てくる。その中の高瀬絞りの解説には「高瀬絞り木綿　当所より始」と書かれおり、それにより日本の絞り木綿の発祥地は高瀬という説が採られている。

一八八三（明治十六）年十月発行の『熊本県統計表』（明治十四年調査）に掲載されている品目別統計表の名産の項目に「絞木綿　玉名郡高瀬町」と記載されており、江戸、明治時代には、高瀬で絞り木綿が特産品として盛んに生産されていたことがうかがえる。昭和三十年頃まで、高瀬しぼりは「ゆもじ」（腰巻）などに使われていたが、その後は洋装の普及や生産の機械化、化学染料などに押されて姿を消していた。一九九五（平成七）年から、玉名市在住の染色工芸家下川冨士子さんが、高瀬しぼりの

「植田いつ子の世界展」会場〈2013年開催〉
（玉名市立歴史博物館こころピア提供）

研究を開始し、その復元に成功した。現在も高瀬しぼり木綿研究会（下川冨士子会長）が復元研究や普及活動を行っている。

いつ子は、自著『布・人・出逢い』の中で、幼いころに経験した玉名の文化と自然に対する思いを丹念に描いている。

「熊本県玉名市、小さな田舎町でしたが、歴史は古く、万葉の昔から〝玉杵名《たまきな》〟という美しい呼び名で、歌にも詠われていたとか…、女学校時代の歴史の先生から伝え聞き、なぜか、こころ嬉しく感じたものです。一面に真っ青な麦畑が広がり、菜の花や蓮華畑が彩をなし、なだらかな稜線を描く木葉山を前面に、遠く霞む金峰山を眺め、後ろには小岱山、その中ほどを、菊池川がゆるやかな弧を描いてながれていくという自然に恵まれている町でした。すぐにも、菊池川は有明海に合流し、とけこむという位置でもあり、山も川も、近くの海までも、のどかで、柔らかな風景でした」

二〇一三年、いつ子は故郷玉名市に里帰りをし、美智子さまが着用されたドレスやデザイン画など三百五十七点の作品を玉名市立歴史博物館こころピアに寄贈した。そのとき、戦時中苦労を共にした高瀬高女時代の友人たちと菊池川の岸辺に並び、唱歌「ふるさと」を合唱した。

同年九月十八日から十二月二十三日まで、玉名市立歴史博物館こころピアを会場に、「植田いつ子の世界展」が開催された。美智子さまが皇太子妃時代に着用された服やドレス、FEC賞や桑沢賞の受賞作など、玉名市に寄贈された作品の中から百点あまりが展示された。期間中には県内外から五千人を超える来館者があった。

オープニングに出席したいつ子は、「日本女性を美しくとの思いで長年、服飾の世界に携わってきました。玉名を出て約六十年になりますが、皆さまの温かいお気持ちがあったので安心して仕事ができました」と挨拶した。

その後、いつ子は体調を崩し、入院することが多くなり、二〇一四（平成二十六）年六月三日、永遠の眠りについた。

亡くなる前、薄れる意識の中、かろうじて動く左手で、ドレープを折る仕草をすることがあったという。

戸川秋骨年譜

西暦	年号	年齢	秋骨事項	関連事項
1666	寛文6年			7・21肥後5代藩主細川綱利の弟利重が江戸に肥後新田藩（高瀬藩）を創設
1859	安政6年			11月、ヘボン夫妻来日
1866	慶応2年			4月、横井小楠、甥の佐平太と大平をアメリカに送り出す
1868	慶応4年			3・4肥後新田藩が江戸を退去し二陣（藩主一行と藩士・家族）に分かれて肥後に下向 4・23藩主利永が熊本到着 7月初め、高瀬藩家臣と家族が玉名・高瀬に到着 7・29肥後新田藩が高瀬藩の名称になる
1868	明治元年			9・8明治に改元 11・16北村透谷生まれる
1869	明治2年		4・18父原等照が高瀬藩代々家老の戸川家、多喜蔵の長女ジュンと結婚し、戸川家の養子に	6・17版籍奉還、肥後藩は熊本藩となる。高瀬藩主利永は熊本藩知事の治下に 11・8馬場孤蝶生まれる。本名、勝弥
1870	明治3年	0歳	12・18（西暦1871年2月7日）、父等照、母ジュンの長男として、熊本県玉名郡岩崎村（現玉名市岩崎）の岩崎原屋敷で生まれる。本名、明三	5・26高瀬藩の297戸約700人が岩崎原屋敷に入居 9・4高瀬藩の解体
1871	明治4年			3月、高瀬藩藩校を受け継ぐかたちで私立自明堂が岩崎原に開校 7月、廃藩置県、熊本藩は熊本県となる 9・1熊本洋学校開校
1872	明治5年	1歳		2・17島崎藤村生まれる。本名、春樹 3・25樋口一葉生まれる。本名、奈津 5・28叔母原玉子が、横井小楠の甥横井（伊勢）佐平太と結婚 8・3学制を公布。私立自明堂が高瀬区自明堂になる 11・19従弟の大野洒竹が岩崎原屋敷で生まれる

				12・3太陽暦採用。この日を明治5年1月1日とする
1873	明治6年	2歳		2・24キリスト教禁制の高札撤廃
1874	明治7年	3歳	9・3弟の健毘古が生まれる	横井玉子が熊本洋学校で学ぶ
1875	明治8年	4歳	従姉妹に連れられて高瀬区自明堂に通う	10・3玉子の夫横井佐平太病死
1876	明治9年	5歳		1・30熊本バンド 5月、従弟の大野洒竹一家が上京 10・8熊本洋学校閉鎖 10・24神風連の乱起こる
1877	明治10年	6歳	西南戦争開始（2月15日）前に家族で上京 祖父が営む煙草屋（芝の西久保巴町）に住む 飯倉四丁目で父が米屋を営むようになり、東京師範学校付属小学校に通う。父が商売に失敗し家に帰らなくなり、住まいも八幡町や神谷町に移り、巴町の鞆絵小学校に転校	2・15西南戦争始まる（〜9月24日） 2・25〜27西南戦争高瀬の戦い 岩崎原の旧自明堂に仮県庁が置かれる
1878	明治11年	7歳	7・18妹の乃ふが生まれる	
1880	明治13年	9歳	数寄屋橋近くの数寄屋町に住む。貧困のため麻布我善坊に住む祖母のもとに預けられる 叔父四郎から漢訳の聖書を読まされる	
1883	明治16年	12歳	陸軍将校だった叔父三郎の転任に伴って大阪に行き、大阪中学校に入学	
1884	明治17年	13歳	東京に帰り、築地の祖母の下宿屋に引き取られる	12・4ソウルで金玉均らによる王宮占領（甲申事変）
1885	明治18年	14歳	独逸学協会学校に入学。夜は高津柏樹から漢学と英語を学ぶ	2月、硯友社結成、5月、『我楽多文庫』創刊 7・20『女学雑誌』創刊 9・30明治女学校開校 10月、玉子、新栄女学校に勤める
1886	明治19年	15歳	軍人になることを期待されて攻玉舎に入るが、兵学校の試験に不合格になる。その後、高等中学校受験のため日本英学校に通う	3・2帝国大学令公布、東京大学を帝国大学に改称 夏、徳富蘇峰が「将来之日本」の原稿を持って熊本から上京 10月、矢嶋楫子が東京基督教婦人矯風会を創立 このころ、叔父四郎が軍隊で不審死
1887	明治20年	16歳	成立学舎に移る 2・3妹の愛が生まれる	1・22明治学院の設立認可 2月、徳富蘇峰、民友社を創立し、雑誌『国民之友』創刊

1887	明治20年	16歳		9月、明治学院が白金台に開校。島崎藤村が普通部1年に入学 玉子が本多錦吉郎、浅井忠について西洋画を学ぶ 叔父三郎、名古屋にてマラリヤのため病没
1888	明治21年	17歳	第一高等中学校入試に失敗（従弟の洒竹も不合格だったが、洒竹は翌年入学する） 9月、明治学院普通部本科2年に編入学	11・1馬場孤蝶の兄辰猪、米国フィラデルフィアにて死去
1889	明治22年	18歳	島崎藤村、馬場孤蝶との交際が始まる 同級生中島久万吉の回覧雑誌『菫草』に翻訳を寄稿 藤村、孤蝶らと『甲乙雑誌』を作成	1月、馬場孤蝶が明治学院2年に編入し同窓になる 2・11大日本帝国憲法発布 10月、『しがらみ草紙』創刊（主筆森鷗外） 北村透谷、『楚囚之詩』を自費出版
1890	明治23年	19歳	7・5明治学院サンダム館で開かれた第2回夏期学校に藤村らと参加	2・1『国民新聞』創刊（主宰徳富蘇峰） 5・17インブリー事件 5・22星野天知が『女学生』刊行 10・30「教育勅語」発布
1891	明治24年	20歳	6・24明治学院普通部本科卒業 7月、箱根芦ノ湖であった第3回夏期学校に参加 夏、大磯で徳富蘇峰夫婦、横井玉子、洒竹と高麗山に登る 洒竹と内田周平のもとで漢学を学ぶ	5月、北村透谷、『蓬莱曲』を自費出版 10月、『早稲田文学』創刊（主幹坪内逍遥） 12・18馬場孤蝶が高知に赴任
1892	明治25年	21歳	5月、北村透谷と知り合う 7・16箱根で開かれた第4回夏期学校に藤村、上田敏らと参加 9月、藤村の推薦で『女学雑誌』の翻訳の仕事を始める 12月、藤村から『文学界』への参加を勧められる	6月、『女学雑誌』が白表と赤表の2種類になる 夏、『女学生夏季臨時増刊号』刊行 9月、藤村が明治女学校英文科教師になる 12月、北村透谷、藤村の代わりに明治女学校の教師に
1893	明治26年	22歳	3・31『文学界』第3号に「女傑ジョージイリオット」が棲月の筆名で初めて掲載 7・24透谷、禿木と藤村を迎えに新橋駅から汽車に乗り込む 8・16元箱根の青木旅館に泊まっていた秋骨、藤村に孤蝶が合流 8・23箱根塔の沢の鈴木旅館で働いていた千代を見初める 9・30『文学界』第9号、「山家漫言」から秋骨の筆名を使い始める 明治女学校に勤務（10月13日以前） 11月、下谷池ノ端に下宿	1・30藤村が関西漂白の旅に出る 1・31『文学界』創刊 2月、透谷と民友社山路愛山との論争が始まる 8月、樋口一葉、下谷龍泉寺町に荒物屋開店 平田禿木が初めて樋口一葉を訪ねる 孤蝶が高知の学校を辞めて帰京 11・3山口高等中学校で寄宿舎騒動が起こる 12・28北村透谷、自殺未遂

1894	明治27年	23歳	1・8孤蝶を訪ねて千代への思いを語る 1・29横井玉子に結婚を反対されて、あきらめる 1・30『文学界』13号に「変調論」掲載 2・28『文学界』14号に「活動論」掲載 3月、藤村とともに明治女学校の卒業式に出席 8月初め、初めて樋口一葉に会う。数日後、2度目の一葉訪問で「変調論」愛読と聞き、喜ぶ 10・7有馬温泉で『文学界』の懇親会が初めて開かれ、参加する 12・12従軍記者を志願するが、かなわず	1・10孤蝶、秋骨の結婚の許しを得るために横井玉子と会う 1・23宮武外骨が『華族醜聞細川家事件』を発行 3・5孤蝶の小説「流水日記」が『文学界』に掲載（~8月、5回掲載） 4月、藤村、ふたたび明治女学校教師になる 5月、一葉、丸山福山町に引っ越す 5・16北村透谷が自殺 8・1日清戦争（~1895年3月30日） 10・21国木田独歩「愛弟通信」を『国民新聞』に掲載
1895	明治28年	24歳	4・14『文学界』メンバーと小金井に花見に行く 9月、帝国大学文科大学英文科選科に入学 この頃、土曜の夜毎に一葉を訪ねる 10月、『帝国文学』会員になる	1月、雑誌『帝国大学』創刊 1月、樋口一葉「たけくらべ」、『文学界』に連載開始 8・13藤村の恋人佐藤輔子死去、9月、藤村が明治女学校退職
1896	明治29年	25歳	『帝国文学』に発表（翌年の編集委員になる） 5・2平田禿木と「たけくらべ」を評した『めさまし草』を持参し、一葉宅を訪れる 5・26『うらわか草』創刊（1号のみで廃刊） 6・10頃、星野天知に「毎日のように一葉の許に入り浸っている」と小言を言われる 10月下旬、緑雨が一葉の件で夜中に突然訪れる 11・23樋口一葉、死去。葬儀を斎藤緑雨と共に取り仕切る（25日）	1月、孤蝶、滋賀県彦根中を辞任、帰京 2・5明治女学校が焼失。5日後、巌本善治の妻若松賤子が病死 4月、「たけくらべ」、『文藝倶楽部』に一挙掲載 5・24斎藤緑雨、はじめて丸山福山町の一葉宅を訪ねる 9月初め、藤村、東北学院の作文教師として仙台へ赴任 小泉八雲が帝国大学の英文学講師になる 11月、孤蝶、日本銀行文書課に勤務
1897	明治30年	26歳	1月、ケーベルから『文学界』表紙に使うために書いたゲーテの詩を直接受け取る。『文学界』49号以降の表紙になり、秋骨が編集を担当するようになる	6・22京都帝国大学設立、帝国大学を東京帝国大学に改称 8・29島崎藤村『若菜集』刊行 明治女学校が豊島区巣鴨に再建
1898	明治31年	27歳	1・1『文学界』終刊。58冊、編集は秋骨 本郷台町の下宿は『文学界』仲間らの集まる所となる 7月、東京帝国大学文科大学英文科選科を修了 9・6山口高等学校の英語講師として赴任。同僚の佐々醒雪に誘われて謡曲を始める	
1899	明治32年	28歳	3月、北九州方面の修学旅行を引率 6月、四高教授に転任する西田幾多郎とホタル狩りを楽しむ 7・21山口高等学校教授に任ぜられる	横井玉子、白馬会に入会

1900	明治33年	29歳	8月、夏目漱石の英国留学送別会出席のため上京し、漱石に初めて会う 山高の図書主任を務める	春、孤蝶が上村源子と結婚 6月、与謝野鉄幹ら『明星』を創刊
1901	明治34年	30歳	12月、『帝国大学』において坪内逍遥の『英文学史』の誤訳を指摘	3・11国木田独歩『武蔵野』刊行 4・1横井玉子の女子美術学校が開校 6・21伊庭想太郎が星亨を刺殺 8・15与謝野晶子『みだれ髪』刊行
1902	明治35年	31歳		9・2東京専門学校、早稲田大学に改称
1903	明治36年	32歳	夏、上京の折り、与謝野鉄幹と知り合う このころ山高の授業のかたわら、執筆活動も盛んに行う	1・4叔母の横井玉子、死去 11・15幸徳、堺ら平民社を結成、週刊『平民新聞』創刊
1904	明治37年	33歳	築地の祖母が死去	2・10日露戦争（〜1905年9月5日） 2・15『女学雑誌』廃刊 4・13斎藤緑雨死去
1905	明治38年	34歳	1・1日露戦争における旅順開城の日を記念して髭を伸ばす 山高廃止決定による職員退職の処遇に対して松本源太郎校長に談判 9・11山高を退職し、東京に帰る	4月、山高が廃止となり、山口高等商業学校と改称。翌年7月まで商業科と大学予科の2部となる
1906	明治39年	35歳	6月、東京・大久保に住み始める 9・10古画商小林文七の通訳としてアメリカへ向けて横浜港から出航	3月、東京市内電車値上げ反対運動始まる 3・25島崎藤村『破壊』を自費出版 9・11東京鉄道発足、翌12日運賃改定 9月、孤蝶、日本銀行を辞し、慶應義塾大学教師となる
1907	明治40年	36歳	1・23欧米周遊の旅から帰国 4月、明治学院あるいは明治大学の英語講師に就任 7月、第1回大久保会に参加する 9月、藤村の「並木」に対して、「金魚」を発表。モデル問題が起こる 9月、夏目漱石の紹介で真宗大学の講師になる	4・1夏目漱石が朝日新聞に入社 6月、『日本愛鳥家談話録第一集』刊行 6月、藤村、「並木」を『文芸倶楽部』に発表
1908	明治41年	37歳	1月、東京高等師範学校の講師就任（〜明治42年7月） 父等照、死去。 3月、『欧米紀遊二万三千哩』を上梓	3・21森田草平、平塚明（らいてう）の心中未遂事件（煤煙事件） 4月、藤村の「春」、『朝日新聞』連載始まる（〜8月） 6・15川上眉山自殺 6・23国木田独歩死去。秋骨、葬儀に参列
1909	明治42年	38歳	このころ、由比友と結婚 早稲田大学講師（〜明治44年7月）	春、明治女学校の閉校 1月、雑誌『スバル』創刊

1910	明治43年	39歳	5・9丸善の新築披露会に出席 5月、喜多六平太の「道成寺」の演能を初めて観賞 9・1慶應義塾大学予科の講師となり、その後文科でも英文学を出講。翌年、教授となる	4月、金栗四三、東京師範に入学 5月、『三田文学』創刊 6・1幸徳秋水逮捕（大逆事件） 12・24堺利彦、売文社を開業
1911	明治44年	40歳	2月、『エマーソン論文集』上巻を刊行 12・10長女エマが生まれる。エマーソンにちなむ命名	1・18幸徳秋水ら、大逆事件被告に死刑判決 2・1徳富蘆花、「謀反論」を一高で講演 6・1平塚らいてう、青踏社発起人会 9・21ヘボン没（96）、同日の早朝にヘボン館が焼失
1912	明治45年	41歳	1月、『エマーソン論文集』下巻を刊行	5月、博文館から『一葉全集』「一葉日記」刊行 7月、第5回ストックホルムオリンピックに日本初の代表選手として金栗四三が参加 7・30明治天皇没、大正と改元
1913	大正2年	42歳	7月、随筆集『そのまゝの記』刊行	4月、島崎藤村、フランスに旅立つ 10・12大野洒竹、死去
1914	大正3年	43歳	4・2長男有悟生まれる。ヴィクトル・ユーゴーにちなむ命名 8月、V・ユーゴー『レ・ミゼラブル』の翻訳『哀史』上巻を上梓	7・28第一次世界大戦始まる
1915	大正4年	44歳	メレジュコフスキーの原著『ヴィンチ』の翻訳『先覚』を上梓	3・12『孤蝶馬場勝弥氏立候補後援現代文集』刊行 3・25馬場孤蝶が衆議院議員に立候補するが落選
1916	大正5年	45歳	8・1二男正悟生まれる 明治学院に出講。3、4年後に不服があってやめる 10月、戸山ケ原の土手で漱石と立ち話をする	7・9上田敏急逝 7月、島崎藤村、フランスから帰国 12・9夏目漱石が死去
1917	大正6年	46歳	12月、『エマーソン全集』を上梓	第6回ベルリンオリンピック、第一次世界大戦のため中止
1918	大正7年	47歳	8・20妹の乃ふ、死去 12・7三男民世生まれる	5・1藤村の「新生」、『朝日新聞』連載始まる（〜10・5）
1919	大正8年	48歳	3・25母、ジュン（順）死去	1月、藤村、『桜の実の熟する時』刊行
1920	大正9年	49歳	ふたたび明治学院に出講（〜大正15年） 5・9三男民世死去 7月末、一家で夏の間、葉山に避暑	4月、第7回アントワープオリンピック、金栗四三がマラソンで16位

1921	大正10年	50歳	3・25二女エミ生まれる。 4・24文化学院開校、西村伊作校長、秋骨は創立から関わる	4月、羽仁もと子、自由学園を設立
1922	大正11年	51歳	3月、小泉八雲邸に移る 10・15甲州大藤村の樋口一葉の記念碑除幕式に出席	7・9森鷗外死去
1923	大正12年	52歳	11・1三女エダ生まれる 雑誌『喜多』の編集委員	9・1関東大震災（死者不明14万２８０７人、全壊焼失57万５３９４戸）、文化学院火災
1924	大正13年	53歳	4月、長女エマ、文化学院に転校 随筆集『文鳥』を上梓	5月、第8回パリオリンピック、金栗四三が3回目の出場果たすが棄権
1925	大正14年	54歳	4月、文化学院に大学部が設置され英文学を担当 5月下旬、文化学院の修学旅行に加わって、与謝野夫妻、西村伊作らと熱海に泊まる	4月、文化学院中学部第一回生卒業
1926	大正15年	55歳	随筆集『凡人崇拝』を上梓 7・4荻窪に引っ越す。与謝野家の隣になる	11月、改造社の『現代日本文学全集』が大ヒットし、〝円本ブーム〟が起こる 12・25大正天皇没、昭和と改元
1927	昭和2年	56歳	『デカメロン』の翻訳『十日物語』（世界名作大観第46巻）上梓	7・24芥川龍之介が自殺
1928	昭和3年	57歳	6・20四男潤生まれる 11・24孤蝶の還暦を祝う記念講演会（聴衆２００人）に講演者として出席	10・20植田いつ子、熊本県玉名市に生まれる
1929	昭和4年	58歳	3月、日本シェイクスピア協会の顧問に推挙される 8月中旬から9月中旬、新居格、堀口九万一（堀口大学の父）らとともに満蒙を旅行	4月、島崎藤村「夜明け前」、『中央公論』に連載開始
1930	昭和5年	59歳	9・11五男明生まれる 5・31日比谷山水楼で慶応英文科有志により秋骨の還暦を祝う会開催	
1931	昭和6年	60歳	12月、慶應義塾大学本科を罷免される	9・18満州事変
1933	昭和8年	62歳	1・28奥野信太郎ら教え子たちによる「秋骨会」始まる 10月、秋骨会から同人雑誌『文鳥』創刊	2・20プロレタリア作家小林多喜二が検挙され、虐殺される 10月、川端康成ら、『文学界』創刊
1934	昭和9年	63歳	3・11『セルボーンの博物誌』の翻訳が縁で、「日本野鳥の会」の発起人の一人に	

1935	昭和10年	64歳	10・5歌舞伎座で開催された中央公論社創立50周年記念祝賀会に出席	1・26与謝野鉄幹が死去 10・28第1回芥川賞、直木賞の授賞式。芥川賞、石川達三『蒼氓』。直木賞、川口松太郎『鶴八鶴次郎』 11・8日本ペンクラブ結成、島崎藤村初代会長
1936	昭和11年	65歳	4月、本郷の大円寺で緑雨の三十三回忌法要が営まれ、孤蝶、藤村とともに出席	
1937	昭和12年	66歳		7・7盧溝橋で日中衝突（日中戦争）
1938	昭和13年	67歳	4・1偕楽園で開かれた、映画「樋口一葉」の座談会に参加	4・1国家総動員法公布
1939	昭和14年	68歳	3月、慶應義塾大学と文化学院を退職 春、明治座で「一葉舟」観劇 6月、腰痛のため自宅で療養。奥野信太郎や西脇順三郎らが見舞いに来る 7・5慶應義塾大学病院に入院、間もなく急性腎臓炎を併発 7・9慶應義塾大学病院で亡くなる。青山斎場で葬儀が執り行われた	2・18小説家・歌人岡本かの子、死去 9・7小説家泉鏡花、死去

おわりに

二〇一六年四月の熊本震災で大きな被害を受けて閉館していた、熊本市中央区出水のくまもと文学・歴史館が翌二〇一七年一月に再開館した。そのころ、たまたま取材で同館の近くを訪れ、空き時間があったので立ち寄った。このとき、熊本ゆかりの文学者を紹介したパネルの片隅に戸川秋骨の名前を見つけた。秋骨の「骨」という字面《じづら》と「シュウコツ」の音の響きが遠い記憶を呼び覚まし、妙な懐かしさと親しみを覚えた。子どものころから痩せぎすだった私は、骸骨が主人公の映画やテレビアニメが人気になっていたころ、「ガイコツ」とか「黄金バット」とか、あまりうれしくないあだ名で呼ばれていたからである。

家に帰り、心に引っかかった「戸川秋骨」の名前をインターネットで検索すると、「一八七一年二月七日（明治三年十二月十八日）、熊本県玉名市岩崎生まれ、英文学者、随筆家。明治学院、東京大学英文科に学び、のち慶應義塾大学教授となる」と画面に現れた。これには驚いた。なんと、秋骨と私は誕生日、そして生まれ育ったエリア（原家はわが家の目の前、戸川家は八十メートル南）、おまけに明治学院卒業まで同じである。写真の顔も骨ばっているところが似ている。「御先祖様、はたまた秋骨の生まれ変わり?」、高鳴る胸を鎮めながら秋骨のファミリーヒストリーを調べると、高瀬藩士、それも家老の家筋という、こちらはどこの馬の骨か分からないので、血のつながりはないとすぐに判明した。しかしながら宿命的なものを感じて、何の知識もなく、秋骨について調べ始めた。

本書は秋骨自身の文章と言葉にもとづいて、秋骨の生涯をたどってみようとしたものである。秋骨が執筆した随筆や論文を収集し、それに多くの作家や研究者による成果の断片を寄せ集めて本書をまとめた。「参考文献」に挙げた数多くの作家、研究者の方々から多大な学恩を受けている。深く感謝している。

本書の取材と執筆に当たっては、たくさんの方々からご協力をいただいた。玉名の歴史、教育、高瀬藩を長年研究されている玉名市岩崎在住の森高清さんには貴重な資料と適切な助言をいただいた。植田いつ子の若いころの写真は、姪の桑野英子さんからお借りした。心からの感謝を捧げたい。

そのほかにも、玉名市立歴史博物館こころピア、玉名市立図書館、熊本県立図書館、くまもと文学・歴史館、明治学院歴史資料館、山口県立山口図書館、国立国会図書館、日本近代文学館、桑沢学園、羽二重団子様など、資料や写真を提供していただいた諸機関にも御礼申し上げる。

出版に当たっては、熊日出版の今坂功さん、満田泰子さん、装丁をしていただいたデザイナーの基信美佐子さんに大変お世話になった。この場を借りてみなさんに心から御礼と感謝の言葉を述べたい。

二〇二一（令和三）年二月七日

松井浩章

［ひ行］

［ふ行］

［へ行］

［ほ行］

［ま行］

[て行]

[と行]

[な行]

[に行]

[ぬ行]

[の行]

[は行]

[し行]

[す行]

[せ行]

[そ行]

[た行]

[ち行]

[つ行]

[え行]

[お行]

[か行]

人 名 索 引

※本文に登場する人名のうちの主要なものを収録した。
※研究者名は省略した。「参考文献」を参照のこと。
※「戸川秋骨」「島崎藤村」「馬場孤蝶」の項は全編にわたるため挙げていない。

下川冨士子「肥後特産　高瀬しぼり木綿に懸ける」『歴史玉名第45号』（玉名歴史研究会、2001）
高松太郎『「桑沢」草創の追憶』（桑沢学園、2004）
千村典生『戦後ファションストーリー1945―2000』（平凡社、2001）
常見美紀子『桑沢洋子とモダン・デザイン運動』（桑沢学園、2007）
特集植田いつ子「美しいものを創りたかった」『広報たまな７月号』（玉名市、2001）
特集植田いつ子「デザイナーへの道」『広報たまな８月号』（玉名市、2001）
特集植田いつ子「皇后さまのデザイナーを拝命した女性」『広報たまな９月号』（玉名市、2013）
「時代を駆けるこの女性の30代40代―植田いつ子さん」『主婦と生活』８月号（主婦と生活社、1991）

『英語教育史資料　英語教育理論・実践・論争史』（東京法令出版、1980）
『英語青年　第11号』戸川秋骨先生追悼号（英語青午社、1939）
『英語青年　第12号』戸川秋骨先生追悼号（英語青年社、1939）
「女性史研究　第11集　特集『熊本評論』の女たち」（家族史研究会1980）
『高瀬藩関係資料調査報告書』（玉名市立歴史博物館こころピア、2000）
「肥後が生んだ名横綱不知火光右衛門」『肥後人物物語』（熊本教育振興会事務局、1988）
別冊太陽『フリーア美術館　アメリカが出会った日本美術の至宝』（平凡社、2019）
『三田評論　第504号』（慶應義塾、1939）
『明治学院歴史資料館資料集第２集―明治学院九十年史のための回想録』（明治学院歴史資料館、2005）
『明治学院史資料集第13集』（明治学院大学図書館、1986）
『明治学院史資料集第14集』（明治学院大学図書館、1987）
『明治初期・玉名の新しい風「高瀬藩」』（玉名市立歴史博物館こころピア、1998）
『明治の東京　古地図で見る黎明期の東京』（人文社、1996）
『謡曲界　９月号』秋骨翁追悼（謡曲界発行所、1939）

【植田いつ子著作、関係記事など】

◎著作

植田いつ子『布・ひと・出逢い』（主婦と生活社、1992）
植田いつ子『布に聴く』（ＰＨＰ研究所、1996）
植田いつ子『植田いつ子の装いかた上手』（海竜社、2003）
植田いつ子「巻頭随筆　このごろ思うこと」『観世』（檜書店、2000）

◎単行本・雑誌・記事

川村二郎「追悼植田いつ子さん　美智子皇后のお言葉を胸に旅立った、孤高のデザイナー」（『婦人公論』、2014）
桑沢洋子『ふだん着のデザイナー』（平凡社、1956）
櫻井朝雄『評伝・桑沢洋子』（桑沢学園、2003）
沢良子『ふつうをつくる　暮らしのデザイナー桑澤洋子の物語』（美術出版社、2018）

『早島町史』（早島町、1955）
『明治学院五十年史』（明治学院、1927）
『明治学院人物列伝―近代日本のもうひとつの道』（新教出版社、1998）
『明治学院百年史』（明治学院、1977）
『明治文学全集36　民友社文学集』（筑摩書房、1970）
『明治文学全集99　明治文学回顧録集（二）』（筑摩書房、1980）
『山口高等商業学校沿革史』（山口高等商業学校、1940）

■論文・雑誌など

江上信行「戸川秋骨と同時代の作家（前編）樋口一葉」『歴史玉名第85号』（玉名歴史研究会、2018）
江上信行「戸川秋骨と同時代の作家（後編）夏目漱石」『歴史玉名第87号』（玉名歴史研究会、2019）
紅野敏郎「『学鐙』を読む―戸川秋骨・馬場孤蝶（上）」『学鐙４』（丸善、1990）
佐藤善一「女子高等美術教育の先駆者　横井玉子研究（一）」、『女子美術大学紀要第29号』（女子美術大学、1999）
渋川驍「戸川秋骨と国立国会図書館」『学鐙』（丸善、1962）
塚本章子「馬場孤蝶と与謝野寛、大正四年衆議院選挙立候補」『近代文学試論第四十八号』（広島大学近代文学研究会、2010）
塚本章子「『胡蝶馬場勝彌氏立候補後援現代文集』と思想・言論の自由」『甲南大学紀要　文学編164』（甲南大学、2014）
堤克彦「横井玉子」『歴史玉名第20号』（玉名歴史研究会、1995）
長谷川年光「フェノロサ、パウンド、イェイツ：能の伝播と同化をめぐって」（京都大学、1986）
藤井淳「夏目漱石『こころ』―百年の謎を解く（一）（二）」『駒沢大学仏教学部論集第46号』、2015）
中山歌子「新田藩細川家の江戸屋敷の変遷（上）」『歴史玉名第44号』（玉名歴史研究会、2000）
松村公子『戸川秋骨年譜稿』（慶應義塾大学国文学研究室、2005）
村上文昭『藤村から始まる白金文学誌』（明治学院キリスト教研究所、2011）
「岩倉具視の能楽再興を支えた人物　久米邦武と能楽展資料集」（久米美術館、2014）

堤克彦『熊本のハンサム・ウーマン』（熊本出版文化会館、2019）
十川信介『漱石追想』（岩波書店、2016）
冨田啓一郎『大正デモクラシーと鳥居素川　評伝』（熊本出版文化会館、2017）
ドナルド・キーン『日本文学史　近代・現代編』（中央公論新社、2011）
中川斎『肥後高瀬藩史』（私家版、1969）
長山靖生『偽史冒険世界　カルト本の百年』（筑摩書房、1996）
原豊『ヘボン塾につらなる人々』（自費出版、2003）
藤田美実『明治女学校の世界』（青英舎、1984）
フレッド・G・ノートヘルファー「アメリカのサムライ」（法政大学出版局、1991）
本間久雄『明治文学　考証・随想』（新樹社、1965）
増田五良『「文学界」記傳』（国書刊行会、1974）
村田由美『漱石がいた熊本』（風間書房、2019）
森高清『玉名史を彩る人々』（自費出版、2003）
柳田泉・勝本清一郎・猪野謙二『座談会　明治文学史』（岩波書店、1961）
吉田精一『明治大正文学史』（角川書店、1960）
和田綱紀『日本愛鳥家談話録　第一集』（報文社、1907）
渡辺正剛『郷土力士物語―熊本県のお相撲さん』（私家版、1987）
『愛と反逆―文化学院の五十年』（文化学院出版部、1971）
『近代文学研究叢書第14巻　大野洒竹』（昭和女子大学近代文化研究所、1959）
『近代文学研究叢書第44巻　戸川秋骨』（昭和女子大学近代文化研究所、1977）
『熊本県史』（熊本県、1965）
『現代日本記録全集４　文明開化』（筑摩書房、1968）
『資料で綴る玉名の教育130年』（『玉名の教育史』刊行実行委員会、2007）
『女学雑誌・文学界集　明治文学全集32』（筑摩書房、1973）
『玉名高校七十年史』（熊本県立玉名高等学校校史編纂委員会、1973）
『玉名市史　通史篇（上）（下）』（玉名市、2005）
『玉名町小学校統合50周年記念誌　ひきしの』（玉名町小学校統合50周年記念事業実行委員会、1998）
『七十五年の回顧』（大江高等学校抱節会、1963）
『父の書斎』（筑摩書房、1989）
『値段の明治・大正・昭和風俗史』上・下（朝日新聞社、1987）
『早島の歴史２　通史編（下）』（早島町、1998）

鑓田研一『島崎藤村』（新潮社、1938）
与謝野光『晶子と寛の思い出』（思文閣出版、1991）
吉野孝雄『飢は恋をなさず　斎藤緑雨伝』（筑摩書房、1989）
吉野孝雄『新編・予は危険人物なり』（筑摩書房、1992）
吉野孝雄『宮武外骨』（河出書房、1980）
領家髙子『なつ―樋口一葉　奇跡の日々』（平凡社、2013）
和田芳恵「樋口一葉（１）～（13）」『三田文学』（三田文学界、1940.6～1941.8）
和田芳恵『樋口一葉伝　一葉の日記』（新潮社、1960）

■単行本

青木純子『美の原点　女子美術学校創立・再建の謎』（自費出版、1999）
伊藤整『日本文壇史２　新文学の創始者たち』（講談社、1978）
伊藤整『日本文壇史３　悩める若人の群』（講談社、1978）
伊藤整『日本文壇史４　硯友社と一葉の時代』（講談社、1978）
伊藤整『日本文壇史５　詩人と革命家たち』（講談社、1978）
伊藤整『日本文壇史６　明治思潮の転換期』（講談社、1978）
伊藤整『日本文壇史９　日露戦後の新文学』（講談社、1978）
伊藤整『日本文壇史10　新文学の群生期』（講談社、1978）
伊藤整『日本文壇史11　自然主義の勃興期』（講談社、1978）
伊藤整『日本文壇史12　自然主義の最盛期』（講談社、1978）
伊藤整『日本文壇史16　大逆事件前後』（講談社、1979）
伊藤整『日本文壇史17　転換点に立つ』（講談社、1979）
掛橋眞『防長　文化人山脈』（東洋図書出版、1981）
加藤因『随筆　茗荷の花』（玄文社、1942）
加藤百合『大正の夢の設計家　西村伊作と文化学院』（朝日新聞社、1990）
鴻巣友季子『明治大正翻訳ワンダーランド』（新潮社、2005）
後藤得三著・大河内俊輝編『後藤得三芸談』（ぺりかん社、1985）
小西甚一『日本文学史』（講談社、1993）
佐古純一郎『近代日本文学とキリスト教』（有信堂、1964）
澤田章子『一葉伝　樋口夏子の生涯』（新日本出版社、2005）
瀬沼茂樹『近代日本文学のなりたち』（角川書店、1961）
立花隆『天皇と東大（上）』（文藝春秋、2005）

戸川残花「勤王実効旗下の件」（史談会速記録第240輯、1913）
徳永洋『横井小楠　維新の青写真を描いた男』（新潮社、2005）
中島久万吉『政界財界五十年』（大日本雄弁会講談社、1951）
野上弥生子『森』（新潮社、1985）
羽仁もと子『羽仁もと子著作集第十二巻　半生を語る』（婦人之友社、1928）
馬場孤蝶『闘牛』（天佑社、1919）
馬場孤蝶『孤蝶随筆』（新作社、1924）
馬場孤蝶「樋口一葉の恋人は誰であったか」『明治の文学』（厚生閣、1938）
馬場孤蝶「戸川秋骨君の本郷時代」『書物展望　九月号』（書物展望社、1939）
馬場孤蝶『明治文壇の人々』（三田文学出版部、1942）
馬場孤蝶『明治の東京』（中央公論社、1942）
馬場孤蝶「藤村子の『並木』」『現代文学論大系　第六巻』（河出書房、1956）
萩原延壽『馬場辰猪』（中央公論社、1995）
林光『河崎なつ伝　母親がかわれば社会がかわる』（草土文化、1974）
樋口一葉『真筆版　たけくらべ』（博文館、1918）
平出修研究編『平出修とその時代』（教育出版センター、1985）
平田禿木『文学界前後』（四方木書房、1943）
平田禿木『雙龍碩』（七丈書院、1941）
平田禿木『禿木随筆』（改造社、1939）
福原麟太郎『藝は長し』（垂水書房、1956）
星野天知『黙歩七十年』（聖文閣、1938）
松浦玲『横井小楠』（朝日新聞社、1976）
松井和男『朗らかに笑え　ユーモア小説のパイオニア佐々木邦とその時代』（講談社、2014）
丸山久美子『双頭の鷲―北條時敬の生涯』（工作舎、2018）
三浦綾子『われ弱ければ―矢嶋楫子伝』（小学館、1989）
目時美穂『油うる日々　明治の文人戸川残花の生き方』（芸術新聞社、2015）
森川英正『牧田環伝記資料』（日本経営史研究所、1982）
山崎光夫『二つの星　横井玉子と佐藤志津　女子美術大学建学への道』（講談社、2010）
大和資雄『かたばみと環境』（啓文社、1936）
大和資雄『文学の交流』（鮎書房、1943）

【他作家の著作や論文など】

■同時代人の著作・評伝など

青井史『与謝野鉄幹―鬼に喰われた男』(深夜叢書社、2005)
石井研堂『明治事物起原』(筑摩書房、1997)
岩橋邦枝『評伝野上彌生子　迷路を抜けて森へ』(新潮社、2011)
岡茂雄『本屋風情』(平凡社、1974)
奥野信太郎『寝そべりの記』(論創社、1984)
内田魯庵『思い出す人々』(春秋社、1925)
生方敏郎『明治大正見聞史』(春秋社、1926)
嘉治隆一『人物万華鏡』(朝日新聞社、1967)
喜多六平太『六平太芸談』(竹頭社、1973)
木戸昭平『馬場孤蝶』(高知市民図書館、1985)
黒岩比佐子『編集者　国木田独歩の時代』(角川学芸出版、2007)
黒岩比佐子『パンとペン　社会主義者・堺利彦と「売文社」の闘い』(講談社、2010)
小坂井澄『評伝佐々木邦　ユーモア作家の元祖ここにあり』(テーミス、2001)
斎藤緑雨『あられ酒』(岩波書店、1939)
笹淵友一『「文学界」とその時代　上』(明治書院、1959)
笹淵友一『「文学界」とその時代　下』(明治書院、1960)
笹淵友一『近代作家研究叢書122　北村透谷』(日本図書センター、1993)
塩浦彰『評伝平出修　而立篇』(新潟日報事業社、2018)
島崎藤村『春』(自費出版、1908)
島崎藤村『桜の実の熟する時』(春陽堂、1919)
島崎藤村『藤村全集』(筑摩書房、1967)
関礼子編『樋口一葉日記・書簡集』(筑摩書房、2005)
瀬沼茂樹『評伝島崎藤村』(実業之日本社、1967)
相馬黒光『黙移』(女性時代社、1936)
巌本善治『新訂海舟座談』(岩波書店、1983)
坪内祐三・中野翠編『明治の文学17　樋口一葉』(筑摩書房、2000)
坪内祐三編『戸川秋骨人物肖像集』(みすず書房、2004)
戸板康二『思い出す顔』(講談社、2008)
戸川エマ「父のこと」『学鐙』(丸善、1954)
戸川エマ『一期一会抄』(講談社、1985)

『小鳥の英文學』（山本書店 山本文庫、1936）
チャールズ・ラム『エリア随筆』（岩波文庫、1940）

◉雑誌・冊子

・『文学界』（1893.1〜1898.1、全58号）
「英国騒壇の女傑ジョージイリオット」（1893.3）。「花幻」（1893.4）。「俳人の性行を想ふ」（1893.5）。「山家漫言」（1893.9）。「ゲーテの小河の歌を読む」（1893.11）。「変調論」（1894.1）。「花のゆくゑ」（1894.2）。「活動論」（1894.2）。『迷夢』（1894.8）。「罔影録」（1894.10）。「秋窓夜話」（1894.11）。「自然私感」（1895.1）。「歌祭文の曲を聴く」（1895.3）。「気焔何処にある」（1895.7）。「松風」（1895.8）。「文芸復興期の事を想ふ」（ダンテ紹介）（1895.9）。「夕顔及び玉かつらの巻」（1895.11）。「近年の文海に於ける暗潮」（1896.1）。「似太利盛時の文学」（1896.5増刊）。「恋愛の辞」（随筆）（1896.6）。「書窓月夜の辞」（1896.9）。「オウィッドと自然界」（1896.10）。「懐旧」（1897.1）。「薄運」（1897.2）。「プローヴァンスの恋歌」（1897.3）。
・『暮春の辞』（1897.5）。「イスラエル文学の詩趣（其の一）」（1897.7）。「利根の川風」（1897.10）。「塵窓余談」（1898.1）
・『女学雑誌』（1885.7〜1904.2、全526号）
「日本思想界に於ける情」（1893.1）。「女子選挙権に関する古今卓説集」（1893.1）
・『うらわか草』第一巻　「似太利盛時の文学」（1894.5）
・『伝記文学』（岩波書店 岩波講座世界文学 第８、1938）

◉秋骨が執筆した記事・論文

「村夫子の小文庫」『学鐙』（丸善、1905）
「二萬三千哩の萬年筆」『萬年筆』（丸善、1912）
「未見への憧憬」『真理』９月号（全日本真理運動本部、1924）
「『文学界』当時のこと」『ラヂオ講演集』（日本ラヂオ協会、1926）
「中学校英語科問題について」『英語青年』（英語青年社、1928）
「喜多六平太閑談　質問者戸川秋骨」『文藝春秋』（文藝春秋社、1928）

参考文献

【戸川秋骨著作】

◉随筆集

『そのまゝの記』（籾山書店、1913）
『文鳥』（奎運社、1924）
『凡人崇拝』（アルス、1926）
『楽天地獄』（現代ユウモア全集刊行会 現代ユウモア全集３、1929）
『都会情景』（第一書房、1933）
『自然・気まぐれ・紀行』（第一書房、1931）
『自画像』（第一書房、1935）
『朝食前のレセプション』（第一書房、1937）
『食後の散歩』（第一書房、1941）

◉単行本

『欧米紀遊二万三千哩』（服部書店、1908）
『英文学講話』（東亜堂、1908）
『英文学覚帳』（大岡山書店、1926）
『能楽礼讃』（大岡山書店、1930）
『能楽鑑賞』（謡曲界発行所、1937）
『謡曲物語』（筑摩書房、1950）

◉翻訳本

『西詞余情』（佐久良書房、1907）
ツルゲーネフ『猟人日記』（共訳）（昭文堂、1909）
『エマーソン論文集』上下、（玄黄社、1911、1912）
『エマスン論文集』全３冊、（岩波文庫、1948）
小泉八雲『神国日本』（小泉八雲全集第８巻所収）、（第一書房、1927）

松井浩章（まつい・ひろあき）

一九五五年二月七日生まれ。県立玉名高校、明治学院大学法律学科を卒業。熊日情報文化センター（現熊日出版）で出版、編集の仕事に携わる。二〇〇六年からフリーのライター兼編集者。著書の『トマトへのはるかな旅』（熊日出版、二〇一三）は第六回全国新聞社出版協議会ふるさと自費出版大賞優秀賞を受賞。

「凡人崇拝」の非凡人　評伝 戸川秋骨物語

2021（令和3）年2月7日　発行

著　者　　松井 浩章

〒865-0016　熊本県玉名市岩崎1059-1

制作・発売　熊日出版（熊日サービス開発株式会社 出版部）

〒860-0823　熊本市中央区世安町172

TEL 096（361）3274

装　丁　　臺信美佐子

印　刷　　株式会社チューイン

ISBN 978-4-908313-70-7　C0023